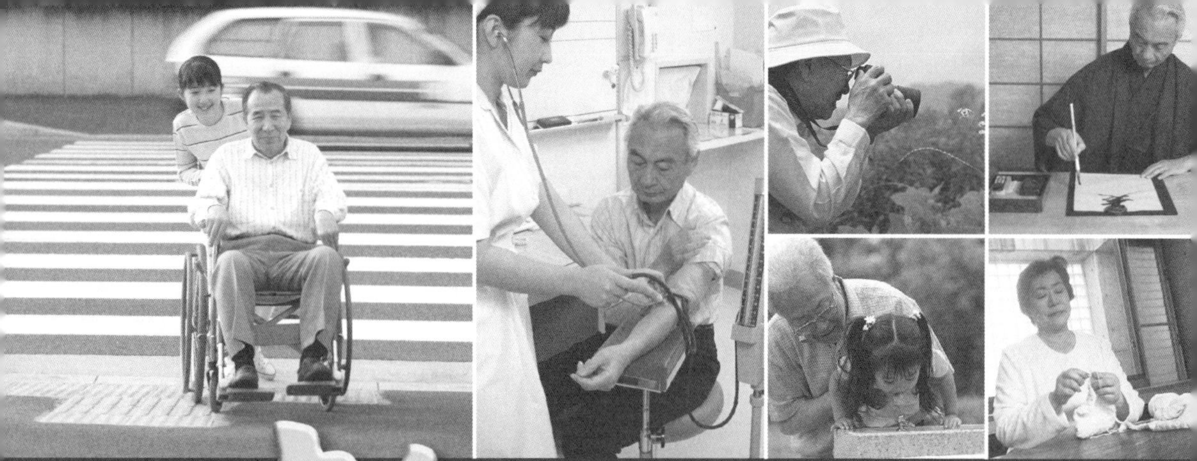

老人福利服務

Welfare Services for the Elderly

葉至誠◎著

序

「老人福利」是世界各國關注的重要議題，也是社會工作專業發展的主流。一般而言，高齡化的產生與該區域的出生率、死亡率、醫療技術，以及生活水準等因素有關，台灣生育率低，一般家庭平均子女數不及二人，小孩及青少年人數逐年減少。另一方面，因公共衛生健全，預期壽命延長，六十五歲以上的老年人口占總人口的比率，已由二〇〇二年的8.9%上升至二〇〇八年的10.4%，預估在二〇一一年，老年人口數達二百五十萬人，二〇二一年，老年人口數將超過三百五十萬人，增加快速。高齡人口的增長，家庭及政府的照顧負擔相對就愈來愈重。由於老人社會所導致的問題很多，特別是老人的安養問題不僅是經濟問題，也是社會問題及政治問題，因此，有關台灣人口結構逐漸老化的現象值得國人重視。

台灣在一九九三年便已進入高齡化社會，人口老化的現象在先進國家已經普遍存在，並形成許多問題，也受到高度重視，紛紛採行因應對策。一般而言，高齡化社會所帶來的老人問題，可以歸納爲健康、居住、經濟、社會適應，以及教育休閒等五方面，我國政府目前所推展的老人福利項目中，計有九大項，分別是「養護機構」、「安養機構」、「日間照顧」、「餐飲服務」、「住院看護」、「老人活動」、「長青學苑」、「老人休閒」以及「老人教育」等。我國人口老化的速度很快，如果能夠儘早妥爲規劃因應，除可避免人口老化問題的惡化，也可避免日後再尋求問題的解決時，得付出更大的代價。

社會工作最基本的價值理念有兩方面：一從社會使命看，強調「扶弱濟貧」，以解決社會問題、滿足社會需求為己任，並且維護社會穩定，促進社會公平正義；二從專業使命看，強調「助人自助」，所謂「助人」是在個人、家庭、群體、社區出現困難時，社會工作者向其提供專業的服務和支援，所謂「自助」是透過社會工作的專業服務，來整合社會資源，發掘潛能，促使人們走向「自立、自助和自強」，建立「老吾老，以及人之老；幼吾幼，以及人之幼」，發揮推己及人的社會福利服務精神，將社會福利服務做為社會文明進步的推動力。落實做為一個專業的社會工作者，應具備的平等、尊重、民主、接納、誠信、助人、自助、自決等專業價值理念。在現代社會，社會福利服務所強調的是解決社會問題、增進人民福利為社會的責任，以追求社會公正和社會進步為理想。社會工作強調要有崇高的理念，同時又腳踏實地、盡己之力地進行工作。這些都是人文素養社會關懷的具體實踐，也是和諧社會的推動力量。

現代國家無不積極以提高國民生活水準，促進國民生活幸福為主要目的，一般學者將之稱為「福利國家」。並認為透過社會福利制度的實施，不僅能解決人類所面臨的貧、愚、懶、髒、病等問題，也能有效達到社會安全、增進福祉的功能。因此，今天各先進國家均以福利政策為施政重心，更在憲法中規定福利綱目，用以保障民眾的權益，而政府的角色亦由「權力國家」的觀念，轉為「福利國家」。老人的生活應不是意味著孤單、失落、悲傷或被忽略、被遺棄，即使是完全癱瘓、無意識的老人，都應享有「被關懷」與「被尊重」的生活。當我們社會中的老人安養與照護問題日益受到重視之際，健全的老人政策亦將是推動社會福利工作的具體體現。就此，政府不僅應保障老人經濟安全、醫療保健、住所環境、就業

機會、社會參與、長期照護等權益，更重要的是，所有的服務要能維持個人的自立、增進社會參與、促進自我實現、獲得公平對待和維護尊嚴，以達社會福利的目標。

爲能落實社會福利服務的專業精神，盱衡高齡社會的來臨，《老人福利服務》一書以四篇說明該內容，分爲：「概論篇——藉宏觀描述，分別論及老人特徵及老化理論，以勾勒老人福利內容」；「基礎篇——藉實作論述，說明老人個案、團體及社區工作的具體作爲，以引導專業投入」；「實務篇——藉具體作爲，陳述老人的保健、經濟、教育、安養、照護等議題，以建立長者服務的網絡」；「願景篇——藉專業發展，寄寓前瞻思考，以擴展老人福利服務的視野」等，共計十四單元，以精要論述社會工作主要內容，冀能有助於專業服務工作的落實。感謝揚智出版公司閻富萍總編輯及其工作團隊的玉成，得將對老人福利服務的理念編撰成書，以饗讀者。知識分子常以「金石之業」、「擲地有聲」，以形容對論著的期許，本書距離該目標不知凡幾。唯因忝列杏壇，雖自忖所學有限，腹笥甚儉，然常以先進師長之著作等身爲效尤的典範，乃不辭揣陋，敝帚呈現，尚祈教育先進及諸讀者不吝賜正。

葉至誠 謹序

二〇一〇年三月一日

目　錄

第二篇　基礎篇　75

第一篇

概論篇

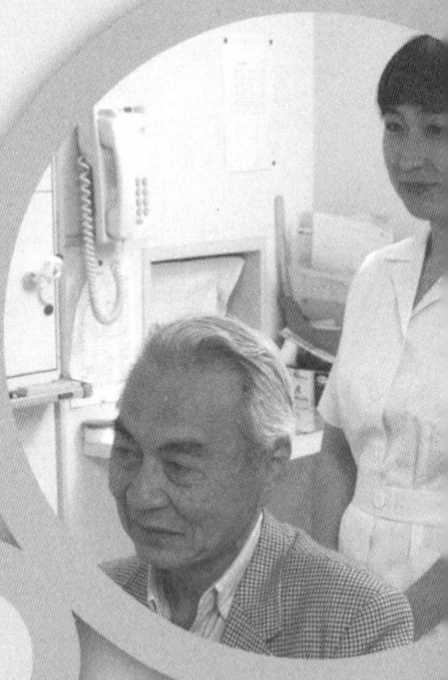

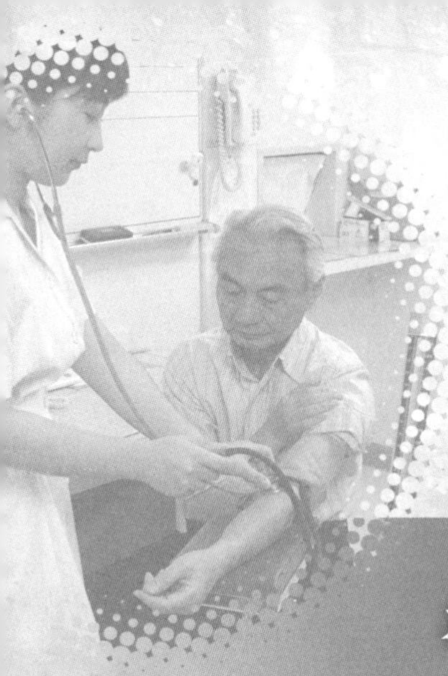

第一章

老人社會福利概述

聯合國規定「一個國家或一個地區的六十歲以上的人口，占該國家或該地區人口總數的10%或以上，或一個國家或一個地區的六十五歲以上的人口，占該國家或該地區人口總數的7%或以上，該國家或該地區就進入了高齡化社會（ageing society）」。聯合國宣布一九九九年爲「國際老人年」，呼籲全球社會共同關注人口高齡化問題，建立一個「不分年齡、人人共用的社會」。落實「老有所養、老有所醫、老有所教、老有所學、老有所爲、老有所樂、高有所尊」，把高齡服務推向全面發展的新階段。高齡化社會及其衍生的議題已是全球關注的焦點，在數位時代的進程中，如何爲老人提供適切服務，其中牽涉對老人特性與需求的瞭解，以及老人福利服務的建構與作爲。

第一節　高齡社會的主要意涵

一、主要意涵

管理學大師彼得・杜拉克（Peter Drucker）在《下一個社會》（*Managing in the Next Society*）一書中指出，未來十年全球社會將面臨急速老化的現象。爰此，須釐清老人與高齡化是兩個不同的概念，老人是指達到或超過老年年齡的人，在使用文字時，有用「高齡」、「老齡」或「老年」，即英文中的aging；高齡化是一種社會現象，指社會總人口中老人數量達到一定比例，並持續增長的過程。世界人口已由高出生率、高死亡率，蛻變爲低出生率、低死亡率的新趨勢，隨著人類文明的進步，這種人口結構的變化是自然的進程與結果。根據聯合國統計，一九五〇年全世界六十歲以上

的人口大約有二億，一九七五年增加到三．五億，到一九九〇年增加到五．五億，二〇〇〇年已經超過六億，預計到二〇二五年將高達十二億，足足比一九五〇年增長了六倍，而到二〇五〇年，世界上的老年人口更將達到二十億。老年人口增加勢必影響到國家財政、醫療照護、住宅需求及公共政策等各方面的變化。法國早在一九六五年六十五歲以上老年人口占該國總人口之比率即超過7%以上，成爲世界上第一個高齡化社會；台閩地區於一九九三年底，老年人口比例超過7%，也正式進入老化社會之林。

人從出生開始，就經歷生長、發育、成熟到衰老的緩慢過程。老人是指生物上的人體結構和生理的衰老，受生物學規律和周圍環境的制約，與機體生長、成熟這一序列同步，隨著時間的推移必然老化，具有不可逆轉性。但是，由於人的生活環境不同、個人自身的生長條件和先天機體發育的差異，判斷老人的標準也有所不同。根據人的生理機能、心理狀態和角色作用，可以分別從生理年齡、心理年齡和社會年齡來衡量。人口高齡化成爲全球的趨勢，一九八二年的聯合國「高齡社會問題研討會」，根據六十五歲及以上老年人口在總人口的比重，將一個地區的人口年齡結構做爲標準，區分該地區的高齡化狀況，可分爲年輕型、成年型和老年型三類型：

1.**年輕型社會**：老年人口占總人口4%以下。
2.**成年型社會**：老年人口占總人口4%至7%。
3.**老年型社會**：老年人口占總人口7%以上。

二、相關詞彙

爲瞭解老人社會的現象，其中與高齡社會有關的詞彙爲：

(一)高齡學（Gerontology）

這是研究人類老年期變化的系統性科學知識。Gerontology這個字是由希臘字Geras（老年）加Logos（學科）組成，一九〇一年俄國學者麥奇尼可夫（Lliya Metchnikoff）採用了這名詞研究老人老化的生理原因，強調人會衰老主要是健康出問題。他的學生柯祿啓夫斯基（V. Koronchovsky）在一九〇六年提出注重醫學和生理保健的高齡學說，以減緩老化現象，現代的高齡學所面對的挑戰是：高齡社會如何促進每個人的基本健康。

(二)高齡社會學（Social Gerontology）

人口老化使得對高齡者的社會學探討愈來愈重要，高齡社會學是以高齡者爲中心，研究這群體與其他一些社會現象及社會系統的關係。對老人因爲生理轉變所引起的社會反應進行廣泛的探討，並對老人的社會行爲進行研究，分析社會大衆對老人的誤解和刻板印象（stereotype）及所帶來的問題。學科藉由探求高齡人口，找出問題的癥結，以拓展思考高齡問題的學科。

(三)高齡教育學（Educational Gerontology）

老人的教育需求，原本是尋找生活的意義或者是爲了再就業，才激發出活到老學到老的心態。但是知識經濟的社會結構來臨，更加深社會對培訓高齡者自立和再生產的基本需要，強調結合終身學習的理念與作爲。

(四)年齡歧視；老人歧視（Ageism）

隨著社會的變遷和工業化的影響，就算是東方的老人，恐怕也遭逢與西方社會老人相同的命運，老人及其所面對的問題通常都不被重視。這點實不難理解，在這個講求科技、知識和效率的年代，一般老人所累積的經濟往往被看成無關緊要，因而被社會「淘汰」。簡言之，年齡歧視將變成很普遍的現象。歧視老人的看法和行動，形成運用法律救濟的作爲以防杜對高齡者的年齡歧視，一些國家亦有公眾或高齡者自組組織，專門控訴和檢舉這種行爲。

(五)懼老症（Gerontophobia）

該詞彙是由希臘字Geras和Phobos組成，前者是「老」的意思，後者指「恐慌」。高齡社會錯綜複雜的難題，帶給很多人這種疾病——懼老症，一方面是年老後變得衰弱的精神、靈魂和軀體，另一方面是對於養老方式的不安全感使然。社會上似乎沒有對退休老人有任何正式（formal）的支援輔助，以使老人能適應這個「新的身分」。同時，社會甚少教導國民有關年老及死亡是怎麼一回事，以致人們面對它的來臨時，便顯得束手無策，一片無奈。

(六)老人醫學（Geriatrics）

探討老人疾病的類別、特徵、成因及治療。在高齡社會的時代，這種醫學上的努力，意圖依照目前的趨向形成了專門領域，培養出一批專科醫生，針對高齡者給予必要的治療，以利健康的增進。以大眾對老人的刻板印象爲例，一般人都會將老人與思想、行動緩慢、故步自封、不思改變、力不從心等連在一起，即所謂「第二孩童期」（second childhood）。正如小孩一樣，老人多是傾向

自我中心，對外在的人事物諸多要求，體弱多病及需要別人照顧等。一般老人因爲免疫力及抵抗力影響，除了易於感染短期病如傷風感冒外，也較易受長期病困擾。

(七)老化（Aging）

意指中年期起的老化過程，對老化的特徵與定義可能因醫學和社會環境的變化有所更動。心理學家會將老人放在一個人成長的過程來看，集中研究高齡者在這年紀的心理、性格等各方面的轉變。社會學者則會較著重研究高齡人士做爲一整體的理解及社會對他們的看法。因爲人們怎樣去理解一件事物，便會產生相應的行爲，從而影響交互的結果。

(八)老人社會（Aging Society）

是指我們整個社會老年人口的比例愈來愈重，高齡社會學的範疇就是研究「老人」與周遭環境的關係，探討範圍可涉及經濟、政治、家庭及社會服務等方面。高齡社會學的「高齡」，一般都是指六十五歲或以上的人士；不過，有些社會學家則認爲如此組別實在太廣，不能盡述不同組別老人的行爲，於是將六十五歲到七十四歲稱爲「年輕老人」，亦稱爲「第一高齡」（primary aging）；七十五歲到八十四歲稱爲「中年老人」，亦稱爲「第二高齡」（secondary aging）；八十五歲或以上稱爲「老老年人」（old-old）。隨著一個人的生理年紀，當到達某一歲數便會有不同的生理變化，所受的壓力、接觸病菌的機會等會有所不同。

高齡化是人類群體老化的社會現象，它包括絕對老化和相對老化。由於老年人口數量增多，老年人口數在總人口數量的比值中日益增大，這一老化過程被稱爲絕對老化。但是人口老化不僅取決於老年人口的絕對數量，而且取決於老年人口數與其他年齡人口數的相對比值；如果總人口中少年兒童或成人比老人增加得更快，那麼，即使老年人口數也在增多，但不能形成人口老化。反之，如果生育率下降引起少年兒童人口比重減少，最後引起總人口數減少，使得老年人口所占比重相對增加，就會引起社會老化。這種老年人口與總人口數量減少而出現的老化，稱爲相對老化。高齡化的速度是指社會中六十歲或六十五歲以上老年人口的比重增長的速度，主要受出生率與死亡率的制約。在經濟發展較快的國家和地區，由於科學技術的進步、營養結構的改善和醫療事業的發達，使得老人的體質改善，壽命延長，死亡率降低；同時，由於年輕一代生育意願減弱，或國家推行計劃生育政策，使人口出生率降低，社會高齡化的速度便加快變動（如**表1-1**）。

據預測，至二〇二五年，全世界的老年人口絕對數將達到十億，占總人口數比例的9.5%，世界人口老化趨勢將繼續發展，範圍將更爲普遍，速度將明顯加快。高齡化社會將成爲所有國家的共同現象。值得一提的是，歐洲的先進國家進入高齡化社會都是一個自發的、平穩的、緩慢的過程，由高出生率、高死亡率轉變爲低出生率、低死亡率，大概經歷了幾十年甚至上百年的時間。在當時並未引起人們的重視，直到第二次世界大戰後，由於低出生率導致

表1-1　台灣地區未來高、中及低推估之65歲以上人口結構

年別	65歲以上人口				65-74歲人口		75歲以上人口	
	人數：千人（三種推估同）	占總人口（%）			人數：千人（三種推估同）	65歲以上人口：%	人數：千人（三種推估同）	65歲以上人口：%
		高	中	低				
2011年	2,469	10.66	10.71	10.74	1,378	55.82	1,091	44.18
2021年	3,859	16.21	16.63	16.90	2,473	64.09	1,386	35.91
2031年	5,562	23.34	24.61	25.48	3,169	56.97	2,393	43.03
2041年	6,490	28.42	30.95	32.71	3,093	47.66	3,397	52.34
2051年	6,862	32.33	36.97	40.23	3,170	46.20	3,692	53.80

資料來源：行政院經濟建設委員會（2007），《中華民國100年至140年人口推估》。

人口嚴重失衡，人們才開始對人口高齡化進行研究。西方先進國家從人口老化到高度老齡化的發展，需要經歷幾十年甚至上百年的時間，而我國進入高度老齡化社會的速度要快得多，六十五歲級以上老年人口總數占總人口的比例由7%上升到14%，僅用二十四年（見**表1-2**），因此宜借鑑他國經驗及早對應。

表1-2　部分國家進入高度老齡化社會時間表

國家	7%	14%	所需時間
台灣	1993年	2017年	24
日本	1970年	1996年	26
大陸	2000年	2027年	27
英國	1930年	1975年	45
波蘭	1966年	2012年	46
匈牙利	1941年	1994年	53
加拿大	1944年	2008年	64
美國	1944年	2012年	68
澳大利亞	1938年	2012年	74
瑞典	1890年	1975年	85
法國	1865年	1980年	115

資料來源：行政院經濟建設委員會（2007），《中華民國100年至140年人口推估》。

第二節　高齡化對個人的影響

一、高齡者的主要特徵

(一)感官衰退

眼睛老化，聽力不如從前，味覺遲鈍，以前很好吃的東西現在感到淡而無味，記憶力衰退，熟人的名字老是記不起來，讀書前

看後忘，常常記不起隨手放的東西。同時，想像力衰退，理想逐漸喪失，幻想愈來愈少，腦子晚上不如上午清醒，對新鮮事物缺乏好奇心。反應能力下降，動作不如從前靈活，對事物不如以前敏感。言語能力衰退，講話變得緩慢囉唆。思維能力衰退，不容易集中注意力思考問題，學習新事物感到吃力。情感變得不穩定，較易動感情和在感情上被人同化，還常常流淚。遇到困難，不像以前那樣鎮定自如，經常有莫名其妙的焦慮感。

(二)意志衰退

做事缺乏毅力，喜歡憑老經驗辦事，對任何事情都缺乏強烈的探索精神。興趣愛好減少，周遭事物難以引起個人的探索意念及新鮮感，產生衰老感和死亡感。人的身心靈是一體的，分不開且互相影響。無論是外在環境、工作壓力或是內在心靈的矛盾、衝突所帶來的心理衝擊與掙扎，所產生的「過分」緊張焦慮與憂鬱愁煩等不良心理反應（適度的緊張焦慮或憂愁是有益身心的，假若太過分則是有害的），會直接刺激腎上腺素的分泌，而抑制了保護身體機能的「免疫作用」，以致人體因缺乏免疫功能而無力抵抗細菌、病毒的侵襲，而容易感染疾病。

(三)情緒低落

性格易受疾病、心理和社會因素的影響而發生變化。性格易變得暴躁、易怒、情緒低落、憂鬱、焦慮不安、孤僻、古怪，甚至不近人情。很多人在度過更年期後，情緒逐漸趨向穩定，但是焦慮不安常常難以消失，一直持續到老年期。過分焦慮的另一影響，是經由人體間腦的邊緣系統（limbic system）影響到下視丘（hypothalamus），再干擾到腦下垂體（pituitary gland），破壞了荷爾蒙及免疫系統的調節或分泌，以及干擾到自主神經系統而擾亂了交感神經、副交感神經及血壓、心跳、脈搏的調節功能，引發出體內潛伏著的疾病。情緒容易發生明顯的變化，一方面是對一般刺激趨向冷漠，喜怒哀樂不易表露，或反應強度降低。但在遭到重大刺激，情緒的反應卻又特別強烈，難以抑制，導致敏感多疑，常把聽錯、看錯的事當作是對他的傷害而感到傷心不已。

(四)自我孤立

高齡者易產生孤獨感，他們性格由外向轉為內向，深居簡出，少有人際互動，容易自我孤立，主要是感到自己老了，不中用了，自卑情緒也就隨之而來。習慣心理固持，經年累月的生活習慣與工作習慣，決定了老人頑固的習慣心理。個性心理特點明顯，由於人的個性是在社會互動中形成的，老人較屬孤立的成員，因此，老人比起青年與中年人更顯得個性化，例如易於堅持自己的觀點和習慣，不贊成別人的意見和看法。

二、老人需要的變化

人的需要可以分為生物性的需要和社會性的需要兩種。一般來說，進入老年期以後，人的生物性需要降低，表現在老人對衣、食、住、行等方面的物質需求縮減，性慾有所減弱，但對社會性的需要卻出現了一些新的特點，我們把老人的社會性需要歸納為以下幾點：

(一)老有所養

《論語》有云：「老者安之，朋友信之，少者懷之」。老者安之是指老人過安定的生活，使之老有所養。老有所養是指人年老後喪失全部或部分勞動能力和經濟來源時，有子女等後代贍養和照顧。具體來說就是無衣食之憂，無住行之虞，生活上有人給予照顧和扶助。老有所養就是老人最基本、最底層的社會需求。

(二)後繼有人

在我國人的傳統觀念中，兒孫滿堂常被認爲是老人幸福標誌之一，即所謂「多子多福」，相反的「無後爲大」，無後爲不孝之最。在當代老人中，仍有不少人希望家庭人丁興旺、枝繁葉茂，而且隨著年齡的增大，愈接近生命歷程的尾聲，這種願望就愈強烈。這種願望常常反映在許多民俗之中，例如在兒孫結婚時，必備紅棗、蓮子，取其「早生貴子」的諧音。自從計劃生育政策實施以後，「多子多孫」的傳統觀念已在逐漸改變，許多老人更注重後代的素質，而不再是數量的多少。因此，不少老人在退休後甘願照顧下一代，充當家庭教師和保母的角色，雖操勞辛苦，但樂在其中。他們希望能給兒孫最好的照顧和教育，希望他們長大後能有出息，以實現其後繼有人的心願。

(三)老有所歸

依照馬斯洛（Abraham Maslow）的需要層次理論，人做爲一個社會性的存在，有歸屬的心理需求。青少年時，家庭完整，父母在世，這種需求表現爲對家庭的依戀和對父母的依賴；而進入老年期後，其子女紛紛「離巢」，家庭的完整性被分割，老人的孤獨感油然而生，這時的老人需要的是一種精神上的歸屬感，正所謂「少小離家老大回，鄉音無改鬢毛衰。兒童相見不相識，笑問客從何處來」。許多老人在退休後都渴望回到自己的家鄉，安度晚年，這體

現的就是老人葉落歸根的心理。

(四)老而有愛

愛是人與人之間關係的一種重要的表現形式，也是老人的一種精神追求。從夫妻關係來看，老人對愛情的需求並不比年輕人少，只是他們用老人特有的更深沉的依戀方式，取代了年輕人那種轟轟烈烈的熱戀。俗話說：「少年夫妻老來伴」，對於老人來說，愛情在老年夫妻之間更多的表現爲相敬如賓、相互扶持和照顧。當然，老人不僅需要夫妻之愛，也需要子女的關愛。子女因爲投入自己的事業和小家庭，疏忽了老人，往往會使老人產生孤獨感和失落感。充分享受天倫之樂，擁有親情的精神支持，是老人最大的幸福和欣慰。

(五)老而受尊

老人都有受他人尊重的心理需要，但與中青年人那種因能力、業績、財富而受他人羨慕和認同的心理需要不同，老人更需要的是別人能夠聽取他的意見、看重他的經驗、肯定他的過去。實際上，這種尊重經常反映在日常生活的各種禮儀中，例如出門讓老人先行、坐車爲老人讓座、赴宴時讓老人就上座等。其實老人對於那些照顧可能並不那麼在乎，重要的是從這些細節中，老人獲得了一種受人尊重的心理滿足。但是，老人也應該正確對待自己和尊重年輕人，不能倚老賣老。

老化既是無可避免的生命過程，我們就應正確地讓老人認清眞相，面對其身心的變化，使其有「自知之明」，健全其心理衛生，鼓勵及早進行生活規劃，在年輕時即應培養個人之嗜好與興趣，在年歲日長之時，則更鼓勵其參與社會活動，儘量減少依賴，

克服其孤僻、憂鬱、不安、哀傷、怨恨等不平心理，而這些作為有賴個人、家庭成員、家庭醫師、社會工作人員等的通力合作，不斷地諮商、協談、教育、輔導、紓解……全力予以心理支持，重振其人際關係信心，使其回歸人群社會，關懷他人，發揮愛心，使其願意提供豐富的人生經驗，傳承給後人，使其深切感受生命的偉大，進而得以安享落日餘暉的黃昏美景。

第三節　高齡化對社會的影響

彼得．杜拉克在一九九二年出版的《未來管理》（*Managing for the Future*）序言中提到：「人口結構變化做為全面衝擊全球社會和企業變動的一個例子，要到二〇一〇年嬰兒潮世代退休以後，才開始見到衝擊的後果，預測了五十年後發展中地區的老人數量將是現在的四倍，影響涉及每個社區、機構和個人——高齡化將是世界的首要問題。澳洲、瑞典、加拿大、義大利、挪威、奧地利、荷蘭、德國、英國、芬蘭、美國以及台灣等，二〇〇〇年國民之出生平均餘命介於七十五歲至八十歲之間，到二〇二五年時，其國民平均餘命都將超過八十歲。綜觀人口高齡化趨勢，人口老化所帶來的種種議題，在二十一世紀，勢必將會愈演愈烈。」二十世紀中，世界人口歷經了前所未有的大變化，在兩次世界大戰毀滅性的人口減少之後，和平的大環境、醫療與衛生條件的進步，以及隨之而來的科技及經濟的發展，使得世界人口的年齡產生了結構性的改變。老年人口比例急速增加，而年輕人口比例則相對穩定，甚至由於少子化現象而有減少的趨勢；人口老化已成為許多國家所面臨的嚴肅考驗，現代社會有多項原因會催化高齡社會的危機，為未來世界的人口、社會、經濟、文化等蒙上陰影，帶來嚴重性後果，其具體表現爲如下幾方面：

一、贍養比重提高

由於高齡化的因素，相同時期的幼兒出生率也會逐漸降低，可預見未來的生產人口會慢慢減緩，各地區將進入少子化家庭及缺乏年輕人的社會。儘管發達國家的社會福利項目和社會服務機構日益增多，老人的物質生活有一定的保障，但是老人對家庭的依賴是物質生活無法代替的。由於年輕人的工作壓力不斷增大，家庭的贍養壓力也在上升，不少人對婚姻有一種恐懼心理，認爲結婚就意味著需要照顧的人增多，因而遲遲不願結婚。一些年輕人結婚後立即另立門戶，甚至還未結婚就搬離家庭。因此，做爲社會傳統秩序的基礎——傳統的大家族，正在被高齡化侵蝕著，家庭的規模在縮小，核心家庭成爲社會發展的趨勢。由於老人數目的增多和人口出生率的快速下降，使青少年人口縮減，勞動年齡人口也不斷減少，就業人口與領取養老金人數不斷接近。美國第二次世界大戰後，在職人員與養老人員的比例是16：1，現在是2.5：1，五十年後，將可能發展到1：1，歐盟成員國一九九〇年的在職職工人數與養老金領取者的比例是1.5：1，而五十年後推估是1：1.5，即兩個就業人口要負擔三個老人的基本生活。就業人口的下降和長壽者增多，使贍養比重不斷提高，加劇了政府解決高齡化問題的難度。

二、勞動資源不足

無論是最先進入高齡化社會的法國，還是以最快速度進入高齡化社會的日本，他們所面臨的共同問題都是隨著老年人口數量的增加，人口出生率的下降，勞動年齡人口所占比例愈來愈小，導致勞動力資源不足和勞動力老化，使勞動生產率下降，直接影響到這些高齡化國家的經濟增長。因此，西方一些發達國家從發展中國家大量輸入勞動力，這雖然在一定程度上緩解了勞動力短缺的狀況，但最終仍無法根除高齡社會所帶來的勞動力老化問題。

三、政府負擔加重

老化率逐漸加速，臥病老人及患癡呆症的老人也逐漸增加，從國家、地區到家庭都負擔了需要照顧的人口，不論是數量或者所需照料的程度，預料都會增加。從國家到家庭的層次，人力、物力的資源消耗日趨激化，因此出現了各種社會及倫理課題，其複雜程度也會與日俱增。西方發達國家進入高齡化社會經歷了較長的過程，客觀上給西方國家一個緩衝的機會，使它們有一定的時間來思考高齡化社會所帶來的種種問題，並制定對策，其主要手段就是發展社會保障，建立社會養老保險體系。但是，在給予老人足夠保障的同時，也給社會和國家帶來巨大的經濟負擔。

1.老人保障項目愈來愈多，給國家帶來沉重的財政負擔：老人保障項目的增多，投入的加大，使發達國家的社會福利發展成為「從搖籃到墳墓」的全方位保障。雖然在經濟上解決了老人人的後顧之憂，但是隨著高齡化的加劇，老人口比例愈來愈高，老人社會保障開支在國家的總財務支出中，所占的比重愈來愈大，致使國家財政不堪重負。

2.過大的福利開支，影響國家經濟的增長：過大的老人福利開支分流了經濟發展所需的資本，使經濟發展的資本減少，發展速度也減慢，從而使政府的收入減少，而政府收入的減少，又難以滿足老人的福利需求。這種惡性循環嚴重影響著

發達國家的經濟發展。

四、代際衝突擴大

隨著社會中高齡人口數量日益增加，對於政治的影響力量日益顯著，他們強調自己的價值，經常採取組織行動，爭取老人的權益，使政府增加老人的福利開支。政府開支愈來愈大，老人享受的福利愈來愈周全，而社會中的工作人口納稅也愈來愈嚴重，因此日益擴大代際之間的衝突。

五、影響國家儲蓄

小家庭增加，居住單位人口少，家庭照護能力也相對不足，要借助公共的照顧設施，已變成無法避免。老人依賴社會福利，削弱了自我養老意識，形成高消費低儲蓄狀況，影響國家的經濟發展。同時，老人在退休後多數難以返回職場，使得人才資源未能得到充分的開發和利用，這也是發達國家勞動力嚴重不足的原因之一。

六、擴大照顧需求

隨著兩性平權觀念的推廣，婦女的勞動參與率逐漸提高，除了爲了增加家計收入，亦爲自我肯定的具體表現。因此，社會上已愈來愈少就業人口放棄工作在家照顧老人，這使得專業的安養照護機構更顯得迫切需要。

第四節　迎接高齡社會的來臨

一、高齡社會目標

針對人口高齡化（ageing）和老化（aging）的問題，第一次以全球觀點討論可追溯至一九八二年七月二十六日聯合國在維也納召開的「第一屆老化問題世界大會」（World Assembly on Aging），訂定每年十月一日為「國際老人日」，通過「聯合國老人原則」，揭示了五大原則，以協助老人過獨立、照顧、參與、充實和尊嚴的生活。其要點如下：

(一)獨立

老人應能透過提供收入、家庭和社會支助以及自助，享有足夠的食物、水、住房、衣著和保健；老人應有工作機會或其他創造收入的機會；老人應能參與決定退出勞動力隊伍的時間和節奏；老人應能參加適當的教育和培訓方案；老人應能生活在安全且適合個人選擇和能力變化的環境；老人應儘可能長期在家居住。

(二)參與

老人應始終融合於社會，積極參與制定和執行直接影響其福祉的政策，並將其知識和技能傳給子孫後輩；老人應能尋求和發展社會服務的機會，並以志願工作者身分擔任與其興趣和能力相稱的職務；老人應能組織老人運動或協會。合適的活動對於改善老人的生活素質、長壽或其他功能，已是普世價值，活動可獲得主觀上的安寧以及人際互動，因而促進老人社會化及其他學習興趣之延伸，避免老人與社會有隔離感。鼓勵老人從事合適活動是好的觀念，並鼓勵老人從事規則性，非緊張性，沒有突然性費力及太勞累的活動。

(三)照顧

老人應按照每個社會的文化價值體系，享有家庭和社區的照顧和保護；老人應享有保健服務，以幫助他們保持或恢復身體、智力和情緒的最佳水平，並預防或延緩疾病的發生；老人應享有各種社會和法律服務，以提高其自主能力，並使他們得到更好的保護和照顧；老人居住在任何住所、安養院或治療所時，均應能享有人權和基本自由，包括充分尊重他們的尊嚴、信仰、需要和隱私，並尊重他們對自己的照顧和生活品質做抉擇的權利。

(四)成長

老人應能追尋充分發揮自己潛力的機會；老人應能享用社會的教育、文化、精神和娛樂資源。綜觀今日許多先進國家，都非常重視老人教育，認爲老人接受老人教育，既可以獲得新知，開拓視野，充實精神生活，更可以促進身心健康。老人教育學習的理想在於促進老人的活動，自我體驗與鼓勵，使老人能體會到人生的樂趣，尤其是老年期能有幸福的生活觀。其意義有：

1.從時間而言，學習是持續一生的活動，從一個人的出生開始到生命的終了。
2.從型態而言，終身學習在正規的、非正規和非正式的教育情

境中發生。

3.從學習方式而言，終身學習強調自我導向的學習。

4.就學習結果而言，終身學習可以導致個人獲得現代生活中必備的知識、技能和態度，最終目標是促進個體的自我實現。

(五)尊嚴

老人的生活應有尊嚴、有保障，且不受剝削和身心虐待；老人不論其年齡、性別、種族或族裔背景、殘疾或其他狀況，均應受到公平對待，而且不論其經濟貢獻的大小，均應受到尊重。

儘管強調老人應有「獨立、參與、照顧、自我實現與尊嚴」等權利，然不論前述何種權利，若沒有「健康權」做基礎，各項權利終將難以實踐，爰此，許多學者遂主張，老人人權亦應包括充分、有效的醫療照顧，以維持基本的健康權利。

二、高齡社會策略

二○○二年四月八日聯合國第二次老年問題世界大會於西班牙馬德里召開，通過的「國際老年行動計劃」，在於協助各國社會因應人口老化過程，並建議其所應採取的重要行動策略，包括：第一，人口老化問題與國家社會發展之間的關係，尤其是對發展中國家而言；第二，將老化問題納入當前種種全球發展議程主流的策略；第三，爲建設「不分年齡，人人共享」的社會，建立公私部門之間，以及與非政府組織之間的伙伴關係的形成；第四，使代與代間更加和衷共濟的策略。並且提出目標以及具體的行動策略如下：

(一)老人發展

1.老人的社會參與。
2.擔任有酬專業工作。
3.生活的調適與照顧。
4.參與學習接受教育。
5.社會代間關係協調。
6.消除老人貧窮問題。
7.收入安全保障問題。
8.緊急狀態下的照護。

(二)老人健康

1.生理健康和精神健康。
2.社會能提供醫療服務。
3.愛滋病的防範及治療。
4.專業醫護人員的照護。
5.社會能提供健康資源。
6.緩解老年期身心障礙。

(三)生活環境

1.住宅與生活環境。
2.安養與照顧問題。
3.消弭對老人歧視。
4.避免對老人暴力。

根據以上目標，提升老人之食衣住行育樂之生活品質，也須促成產、官、學、研的合作與重視，朝向建立跨領域團隊整合研究，整合團隊成員包括醫學、護理、社會、心理、經濟、建築、生活科技與資訊服務專業者。在產業方面，老人市場乃是被長期看好、商機無限的區塊，它包括了針對老人特性發展相關的健康食品、輕便材料之衣著、融合社區生活的老年或長壽住宅等。最後，也是最關鍵所在，在政府方面，研發經費與方向、資源分配政策、社會福利法案、建築法規等研擬、考核，則有待老人學學者、老人照養實務工作者及相關社會福利機構的參與共建，以創造老人福祉，減少社會問題。

第五節　老人社會工作的實施

老人社會工作者針對老人的生理、心理和行爲特徵進行工作，解決各種各樣老人提出的問題。老人社會工作的實施內容涵蓋老人社會生活的一切領域，擇其要者，可概括爲以下八個方面：

一、提供適當的生活條件和機構照顧

掌握有關老年期發展、老人醫學和老人行爲的最新學術成果，熟悉有關老人權益的法律條文，運用個案工作、團體工作、社區工作、人類行爲與社會環境、諮詢原理、心理治療和衛生保健等專業知識和技巧，爲老人提供適當的生活條件和機構照顧。

二、提供有尊嚴的服務和安全的保障

協調各類老人福利、老人服務機構的工作，尤其是通過影響

決策，安排好老人的生活，使老人的正當權益得到法律的保障。目前我國老人福利政策，因面臨家庭功能的轉型與老人人口結構的重大改變，而使老人居家安養問題，成爲重要支持項目。此外，宜藉由必要的社區資源或福利社區化之措施，協助長者仍能在熟悉的社區環境中頤養天年，若因健康問題、生活自理能力退損、乏人照顧者，則以機構安養服務；總之，無論是居家服務、社區照顧或機構養護，均應尊重長者的自主選擇，政府均應提供有尊嚴的服務及生活安全的保障。爲了提供老人完善的服務與全人之照顧，政府之衛生、福利、交通、營建及勞工等相關機構，皆有責任促進老人的福祉。

三、協助促使老人自尊與獨立地生活

一方面協助老人發揮潛能，鼓勵他們從事教育傳授、參謀諮詢、自我服務、生產經營、社會公益等工作，繼續爲社會服務；另一方面，向子女解釋老人的生活、需要和渴望，幫助子女履行贍養父母的義務，給予老人更多的生活照顧和細緻的關心，在經濟上、生活上、情感上，爲老人創造良好的生活環境。老人社會工作者要啓發老人的子女理解父母的要求和行爲，讓老人正常地參與社會生活。

四、協助老人適應退休後的社會角色

協助健康而且有才幹的老人獲得更多的生活自決的機會，使他們獨立地選擇他們所追求的生活，較持久地保持他們對生活和工作的興趣，參與國家建設，貢獻社會。引導老人群體，治療社會不適症，並協助他們發展一支由老人及其家屬組成的老人支持者隊

伍，改變社會、政府對老人的態度，從而影響政府決策，在財政上支持保健社會服務。

五、妥善運用資源協助弱勢老人生活

調集社會資源，協助解決因喪失工作和長期患病而引起的經濟貧困問題。

六、提供多元性醫療衛生保健的服務

爲老人提供家庭和機構兩種形式的醫療衛生保健服務，開展諮詢和教育服務，開設專供老人活動的場所。

七、為臨終老人提供臨終關懷的服務

採用個案和團體的工作方法，協助老人面對死亡，即與他們共同探討死亡的生理問題、宗教問題和哲學問題，使他們盡情傾吐對死亡的恐懼情緒。爲臨終老人提供臨終關懷服務，協助老人接受死亡，而不致孤獨地、恐懼地結束生命。

八、召募志工為老人提供專業的服務

社會工作者召集志願工作者，實施訓練計劃，在福利和社會機構中指導志願者從事各種協助工作，解釋服務的需要、發展計劃等。志願者的工作包括購物、家事，爲醫院及其他機構的病人舉辦娛樂活動，以及提供各種專業的服務。

結　語

從邁入高齡化社會（aging society）之林到快速的社會老化（societal aging），點明了當前的台灣地區攸關到老人、老人需求以及老人福利，業已蛻變成某種隱含集體意涵的社會事實（social fact）。人口高齡化是近代社會的一種產物，也是先進國家所面臨的人口問題，我國憲法第一五五條規定：「人民之老弱殘廢、無力生活及受非常災害者，國家應予以適當的扶助與救濟。」以往的農業社會平均壽命不高，人們常未達到老人階段即已死亡，故而無所謂老人問題的產生。而今日的工業社會，由於經濟的發展，導致生產規模、生活方式、家庭組織、生存機會的改變，尤其在醫藥衛生與保健方面的進步與發展，不但使死亡率降低，也使平均壽命提高，而且降低出生率，使兒童等低年齡層的人口，占全人口的比率逐漸下降，使老人在全人口的比例中相對提高，造成人口結構急速老化的現象。

改善老人安養機構在內的老人福利制度，有必要及早建立，以免未來「人口老化」現象衍生爲社會問題。先進國家如法國的老人口由7%增至14%，歷時一百一十五年之久，美國則經歷了六十八年。反觀台灣，極有可能只需二十四年就會完成相同的過程。人口快速老化，自然應將現有的體制與政策進一步充實，否則不但未來老人安養會出問題，青壯人口的負擔也會更加沉重。長期來看，如何妥善照顧老人，促使高齡者對社會有與其他年齡層相同的貢獻，確實是一個應當未雨綢繆的課題。

問題與討論

一、請說明「高齡學」、「高齡社會學」的主要內涵。

二、請說明高齡者於社群生活中的主要需求為何？

三、請說明高齡化現象對社會的影響。

四、請說明「聯合國老人原則」，揭示五大原則的內容。

五、請說明老人社會工作的實施宜注意哪些原則。

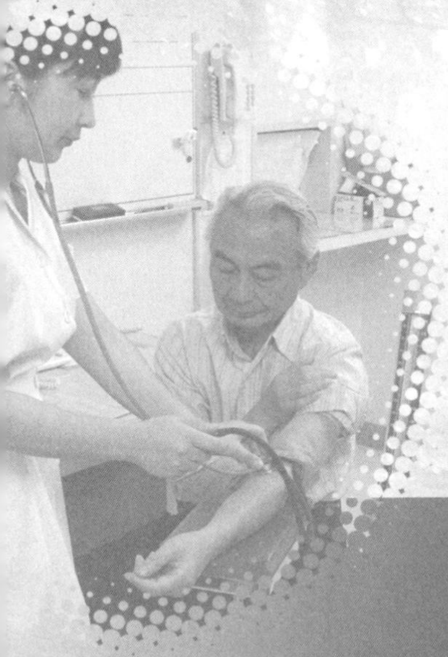

第二章

老人的特徵

我國傳統以來便重視並且提倡敬老的文化，強調人們把生命過程道德化、把生命價值神聖化，說明鼓勵長壽和提倡敬老的觀念有其存在的價值；說明是生命的圓滿與完美，並且把它和長壽、健康、財富、道德、生活圓滿、子孫滿堂，互相聯繫成一圓滿的要求，演變成民俗春節在門楣貼上「五福臨門」，既是祝願亦是自我期許。

何謂老年期？這首先要瞭解什麼是「生命周期」，生命周期這個概念源於生物學，之後運用到社會科學領域中，這一個體從出生到逐漸成長、衰退，再到死亡的一系列型態和功能的變化過程。通常我們將人的生命周期分為嬰兒、兒童、少年、青年、中年、老年等幾個階段，顯然地，老年期是人生的最後一個階段。年齡是標記人的生命周期的時間尺度，老年期的界定也是以年齡為標準。

隨著年齡增長，表現出來的行為也就不同，在整個人生的過程中，發展是從一個完全依賴的嬰兒，變成完全成熟、負責任的成人過程中所發生的改變。諸如個人對經驗的增加，力量、速度及動作技巧的增加，智慧及解決問題能力的增加，愈來愈容易以語言與他人在思想上溝通，社會關係也因而增廣，興趣、活動及價值觀也愈來愈成熟。要進一步瞭解行為的發展，先瞭解成長、發展與成熟三個名詞的含義。

1. **成長**（growth）：強調生理方面順序變化，如從受精卵開始逐漸有秩序的變化，是成長為「成人」的過程，例如體重增加、身高增長、骨骼長大、神經系統健全等。
2. **發展**（development）：乃指個體在成長過程中，其行為上產生連續性與擴展性改變的歷程。行為不斷的由簡單而複雜，由粗略而精細，由分立而調和，由分化而統整等多方面的變化，範圍通常包含生理與心理兩方面。

3.成熟（maturation）：由「開始變化」達到「最大變化」就是成熟。在什麼狀況下才稱爲成熟？生理方面比較容易定出成熟標準，例如骨骼鈣化到某一程度，一個人就不再長高了；但在心理和情緒方面的成熟，就較難訂出其標準來。

人的生命年齡隨著歲月而增加，一年增一歲，這是普遍採用的方法。那麼，人要到多大年齡才算進入老年期呢？在我國民間，「年過花甲」即稱爲老人。老年期是一個相當長的時間，不同時代有著不同階段的劃分。《禮記》曾將老年期分爲五個階段：「五十曰艾，六十曰耆，七十曰老，八十九十曰耄，百歲曰期頤」；《說文》上從七十歲算起，將老年期分爲四個階段：「七十曰老，八十曰耋，九十爲鮐背，百年曰期頤」；爲研究方便，現在有學者把老年期劃分爲三個階段，即六十五歲至七十四歲爲老年前期，七十五歲至八十四歲爲老年期，八十五歲以上爲衰老期。

第一節　老人生理特徵

瞭解人類行爲發展最主要的目的是：第一，瞭解人類行爲發展的歷程和模式，做爲預知行爲發展的依據；第二，探索影響人類行爲發展有關因素，做爲解釋個別差異的參考；第三，發現行爲發展的原理原則，建立系統的理論做爲心理科學的基礎；第四，應用行爲發展的原理原則，提供教育者、父母親教養兒童的幫助。針對全球社會人口高齡化發展趨勢的出現，世界衛生組織（WHO）已提出了人生全程（青——中——老）年齡劃分的新標準：四十四歲以下爲青年人，四十五至五十四歲是壯年人，五十五至六十四歲爲中年人，六十五至七十四歲爲年輕的老人，七十五至八十四歲爲老

年人，八十五歲以上是長壽老年人。按照這個標準，人在六十五歲以上才進入初老期，七十五歲才算進入老年期。

一九〇〇年，歐洲工業國家的男女平均壽命分別爲四十五歲和五十歲左右，到二〇〇〇年，發達國家的男女平均壽命分別達到七十五歲和八十歲。根據美國人口研究機構「人口資料局」（Population Reference Bureau）最新發表的「世界人口統計」調查報告，截至二〇〇八年中，我國的平均壽命爲七十九歲，其中女性的平均壽命爲八十二歲，男性則爲七十六歲，在亞洲主要國家中，與南韓並列第四名，低於日本與香港的八十二歲（並列第一），以及新加坡的八十一歲（第三）。此外，「全球平均壽命最長」的歲數爲八十二歲，分別爲亞洲的日本、香港，以及歐洲的瑞士；「全球女性的平均壽命」最長是日本，高達八十六歲。

人的一生中，對發展有兩個互相抗衡的過程，即「生長演進」與「衰退老化」。生命的初期，生長較占優勢，衰退則在生命的晚期較爲明顯。老化是老年期的特徵，在儀表方面的形象是牙齒掉了，臉部皺紋加多，目光遲鈍無神，皮膚變乾而粗糙，黑痣或白斑增加，頭髮灰白或禿頭，眉毛變粗硬，手背靜脈清晰可見，手臂及腿部肌肉鬆軟無力，青筋浮現，身高略有減低，軀幹有些傴僂，吃東西出現困難，體重減輕，步伐變小，手部頭部下巴偶會顫動；在內部器官方面，如骨頭變硬變脆易折，癒合很慢，腦的重量減輕，智力減退，內臟萎縮，肌肉乾燥，體溫調節器失常導致怕熱怕冷，血壓增高，排尿量減少，睡眠不好，消化功能減弱，視覺、聽覺、味覺、嗅覺、痛覺等靈敏性降低，食量減少，肌肉力量減退，工作力與工作量減少；在性功能方面，性能力減低，性慾減退，甚至會引起心理上的不平衡，身體各部分的運動能力亦變爲呆滯。由於以上各種生理特徵變化，乃易引致疾病，增加身體障礙，易發生意外事件，例如跌倒等。

一、生理功能

在生理功能方面，老人也對下列表現出明顯衰退的趨勢。

(一)儲備能力減少

這是全身組織器官與生理功能退化的結果，對於這些老人來說，一旦環境發生變化或出現意外事故而處於緊張狀態時，機體就難以應付，從而影響了其正常的生理功能，例如運動時供應所需能源的糖儲存不足，機體不能及時提供能量，老人因此難以承擔重負荷或應付意外事件。

(二)適應能力減弱

老人機體多種生理功能的減退，往往導致體內環境穩定性失調，而出現各種功能性障礙，例如短期內改變老人的生活環境，可能會導致老人水土不服、腸胃不適、睡眠不佳等現象。

(三)抵抗力的下降

隨著生理功能（特別是免疫功能）的衰退與紊亂，老人的抵抗力明顯下降，容易患上某些傳染性疾病、代謝紊亂性疾病、惡性腫瘤等，例如流行性感冒、一些腸胃疾病等。

(四)自理能力降低

隨著機體的衰老，體力逐漸減退，老人往往動作遲緩、反應遲鈍，行動多有不便，容易出現意外事故，例如老人容易摔跤、跌

傷或被刀、剪割傷等。

在老化過程中，生理功能的降低也同樣存在個體差異，衰退情況各不相同，而且同一個個體的各個器官功能的衰退情況也不盡相同。總體而言，機體的生理功能隨年齡增長而發生的變化是有規律的，各個組織、器官系統將會出現一系列慢性退行性的衰老變化，並呈現出各自的特點。

二、感覺系統

主要包括視覺、聽覺、味覺、嗅覺、皮膚感覺及平衡器官等感官功能的變化。

(一)視覺

老人會出現不同程度的視力障礙，比較常見的就是遠視（即老花眼），主要原因是視覺感官的調節功能減退。此外，還會出現視野狹窄、對光亮度的辨別力下降以及老年性白內障等。

(二)聽覺

老人對聲音的感受性和敏感性持續下降，表現出生理性的聽力減退，甚至耳聾。

(三)味覺

舌面上的味蕾數量逐漸減少，使得老人對味覺遲鈍，常常感到飲食無味。研究指出，五十歲以前味蕾數約有二百多個，到七十歲時減少至一百個以下。

(四)嗅覺

老人鼻內感覺細胞逐漸衰退，導致嗅覺變得不靈敏，對從鼻孔吸入的冷空氣的加熱能力減弱，因此老人容易對冷空氣過敏或患傷風感冒。

(五)皮膚感覺

皮膚感覺包括觸覺、溫度覺和痛覺。由於皮膚內的細胞退化，老人的觸覺和溫度覺減退，容易造成燙傷或凍傷。另外，痛覺也會變得相對遲鈍，以致難以及時躲避傷害性刺激的危害。

(六)平衡器官

老人維持身體平衡的器官也出現功能減退，容易因失去平衡或姿勢不協調而摔跤，造成意外事故。

總之，以上變化都顯示出老人感覺器官系統的老化及各種感覺能力和功能的衰退，他們對外界各種刺激往往表現出感受性較弱、反應遲鈍等狀況。

三、防治原則

老人要保持健康的體魄，延緩生理老化的過程，應堅持以下的防治原則：

(一)日常生活要規律，講究養生

老人起居作息要有規律，合理安排時間，早睡早起，睡眠充足，勞逸結合。養成良好的生活習慣，講究個人養生，尤其要戒除菸酒等影響身體健康的不良嗜好，要根據天氣變化及時添減衣服。

(二)飲食結構要合理，控制體重

老人要注意全面、合理、均衡地攝取營養，應進食富含蛋白質、維生素、纖維素和礦物質的食物，要多吃蔬菜和水果；飲食宜清淡，注意低鹽、低糖、低脂肪，少吃辛辣、油膩等刺激性食物；飲食要有規律，定食定量，不可暴飲暴食，防止營養過度而使體重增加。

(三)關注身體的變化，定期體檢

生理衰老和疾病增加是老人不可改變的客觀事實，通過定期檢查，有助於瞭解全身各器官系統的功能狀況，及早發現和治療各種疾病。同時，老人應掌握一些養生常識，對於一些常見疾病的早期狀況有所瞭解，關注自己身體的變化，及時就醫。

(四)適度的體力活動，持之以恆

活動，活動，要活就要動。因此，適當的體育運動和鍛鍊可以促進血液循環，加快新陳代謝，延緩衰老，預防疾病。太極拳、氣功、散步、慢跑、保健操、跳舞等都是有益老人健康的運動形式，適當的家務勞動也能促進老人的健康，鍛鍊要講究科學性，量力而行，持之以恆。

(五)良好的身心狀態，保持健康

老人平時要心情開朗、情緒穩定、遇事樂觀、為人豁達，積極地適應晚年生活的各種角色轉變，主動參加社會活動，培養興趣愛好，擴大人際交往，合理用腦，加強學習，豐富和充實精神生活，做到「老有所為、老有所樂、老有所學」。

第二節　老人心理特徵

人類行為發展是身心交互作用形成的，心理方面的發展比較重要的如智能、社會行為、自我觀念、人格、情緒、道德等。老人都有一些共同的心理特徵，其中有正面的，也有負面的。先談正面的，在經歷了大半生的生活之後，老人的閱歷豐富，智慧成熟，遇事表現較穩重、沉著，所謂「處變不驚」或是「老神在在」，因為大風大浪的遭遇，世態炎涼的局勢，均可造就所謂長者的看法，也許有人稱之為「保守」，這種特質若能適度發揮，則可制衡「輕率」與「衝動」，而發揮「安定」之作用。就另一方面而言，老人的心理也有一些負面表現，例如孤僻、不安、寂寞、憂鬱、多愁善感、憤世嫉俗等，這當然也是由於人生之經歷際遇，其不如意者常十之八九，歲月的風霜往往是形成的原因，雖然每個人的身心、家庭、環境、遭遇各有不同，但當年華老去，空閒的日子多起來的時候，這些心情乃不禁油然而生。對於一些事業成功的人而言，或許表現得不明顯，因為他能保持不斷的努力，使其工作或事業不斷地發展，讓他覺得自身的重要性，有被需要的價值感，那麼他的心理就會比較有成就感，也比較能獲得滿足。但是，如果事業失敗或是家庭變故，將會使其面臨嚴重的打擊與挫折，那麼前述的負面心理

特徵將會一一顯現出來。心理衰老的表現千變萬化，一般來說，老人比較多地表現出下列消極的情緒和情感：

一、失落感

失落感即心理上若有所失、遭受冷漠的感覺。退休後，老人的主導活動和社會角色發生了改變，從工作單位轉向家庭，他的社會關係和生活環境較之以前顯得陌生。加上子女「離巢」，過去那種熱情、熱鬧的氛圍一去不復返，對新的生活規律往往又不能很快的適應，一種被冷落的心理感受便會油然而生。

二、孤獨感

從客觀上講，由於子女逐漸獨立，老人又遠離社會生活，自己體力漸衰，行動不便，與親朋好友的來往頻率下降，信息交流不暢，因此容易產生孤獨感。在主觀方面，老人具有自己既定的人際交往模式，不易結交新朋友，人際關係範圍逐漸縮小，從而引發封閉性的生理狀態，這是老人孤獨情緒形成的重要原因。

三、疑慮感

儘管年歲日增，但老人常常自覺經驗豐富，才能非凡，卻在退休後無從發揮，自尊心受挫，大有「英雄無用武之地」的感嘆，於是空虛、寂寞、受冷落之感湧上心頭，往往誤以為自身價值不復存在，久而久之就會低估自己，甚至看不起自己。這種自卑感一旦形成，老人就會經常對自己產生懷疑，憂心忡忡，表現出過分的焦慮。

四、抑鬱感

以上失落、孤獨、自卑、疑慮的情緒情感，對於老人的心理都會產生負面的影響，而且老人在現實生活中容易遭受挫折，不順心、不如意之事時有發生，例如遇到家庭內部出現矛盾和紛爭，子女在升學、就業、婚姻等方面有困難，自己的身體又日漸衰弱，疾病纏身，許多老人就會變得長吁短嘆、煩躁不安、情緒低落或者是鬱鬱寡歡，這些都是抑鬱的表現。

五、恐懼感

隨著身體的老化，老人變得愈來愈害怕生病，一方面是擔心生病後，自己生活難以自理，給家人和晚輩帶來麻煩，變成家庭的累贅；另一方面，一旦生病，特別是重病，老人似乎總感覺離死神不遠了，對疾病和死亡產生恐懼感。

《老子河上公章句》說：「修道於身，愛氣養神，益壽延年，其法如是，乃為眞人。」總之，重視老人心理衛生之目的，即在促進老人健康的精神生活，減少精神疾患，而凡此種種之問題，則須經由全民之參與投入以及政府的重視與共同努力。不僅要教育每個人，進而衡量其家庭之特殊狀況，研究如何減輕家庭與社會之負擔，配合適當的醫療設施與理想的福利措施，以務實的態度，面對困難，與當事人、家人、社工人員、醫護人員共同合作，尋求克服難題之道。在人類文明的社會發展中，將來的演變有時頗難預測，而我們要在變遷的環境中，使老人有尊嚴且安詳地度過生命中最後的歲月，這實在是社會福利服務責無旁貸的使命。

第三節　社會行為特徵

社會學家海維格史特（R. J. Havighurst）認為，個人在社會中的權力可以反映一個人的日常人際關係，以及反映個人在社會的地位和職責，他由此而認為決定高齡社會學的存在意識反應的是老人社會機能（social competence）的減少。他揭示了一個事實上存在的現象——老人有他們的行為特徵，老人社會學的學科也就因此應運而生，藉以瞭解老人的意識及生活型態。人一到晚年，其社會角色就會變化，所以就有自我調適和社會參與的困難，而且可能會因此而逐漸孤立，高齡者也確有面對自我和面對社會的雙重挑戰。當前的社會結構，年輕人不再是從老人學會知識，而且年輕人的生產力也須應付日新月異的變遷，這也就拉長了老人的社會距離，而使老人與社會接觸的層面少了，甚至家庭成員的接觸次數也少了，如此一來，人與人之間的代溝、淡漠、冷待、排斥的機會，不減反增。所以，老化和退休雖然不是一種退化也不一定是病態，卻會引發退化和變動。因此，如何針對老人可能走向孤立而提供再社會化（resocialization），讓老人能適應新的生活，甚至覺得人生更有意義，已成為老人社會工作者的責任。

一、影響行為發展的因素

卡文（Cavan Ruth. Shonle）在一九五三年撰寫的《美國家庭》（*The American Family*）一書中強調"Act Your Age"，認為人的年齡是由其行為所制約與刺激的；一個人的高齡時代其實是中年期的延續，所以人老心不老就會保持活力，高齡者應當持之以恆

地去參加和關心家事、世事、國事。年齡愈成熟的人，一定有能力愈駕輕就熟的去應付各種事務，由此產生的生心理需要是閒不下來，自然就會有參加活動和增進人際關係的傾向，而我們的社會觀念規則以及各種人事制度的規定，卻迫使人們在六十五歲之後傾向退下，淡出社會網絡，是很不公平的。爲此，老人生涯規劃和第三年齡（third age）學習，便不可或缺。

影響行爲發展的因素有很多，但是最重要的有四方面：遺傳、環境、成熟與學習。

(一)遺傳

從父母親的受精卵結合，所有來自雙親的特徵和潛能都包括於內。從生理學的觀點來看，遺傳是父母親的特徵和潛能傳給子女的一種生理作用，先天的遺傳能夠影響行爲，主要是由於基因的控制，基因控制著所有各方面發展的可能性。它不但決定了一個人的性別，也決定了個人的基本特徵和單複胎。

(二)環境

「蓬生麻中，不扶自直」、「染之黑則黑，染之赤則赤」，皆是在說明環境是行爲發展的重要因素。所謂環境，通常指著懷孕就是新生命的開始，以迄其後的生長發展。一個人一生所處環境應分爲兩個階段：產前環境與產後環境。環境影響個人發展至巨，從小較缺少文化刺激的兒童，稱之爲文化不利兒童。若能接受一些對文化不利兒童所做的「啓蒙計劃」，試著在學前充實其環境，並對其父母親也加以教育子女的訓練，結果將使其子女在智力方面、社會能力方面有顯著的進步。

(三)成熟

個體在身心特徵方面的表現，一方面基於個體的成熟，一方面則為學習結果。個體的成熟不僅包括了由成長而產生的構造上與機能上的變化，更由於這些改變，使個人的身心各部分能彼此協調統整，成為更能適應之個體。一般而言，個體年齡愈幼小，其行為受成熟之影響愈大。行為科學認為，個人在十歲以前，行為特徵表現多受成熟因素支配；十歲以後，受學習之影響逐漸增加。

(四)學習

學習是指經過練習而產生的行為改變。個人的許多行為特質，諸如人格特質、習慣態度、社會行為、道德判斷、動機與價值、知識與技能，莫不透過學習歷程而獲得。學習與成熟之間有密切關係，兒童的身心必須成熟至某一限度始能做有效學習，例如語言行為雖由學習而得，但必須靠發音器官及神經系統語言中樞成熟之後始能達成。行為科學認為，個體本身愈成熟，學習愈能達到事半功倍的效果。

二、發展的階段與任務

根據個體在某些可以預期的行為發展及其行為模式，美國發展心理學家赫威斯特將人生分為十一個階段：(1)產前期——從懷孕到出生；(2)嬰兒期——從出生到第二周；(3)幼兒期——從第二周結束到第二年結束；(4)兒童早期——從兩歲到六歲；(5)兒童晚期——從六歲到十二歲；(6)青春期——從十二歲到十三、四歲；(7)青春前期——從十三、十四到十七歲；(8)青春後期——從十七

歲到二十一歲；(9)成年期——從二十一歲到四十歲；(10)中年期——從四十歲到六十歲；(11)老年期——從六十歲到死亡。

發展任務（developmental tasks）是指個體在年齡上成熟到何種水準，在心智能力上理應與之配合，亦發展到應有的水準，如此爲發展順利，以後仍可順利發展下去；若年齡已屆，而心智發展未臻於應具水準者，是爲發展障礙，以後發展將益形困難。從教育需要、社會功能與行爲發展的觀點，認爲個人要能在社會上生存，他必須能夠符合社會所要求的，也就是在某一年齡的人能適度獲得社會所要求的技巧與行爲模式。以下即是發展工作階段中的主要任務：

1.完成公民在社會上應盡的義務。
2.建立並能維持經濟水準的生活。
3.積極教育子女成爲負責任的人。
4.發展適合老人的健康休閒活動。
5.肯定配偶有獨自的志趣與活動。
6.接受及適應中年期的生理變化。
7.能與老邁的父母有良好的適應。
8.能適應逐漸衰退的體力與健康。
9.適應退休後生活與收入的減少。
10.隨配偶去世而能賡續健康生活。
11.與同年齡的團體建立和睦關係。
12.履行對社會與公衆的公民責任。
13.建立滿意並且充實的生活節奏。

發展任務可以使我們瞭解社會的期望目標，使個體能預知下一個階段中有哪些期望工作等待完成。發展任務的成功可導致個人覺得更有成就、有價值和有意義。

三、行為發展的原則

(一)發展是身心持續改變的歷程

發展包括身心兩方面，彼此影響，例如一個國小學生因身高矮小，不僅關係身體的發展，也會影響自我觀念與社會關係的適應。

(二)發展的過程具有共同模式

觀察一群個體數年發展，可發現不同個體在發展型態上具有相似性，其生長的模式是有秩序，可預期的。最明顯的模式是：(1)從頭到尾的發展，頭部發展在前，下肢發展於後；(2)從軀幹到四肢；(3)從整體到特殊，牽動身體大肌肉活動在先，局部的小肌肉活動在後。

(三)共同模式下仍有個別差異

發展心理學強調個體一生的發展是：「一條寬大的高速公路，每個人須依此路旅行，每個人都有獨特的遺傳和教養，依他自己特殊的發展速率沿著高速公路的路線進行。」例如周歲的小孩子會學步走路，但也有小孩子在更早或稍遲時間學會走路。

(四)發展歷程中呈現階段趨勢

行爲發展是連續的歷程，個體某些行爲的發展呈階段現象，在某階段發展緩慢，在某階段發展迅速，例如三歲以前的兒童身高增加最快，以後漸緩，到青春期開始前又突然增加。

(五)發展的動力是身心需求的滿足

行爲科學認爲，一個人有一些基本需求，尋求需求的滿足是行爲的動力。人類所共有的需求如下：

1.**愛與安全的需求**：愛使人感到滿足與安全。

2.**求知與經驗的需求**：探索他周圍世界，增加經驗，形成心智發展的動力。

3.**讚許與認可的需求**：需求別人的讚許，讚許代表著認可，形成自尊與自信。

4.**任務與責任的需求**：自己能獨力作爲，並且願意幫助別人，處處表現自己。

四、道德意識的成長

瑞士心理學家皮亞傑（J. Piaget）研究認爲，道德意識的成長是循著無律、他律、自律的階段發展。

(一)無律（anomy）

所謂「無律」就是泛指邏輯推理及倫理行爲上的無規則性，如同一張白紙，也就是道德的「無規範」與「零規範」而言。

(二)他律（heteronomy）

一般兒童皆認爲道德標準就是父兄教師等長者所規定的，成人的權威，長輩的命令，家庭、學校、社區及教堂等的常規及教條，都是應該信守不渝的，神聖不可侵犯的，不能懷疑的。

(三)自律（autonomy）

道德意識漸漸甦醒，能運用其道德理智做道德判斷，追問道德理由（asking moral reasons）。在此時期，彼此之間會互相尊重，應能維持合理與和諧的人際關係。達到自律的階段，有三種特徵：

1.自為立法：即對道德規範，本身有適切的理由及判斷能力。

2.自為執行：即知行一致，能按道德立法，忠直地去執行。

3.自為反省：能用良心時時反省檢討自己的行為。

五、社會支持及行為心理的調適

行為科學將人類較為特殊的生命階段稱為「生命的三個箱子」（three boxes of life），就是兒童期、成人期以及老年期。（李宗派，2004）。隨著醫藥的進步，許多人生存到老年，使得老人們形成全人口結構中一個很大的社團，隨著人口數量之增加，他們的權力有了相當的提升。然而，老人們的工作成就卻被社會貶值了，主要是因為老人們無法抗拒現代社會的科技進步與功利主義思想。

(一)社會支持

年長的人可能也因為退休之後沒工作，生活圈子變小，少了外出的機會，也因自覺體力日衰，行動不便，老眼昏花，不敢開車；同時，生活型態已固守舊有的方式，缺乏彈性，無法適應新時代環境的激變，也深怕外界多變的生活樣式影響或干擾到他們原本

習慣的生活方式，於是更不願外出去碰釘子，寧可留在屋內享清福。然而，如此一來，心情將更形孤單寂寞，也就影響了身體的健康。尤其，退休後的老人，有時候自覺自己已不再被社會所認可或需要，自慚當年曾經一度叱吒風雲，轟轟烈烈地完成一番事業，如今年衰體弱，記憶力也不好，有許多事想再參與或東山再起，重建雄風，然而，卻是心有餘而力不足，無法跟年輕人競爭，也無法跟昔日的自己分庭抗禮，不再被社會重用了，不再有價值了，深嘆時不我予，而更加形成憂傷的心境；不想動，不想出門，食量更少（致使營養變差），興趣狹窄，將自己限制在家裡，封閉在一間又暗又小的房間內，缺乏外界的刺激與人際關係的溝通，生活總是那麼單調、孤單、枯燥、乏味，如此更易衰老、退化成癡呆症。

社會支持理論（social support theory）乃強調社會的支持，它包括了愛、被愛與關懷、自尊心、價值感、人際間的相互支持、彼此之間的瞭解，體恤及互相的溝通、聯繫等，皆可以緩和生活的壓力，減少疾病的機會。老人因爲親人好友一個個地離開，又在退休之後社會地位及人際關係驟然減少，會有感到孤單寂寞與無助的心理壓力，若缺乏社會重視，則此種社會壓力久而久之會刺激腦下垂體分泌「可體松」（cortisone）的改變，產生血糖高、胃酸分泌高、血脂肪、膽固醇分泌高、骨質疏鬆、血管更硬化、免疫力降低，導致罹患許多慢性病。

(二)避免孤立

或因爲環境太陰暗、太安靜、太無聊的感覺剝奪（sensory deprivation），而對周圍認知功能的程度減退，容易產生錯覺（illusion）或無中生有的幻覺（hallucination）等症狀，也由於記憶力（尤其即刻及最近的事）、注意力、集中力、計算力（人、

時、物、地）等智力功能的減低或喪失，以及由於判斷力差導致對外界事物的誤會、敏感、疑心而形成妄念（delusion），或投射呈妄想狀態（paranoid state），或對於新環境、陌生人物的適應力差，而缺乏安全感，以至於使用「退化」做為心理防衛機轉，以保護自我的強度（ego strength），就有了如同小孩子的幼稚行為表現，或是不安、緊張、恐懼而有驚叫、哭泣、慌亂、激動、暴怒等情感與行為的表現。

離退休後，影響老人心身健康最大的恐怕就是與世隔絕，把自己封閉起來，如此將會加快老化過程。因此，最好能跟上社會的脈動，積極吸收新知，多關心周遭的事物，參加公益活動，跟上時代的腳步，維持良好的人際關係。退休後的人在家的時間多了，與家人相處機會增加許多，應該切記「家和萬事興」的道理，以感謝的心，珍惜所有相聚的時刻。孔子說：「六十而耳順；七十而從心所欲，不踰矩。」宋朝理學家程頤也提倡「認眞但不當眞。」就是要老人有所節制、不貪求、滿足現況、用感恩的心來接受自然所給予的一切，珍惜因努力所擁有的每一件事物，才是身心健康生存之道的法則。

(三)活在當下

「忘掉過去，把握現在，努力未來。」世界上有許多男性在進入領養老金時，卻出乎意料地不久就死亡了，在德語中的一個術語「養老金死亡」指的就是這種情況。其原因可能是因為大多數的男性把自己與工作聯繫在一起，離退休後，失去了工作就等於失去了自己、失去了人生目標、失去了身心健康、失去了經濟獨立，特別是失去了與家庭社會的聯繫，情緒壓抑、苦悶、悲觀，把自己關起來不出門，愈這樣就愈失去生活的勇氣，甚至停止了做為一個眞

正的人的生活，這時候，實際上死亡就已經開始了，或者說已是部分死亡的活死人了。只有走出家門，加強人際交往，才能克服「養老金死亡」，找到生命的意義、生活的樂趣。親人好友若是無法與老人居住在一起，至少也要多來關心、探望他，是幫助老人度過孤單寂寞晚年的最好社會支持，使他有足夠的信心與希望繼續存活下去。老人亦應多參加社團、老年社、宗教活動等，可以接觸到更多的人際關係層面，讓自己殘燭的生命熠熠發光，照亮教堂、社區。女性老人比男性老人更積極參與宗教活動，而且比年輕人更能從聽道理的心靈層面轉化成外在表現的付出行動，不只是聽道理，也行出了道理。社會支持可以滿足老人「安全感」、「愛、被愛與歸屬」、「自尊心與價值感」的心理需求，使他度過一個喜樂又幸福的晚年。

(四)反求諸己

「一切福田，不離方寸，從心而覓，感無不通。」老人和未成年人一樣，需要家庭和社會的關心。生病時需要照顧，經濟困難時需要救濟，上公共汽車時需要「老弱病殘孕專座」，老人再婚時也需要子女的理解和支持，臨終時需要子女和親人在身邊並握著自己的手。家庭和社會的關心是老人心理保健的必要因素，老人需要家庭和社會的幫助和關心。老人心理保健的目的是提高老人的生活質量，使老人能度過一個愉快幸福的晚年，並能有效地應對「死亡」這一人生最後的生活事件，給自己一個圓滿的結局。爲達到這一目的，應注意以下問題。

第一、確立生存意義：人貴有自知之明，老人也一樣。孔子自稱：「吾十有五而志於學，三十而立，四十而不惑，五十而知天命，六十而耳順，七十而從心所欲，不踰矩」。反映了孔子隨著年齡的增長，活到老，學到老，使得自己的精神境界不斷發展，從不惑、知天命、耳順一直到從心所欲，老人應客觀地意識歲月不饒人，不能逞強，也不應把自己貶得一無是處。雖然社會和家庭不再是靠老人來支撐，但也不是老人已經沒有用了。讓老人發揮餘熱，老人不僅應老有所養，也要老有所樂、老有所學、老有所為。上了年紀的人最愛回憶過往，但更重要的是好好把握眼前的時光，讓每天都過得充實有意義。

第二、坦然面對生死：接受自己老了的事實，明瞭外表的改變，不過是一種自然現象；體認到死亡不是結束，而是另一階段生命的開始。雖然老人知道「夕陽無限好只是近黃昏」，有多少的無奈與感傷，但是只要「盡人事、聽天命」，心存感恩，好好注意保養身心的健康，反而能夠達觀的面對，老年期不是人生的結束階段，而是生命的完成階段，就如同老人頭上的銀白色冠冕那般輝煌與絢爛，是一個值得歡呼喜樂與頌揚讚美神的年歲，一個值得老人再次去體驗神的信實與公義、無比的愛，以感恩的心來數算恩典的年歲。

第三、尋求宗教信仰：以正確的宗教信仰讓精神有所寄託，情緒得到穩定，同時也較能泰然面對終老的問題。「日落西山」表示人生的最後一站已是晚霞滿天，即將步入黑暗。有些人以感謝喜悅的心情在欣賞這一刻美景——夕陽無限好；但是也有人無心欣賞，他的心情在為天黑而焦慮——只是近黃昏。然而，有個信念是，雖然明天的日子如何，我們不知道，但只要黑夜一過，黎明就會來臨，到了明天就是光明燦爛的前途。

結　語

東漢時成書的《太平經》提出，人生生死大事，人應熱愛生命，長壽的目標是好爲社會國家做事。所以說「常欲樂生」、「要當重生，生爲第一」，又說「唯思長壽之道，乃安其上，爲國寶器」。《太平經》提出了「自愛、自好、自親、自養」，認爲人只要去凶遠害，就能趨吉避凶，自力求得長生。

一般老人對於社會國家不一定有什麼豐功偉業的貢獻，但其中，不乏終其一生默默的耕耘，曾經歷盡滄桑，飽嘗波折，辛勤勞苦地爲人類的福祉貢獻其心力的無名英雄，鞠躬盡瘁的實現自我、完成自我。此時，屆臨終老，宜以更積極的態度去面對自己的人生，重新找回過去的休閒及興趣，多花時間和家人朋友一起度過，花時間整理自己的人生經驗，並傳遞分享給他人，保持對事情的樂觀態度，並且戒除不良的抽菸、喝酒等習性，飲食注重均衡，則是保持腦力健康的最佳方法。

問題與討論

一、請說明在生理功能方面，老人所表現出的明顯衰退趨勢。

二、請說明老人於心理上的主要特徵。

三、老人心理保健的目的是提高老人的生活質量，請說明如何方能使老人度過一個愉快幸福的晚年。

四、請說明個體於行為發展的原則。

五、影響行為發展最重要的有遺傳與環境、成熟與學習，請以高齡者為例說明其內容。

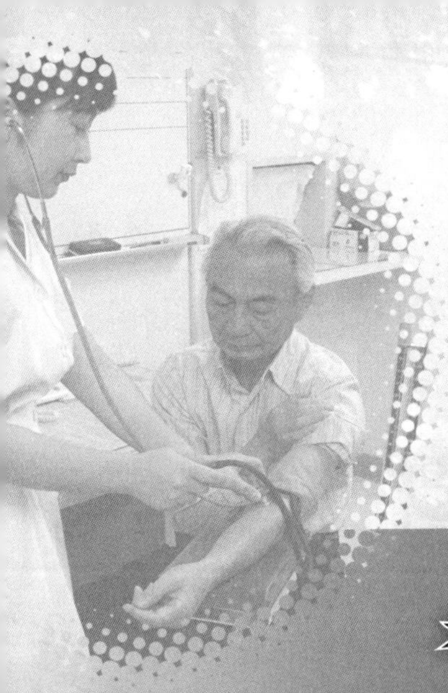

第三章

老人社會工作理論

第一節　老化對社會的衝擊

第二節　老人社會工作特徵

第三節　老人社會工作理論

結　語

聯合國認爲六十歲以上老人超過總人口10%，或六十五歲人口超過7%，都屬於高齡社會。隨著人口模式向「低出生率——低死亡率——低增長率」轉移，近五十年來，發達國家先後成爲老年型國家。進入一九八○、一九九○年代，發展中國家也逐漸步入了人口高齡化的歷程。隨著「銀髮浪潮」的洶湧而至，老人的晚年生活保障、生活品質以及相伴而產生的老人服務，就愈來愈成爲當今社會中一個重要的環節。就台灣地區的人口結構而言，到二○○九年，全國老年人口數爲二百四十五萬人，每五名就業人口就必須照顧一名老人，負擔將相當沉重。台灣的高齡人口迅速增加，這不單是影響到「老人數量」的問題，還牽涉到「安養品質」的問題，其過程所伴隨而來的老人居住與生活照顧問題，對家庭已經造成極大的衝擊，政府必須有因應的策略和措施來調節。

第一節　老化對社會的衝擊

人類壽命的延長，事實上是人類追求的目標。個體生活的目的，不外追求活得久及過得好。生命期的向後推移，人口的老化，正是人類追求生命意義的實現，它是一種人類生活目標的體現，也是一種成就的標準。人口老化是一種正面的轉型，是現代科學的勝利。因此，聯合國教科文組織（UNESCO）就曾以六十五歲以上老人人口所占的比率，做爲衡量社會進步與否的標準。凡老人人口在4%以下者，被歸爲青年國，大都是較未開發國家；老人人口在4%至7%之間者，被稱爲中年國，大都是開發中國家；老人人口在7%以上者，屬於老年國，大都是已開發國家。老人人口在7%以上的社會，即邁入所謂「高齡化社會」，當老人人口達到14%時，往往被稱爲「高齡社會」。因此，高齡社會正是一種成就的顯現，其顯示社會經濟的發展、醫藥水準的發達、公共衛生的改善、教育水準的提高，及個人對身心保健的重視等。

我國傳統社會以「刑」與「禮」爲生活規範，老人在社會備受尊重，中國傳統法制對老人的保護，在刑罰規範中老人得享寬宥、免訟煩累的優遇，親族亦得因奉養尊親老人而得寬減刑責；在日常生活中，家族對老人有扶養義務，家族共同財產由尊長管理，尊長有權決定兒女婚嫁，老人的地位崇高，受「刑」與「禮」的保護。《周禮》三赦，幼弱、老耄、蠢愚者赦；《禮記．曲禮篇》：「八十九十曰耄，七十曰悼，悼與耄，雖有罪不加刑焉」；《漢書．刑法志》中，宣帝時「八十歲，除犯誣告殺傷人罪以外，其他皆不罰」，元朝年老七十以上，不任仗責者贖。上述在在都表現對老人的尊崇。

高齡社會雖然展現了重要的意義，但也對社會產生了很大的衝擊，包括財政、經濟、政治、醫藥、照護、建築、商業、教育及家庭等各層面。

一、政府財政的負荷

最直接而龐大的壓力反應在養老金、健康照護及社會福利等三方面：

(一)在養老金給付方面

由於老人人口增加，使政府在養老金方面的財政支出快速成長，成爲財政上的一項沉重負擔。

(二)在健康照護方面

由於老人慢性疾病普及率高，長期臥病的失能者及需要照護者也增多，這些醫藥照護上的支出也相當龐大，幾乎與養老金的支出相當。

(三)在社會福利的支出方面

老人需要多種社會照顧與服務，例如老人住宅、到宅服務、家事協助、交通接送、心理諮商、居家安全、財務管理、休閒安排、餐飲服務、法律協助等。在重視民衆福祉的國家，政府在老人福利方面的支出，往往高於國防的支出。

二、經濟成長的衝擊

由於老人人口增加，年輕勞動人口縮減，自然影響生產力的下降，生產毛額縮小，而造成經濟成長的下滑。另外，由於老人在總人口中的比率增加，老年人口的依賴比（即六十五歲以上人口占十五至六十四歲人口的比率）逐漸上升。一九六〇年前，在已開發國家的工作人口與老人人口的比維持6.8：1，至二〇三〇年預估將降至2.5：1。這種工作者負擔的趨重，將影響整個經濟發展，使其呈現靜止或衰退的現象。

三、影響政策的取向

社會上老人人口增加之後，這些老人自然關心他們的津貼與福利。政府的施政爲迎合愈來愈多老人的需求，必然在政策上加重

對老人津貼與福利的支出。新一代的老人，健康良好，教育程度較高，他們會結合成一種團體來影響國家的政策，要求更多的公共預算，這是顯而易見的現象。

四、消費行為的改變

由於老年人口的增加，帶動行業的消長以及社會消費行爲的轉型，有關銀髮族的市場成爲重要的新興行業。首先是有關健康照顧的行業，將是未來最興盛的產業，包括老人醫學服務、手術（如：白內障）、藥劑、功能性醫藥，以及多項特殊製造業，例如修復業、視力、聽力輔助器、胰島素注射及人工關節等；其次爲與老人相關的專業興起，包括家庭顧問、房地產顧問、老人相關立法及老人醫藥學；再次爲有關回復青春的行業或產品，例如化妝品、染髮劑、整型美容，以及特殊健康的訓練和設備，都可能快速成長；再者，家庭維修和個人服務也將快速成長；最後則爲喪葬服務業，有關墓地、葬儀社以及葬禮的相關產品和服務將更爲擴張。過去市場專家口中的「黃金消費者」是年輕人，現已逐漸被「黃金老人」所取代，因爲他們的財富和人數正一起成長中。高齡化社會，其消費者行爲會逐漸從製造業的產品轉到對個人的服務上。

五、房地產業的調整

老化迅速的已開發國家，其人口成長快速縮減。因此，在二十一世紀的房地產需求已有相當大的不同，對新房宅、新辦公室及新產品的設備需求都會減縮。過去在嬰兒潮時代的新屋需求，是小家庭的三房二廳，目前老人公寓、老人社區、養生村等的需求，正急速增長中。因此，老年潮影響了建築業的走向，也左右了房地產的興衰。

六、教育重點的轉移

老年潮的來臨，直接波及教育界。由於嬰兒出生率降低，各級學校入學學生減少，學校的減班、併校將是不可避免的現象。但對生命的另一端，由於老人人口的快速增加，老人教育機會的提供，將是一項急遽的需求，例如旅遊學習、海外研習、老人寄宿所活動、第三年齡大學、長青學苑等，型態也愈來愈多樣化，參與人數倍增，將帶動老人教育的另一番氣象。而對正規教育的衝擊，包括大學校院的功能調整，將是不可避免的趨勢，小學改爲老人活動中心或老人學習中心，已在若干開發中國家出現。整體教育的重點將會從公共教育中的兒童，轉移到較大年紀的工人企業訓練及退休者的終身學習活動上。

七、家庭結構的窄化

老年潮的來臨，使得家庭結構窄化。由於少子女化的影響，家庭中的下一代旁枝很少，加上壽命的延長，每一代變得很長。每個人的系譜只有樹幹，沒有樹枝，形成所謂竹竿家庭（pole family）的型態。祖父母多過子女，四代同堂的家庭將變得很稀鬆平常，這種型態的轉變，其影響是前所未有的。

第二節　老人社會工作特徵

老人社工理論是針對社會結構與社會變遷對高齡者的影響，對於老人的身心健康與日常活動的衝擊，所進行的系統性分析，以促使高齡者如何面對社會環境的最佳方式，討論老化現象與老人有關的議題，研究如何在老化過程中，給予老人最適當的社會處遇與干預方式。老人社工理論是尋求解釋老人社會關係的變遷與老人晚期的生活現象。在一九六一年前，老人社工理論在社會老人學界之研究，多強調老人社會適應，討論老人的角色與活動（role and activity），有一些則是著重於社會適應，或者將其焦點放置在老人個人與他的性格（如：健康、人格、需要、活動等）與社會生活的關係；另外一些理論，強調的是社會要求（society's demands）的適應。其特徵如下：

一、角色變遷

當一個人老邁了，他不能夠滿足社會對他的期望與要求時，他就被認為面臨社會適應問題，他的社會角色跟著產生變遷而失去應有之功能。角色觀念能夠在社會老人議題持久討論，係因為有其實際應用性。一個人在他的生命過程中，扮演各種社會角色，例如學生、父母親、丈夫、妻子、兒女、商業人士、職業婦女、祖父母等，這些角色使人易於辨認及描述一個人為「社會人」，也就是形成「自我概念」之心理基礎，這些社會角色是很有系統地跟一個人的年齡與生命階段相連結。在很多社會，特別是西方社會，一個人之年代年齡或依年代次序之年齡，是決定各種社會地位之資格條件，同時可用於評估不同社會角色之適合性與預期性。在社會情景中，要塑造個人，使社會對個人角色能有具體的期待。老人必須面對並學習去處理「角色失落」（role losses）之困境，例如失去配偶變爲寡婦或鰥夫，或是退休後失去董事長之職位，失去工人與職員之角色。這些角色之損失，均會導致一個人對社會認同之腐蝕、磨損，以及自尊之失落，老人們在這一角色失落之過程中，同時會經驗到「角色中斷」（role discontinuity）。

二、生命周期

要瞭解老化，首先我們必須體認到生活在這世界上的每一個人都會老，生物學家基本上都同意老化的過程是從人一出生就開始了。生命周期裡強調老化過程只是人類生命中的一個階段而已，它是一個再正常不過的生命階段，就如同青少年時期與壯年時期一樣，每個階段都只是一個必經的過程罷了，老化只是在走完生命的一個階段所顯現出來的生理機能變化。

三、活動參與

活動參與指出活動力對於一個老人的影響程度是很大的，活動力大的老人可以透過社會活動的參與，而獲得較大的滿足感與幸福感，相對的，身心上也會覺得較爲年輕化與較爲健康。有許多研究都顯示老人身體、心理健康及生活滿意度，和參與活動層次之間的關係，特別是社交活動與老人所表現的活力，有很強的相關性。所以，年輕朋友應該鼓勵老人多參與社交活動，並多與他人互動，比較能擁有健康的身體與心理。

四、年齡規範

年齡規範（age norms）乃在規範社會角色之開啓與關閉的工作，當人們到達某一年紀該扮演什麼角色。因此，年齡規範做了假設跟年齡有關之能力與限制，認爲一個人到了某一年齡就能夠與應該做某些事情。社會對於行爲規範，可由社會政策與法律正式表達，例如在一九八七年美國訂定了強制性之退休政策，因此「社會時鐘」（social clocks）與年齡規範在人們內心開始內在化，把人們放在時間之軌道工作。每一個社會透過社會化過程，傳達年齡規範。在一生過程中，個人學習去操作新角色，適應變遷之社會角色，調適舊角色，學習「社會時鐘」的安排及什麼是年齡適當之行爲，這樣才會在社會生活中整合個人行爲，老人也要藉由社會化以接受新角色。

第三節　老人社會工作理論

理論並非顚撲不破的眞理，只是目前最接近眞理的系統性陳述。理論的功能，在於累積前人研究的知識，科學性的每一假設前，都應有一段強而有力的理論支持，來說明「爲何」提出這個假設，研究與理論之間的關係是學者從事研究並辨認問題內涵的主要指引。

老人社會工作理論是探討老年期的角色轉換與適應過程，分析一個人如何由其原有角色逐漸變動，並在退休生活中適應不同的社會。以下是在老化的社會學理論中，較爲普遍的理論：

一、社會活動理論

隨著醫藥科技的進步，人類的壽命大大提高，老人自六十五歲到他的人生盡頭，往往還有長達二十至三十年的光景，若不將他的能力做有效的運用，對整個國家社會而言是莫大的損失。有些人視退休後的老人爲「撤退人口」（disengagement population），並認爲他們的工作是多餘的。但是，社會活動理論（social activity theory）針對社會撤離理論所提出的老人因活動能力下降和生活中角色的喪失，而願意自動地脫離社會的觀點，認爲：

1.活動水準高的老人比活動水準低的老人，更容易感到生活滿意，也更能夠適應社會；
2.老人應該儘可能長久地保持中年人的生活方式，以否定老年的存在，用新的角色來取代因喪偶或退休而失去的角色，從而把自身與社會的距離縮小到最低限度。

活動理論對老人社會工作的意義在於，無論從醫學和生物學的角度，還是從日常生活觀察表明，「用進廢退」是生物界的一個基本規律，因此，社會工作者不僅要在態度和價值取向上，鼓勵老人積極參與他們力所能及的一切社會活動，更需要爲老人的社會參與提供更多的機會和條件。專家評估表示，老人仍然需要工作，主要理由包括經濟需求、自我實現、排遣寂寞、人際接觸、心理補償、老化延緩、自尊維護、精神寄託等。所以，社會應把老人也當作一份社會資源，不要因其漸老，就將之放棄或摒棄，而應積極地將老人組織起來，使此一資源得以投向生產，例如有文教專長的老人，可輔導其進入民間機構從事社會工作或文宣策劃；住在社區中的老人，可向工廠包攬工作；另外，也可以爲老人舉辦職業訓練或

成立老人人才中心，讓老人能尋求機會以充分發展潛能，過著具有生命尊嚴及彩霞滿天的晚年生活。

與社會撤退理論的反向，就是社會活動理論。這理論主張，如果老人們更積極地參與社會活動，他們的生活似乎過得更爲滿意。社會活動理論之假設認爲老人們如何想像自己，基於各種社會角色或所從事之活動，考慮自己之社會參與。社會如何界定我們？如何界定老人？就是根據我們所從事之活動，根據「老人們所參與之活動」（we are what we do）。社會活動理論認爲多數人在老年時期，繼續他們在中年期就已建立之社會職務與角色，從事生活與社會活動，因爲他們在實際生活上，有同樣之需要與價值。社會活動理論與社會繼續理論（social continuity theory of aging）有一個相同點，就是注意到人們在老邁時，照樣傾向於維持他們原先之生活方式，要儘可能、儘量的保持相同習慣、人格特徵、生活方式，這些都是他們在早年就已養成的，而依據活動理論與繼續理論，在老年期之任何社會互動減少，可能由於失去健康或身心殘障所引起。這種解釋要比社會之功能需要，促使老人們從活動之社會角色撤退，較易令人接受。有許多研究工作似乎支持活動理論之某些主張，例如老人之繼續健身運動、社會交際活動、經濟之生產角色，這些都是對老人之心理健康與生活滿足有正面之貢獻。這些研究指出，非正式之社會活動，或是甚至於僅僅在心理上領悟到老年期之社會整合，也可能促進很重要的老人主觀的福祉。換言之，我們的態度與期望，對於社會參與或社會隔離，也許要比正式之參與模式更爲重要。活動理論強調長者可尋找發現代替品，來補充以前之社會角色與活動。在社會上，有許多專爲老人設計之機構，例如老人活動中心、老人服務中心、長青協會或老人大學等機構，都應鼓勵老人積極參與。有些老人安養或長期照顧設施，也歡迎老人參加，這些活動服務項目都以假設老人是健康的、活動的、願意參與的，

而形成充實的生活樣態。

二、社會損害理論

就我國傳統社會而言，在所有制約個人行爲和調適的制度中，以家庭最爲重要，而家庭對於老人尤其重要，因爲老人在桑榆之年，對其他團體的參與日趨減少，在社會與經濟資源稀少或缺乏的情況下，若再加上退休和喪偶所造成的「無角色的角色」（rolelessness）時，必須依靠子女以獲得經濟支持或情感慰藉。社會損害理論著重討論的是，有時老人一些正常的情緒反應會被他人視爲是病兆而做出過分的反應，從而對老人的自我認知帶來損害。例如，因患老年病而健康受損的老人，詢問子女自己是否應該搬過去與其同住，這樣的詢問就很可能被子女視爲是老人無能力做出任何決定的表現，從此凡事處處爲老人做決定，這種關心久而久之就會對老人產生一種消極暗示，讓老人覺得自己的確缺乏能力而把一切決定權都交給子女。也就是說，接受消極標誌的老人隨後會進入消極和依賴的地位，喪失原先的獨立自主能力，從而對老人的身心帶來損害。這一理論對老人社會工作者具有深刻的啓示意義，它至少告訴我們，有些所謂的老人問題大都是被標定的結果，也是老人自己受消極暗示所產生的連鎖反應。因此，在幫助老人的過程中，不僅要確實地幫助老人解決實際問題，同時也需要協助老人增強信心和提升能力。

三、社會化理論

所謂社會化，是指將各種社會規範內化至個人人格特徵中，以便扮演成人的角色，適應社會的需要；社會化過程是終生的，從嬰兒到老年時期，持續不絕；社會化指的是個人在家庭、同儕團體以及其他社會團體中，接受文化規範，內化至個人心靈，形成人格特徵的過程；社會化之目的，是主觀價值的賦予，是將個人從無知的動物狀態，轉變成理智人的過程。許多傳統的理論認為，人進入了老年期，應該以享受為生活目標而不再需要社會化了，傳統社會的老人具有社會尊崇的教化地位，只對別人施行教化，而自己則絕不會重新面對社會化的問題。

然而，現代社會發展證明，老人仍然需要繼續社會化，主要的理由之一在於角色的轉換，而這種轉換及影響表現如下：

1.勞動角色轉換為供養角色，這容易使老人產生經濟危機感。
2.決策角色轉換為平民角色，在家庭中，由家長角色轉換為被動接受照顧的角色。
3.工具角色轉換為感情角色。工具角色是指人們肩負著一定的社會公職，在社會政治、經濟、文化各領域占據著主體地位，他們所扮演的角色是為了某種特殊的目的，例如職業上的角色。感情角色是為滿足身心情感的角色，比如在家庭中父母、子女間的角色。這樣角色的轉換，使老人常常碰到性別角色模糊問題，以及伴隨而產生的老年夫妻之間的衝突。
4.父母角色轉換為祖父母角色。除了角色轉換外，老人還將遭遇多重「突然失去」的威脅，例如子女情感支持的突然失去（子女成家分居，老人進入「空巢家庭」）、健全身體的突然失去（疾病並可能面臨肢殘或死亡）、配偶的突然失去（喪偶並帶來心理健康上的問題）。

所有這一切對老人而言都是將要面臨的新問題，都需要透過繼續社會化、加強學習、提高修養和不斷自我調整來予以解決。

四、社會重建理論

社會重建理論就是意在改變老人生存的客觀環境，以幫助老人重建自信心。科技進步和知識經濟已使得社會演變加速，從科技變化到社會變遷的程度都日日加速，這已非老人固有的經驗和思想，以至衰老的體力，所能適應。退休制度的盛行，又迫使許多人在六十五歲前後離開工作崗位，撤離社會，使個人領受的資訊與知識隔絕，甚至不再與原來的社會聯繫，他們的社會適應更形困難。現代人壽命普遍延長，在退休後平均有二十年的歲月要經營，這就造成社會的一大挑戰。提倡興辦老人教育，使老人得以有學習進修的管道，將可以達成老年人口之再社會化，而有助於社會進步。

社會重建理論是「希望哲學」，賦予人類對教育無窮的希望。在不同的時期，社會重建理論者的理念，經過後世學者再概念化後，以不同的面貌出現，持續發揮影響力，帶出改革的希望。社會重建理論的基本模式是，第一階段：讓老人瞭解到社會上現存的對老人的偏見及錯誤觀念。第二階段：改善老人的客觀環境，透過提倡政府資助的服務來解決老人的住宅、醫療、貧困等問題。第三階段：鼓勵老人的自我計劃、自我決定，增強老人自我解決問題的能力。

五、撤退理論

卡明（Cumming, E.）和亨利（Henry, W. E.）於一九六一年提出撤退理論（disengagement theory）或稱為退隱理論。撤退理論認為，老化時會趨向於退縮，漸漸地從社會人群中脫離。社會撤退理論視老年為一個時間點，解釋老人在現代化社會之身分地位者，係

老人本身與社會雙方面共同面臨分離之處境，例如要由工作崗位退休，這種撤退過程是可瞭解的，是一種自然的與正常的趨勢，它反映了一個基本的生命旋律。換句話說，這種撤退的情形被視爲是正常老化的過程之一，這種撤退過程被假設爲正常的社會功能，對社會與個人的服務是正面有益的。社會撤退理論牽連到效率檢視，認爲當一個社會變爲更現代化與有效率時，很自然的，老人就要從社會崗位撤退。

六、社會繼續理論

社會繼續理論（social continuity theory）與社會撤退理論的相對立，認爲要維持其焦點在社會與心理之適應理論。這個理論認爲，一個人在年邁時趨向於繼續維持一種一致的行爲模式，爲了代替失去之社會角色會去尋找相似之角色，以因應社會環境之變化與維持標準式之適應。換言之，一個人在老邁時不會產生戲劇化的改變，其人格特徵照樣維持跟成年生活時相類似，一個人生活之滿意度與人生價值之一致性和他一生之生活方式與經驗，息息相關。基本上，我們在晚年的生活特徵更與我們在青年時期相類似，我們的中心人格特徵變得更顯著，核心價值變得更突出，例如一些人經常是被動的、退縮的，不會因爲退休而變得更爲活躍；相對的，某些人參加許多社會組織、社會運動或宗教社團活動，也不會在退休後或移居他地時全部停止活動。

七、現代化理論

現代化理論（modernization theory）係討論老人身分在現代社會已經降低或消失，在工業社會之前的農業社會，老人的身分地位是被敬重的，因爲這些老人控制了土地之所有權與分配權。但到了工業化社會與現代科技社會，人們又開始將老人身分貶值降低了，因爲老人不能夠參加競爭激烈、有效率的經濟生產工作。現代化理論提示老人的角色與身分，和科技進步形成倒轉化之關係，科技愈是發展，愈使老人的生活經驗與判斷智慧被貶值無用或明顯降低，因而導致老人身分與權力之損失。

八、日常能力理論

日常能力理論（theories of every day competence）是解釋一個人如何因應每日生活經驗，而在其生活中有效地產生作用，例如有關心理的知識以及認知功能，還有物質的、精神的、文化的與社會的背景是否限制了個人能力，阻礙其發揮有效之作用。因爲，基本的各種認知過程是透過操作學習，來產生社會認可的互動方式；然而，由於個人的能力侷限，形成社會成員的能力差異。日常生活是生活中一再重複的行爲，具有一般性與普遍性，但是這些一再重複的行動，在一開始往往都是來自陌生的、不習慣的衝突。日常能力理論其內涵有三種主要觀點：第一種觀點，視日常能力爲一種對應環境刺激所產生的合宜作爲；第二種觀點，係將日常能力概念化，並融入特定領域的知識基礎；第三種觀點，係將理論的焦點放置在合適的或一致性的，就是指個人面臨環境要求與個人認知能力之適合性與相合性。

九、心理老化理論

心理老化理論（psychological theories of aging）乃提示在每個生命階段或時期，都有心理上之收穫（gains）與損失（losses），

但在老年時期之耗損超過所收穫的。

老化牽涉到三個要點：

1.**自我概念**（self concept），包括自我認知、人格特點以及兩者對個人行爲之影響。
2.**社會關係**（social relationship），包括人際關係以及別人對自己之知覺與看法。
3.**思考過程**（thinking process），包括了個人記憶、解決問題之能力以及其他認知功能。

某些自我概念與社會關係會隨著年齡變遷，因爲退休轉業、生活改變、失去配偶或離婚等情況，引起不同之壓力，而改變自我概念與人際關係。

心理老化理論強調老年的依賴並非老化與衰退的必然結果，而是大部分要歸因於社會境遇的影響。有關老化的理論就是有關高齡者心理及生活的理論，生命過程期間的變遷經驗就是不同世代彼此互賴的生活經驗。本理論集中在老年期，係描述老年不僅僅是一種醫療與經濟議題，更是一種社會議題，以期提供社會支持與照顧服務，才能夠嘉惠老人族群的生活幸福。

十、無角色的角色理論

就自我概念與社會關係（self-concept and social relation）而言，人們如何形成自我概念係爲多方面的，包括了人格、自尊、身體形象、自我概念及社會角色。在年齡的變化中，影響最小的是人格特徵，例如一個人的活潑開朗性格，可由兒童時期一直延伸到老年時期；但在自我概念之其他部分可能產生變化，例如一個人之身體形象（body image），在年輕時與年老時會有很大差別，老了頭髮就會變爲斑白，身材變爲肥胖，皮膚產生許多皺紋，自尊心隨著時間之變遷也會改變；在老年期有些特徵係可預期的，例如社會互動變少了，在退休後工作關係結束了。高齡學者討論晚年期之生命轉換，認爲是一種「角色轉換」或「角色中斷」。人們在老年的生命轉移，原有角色可由新角色代替；當一個人退休或失去配偶時，其社會角色再沒有機會代替或補充，其自我概念就產生適應問題。上述現象可描述爲一種「無角色的角色」。

十一、認知理論

認知理論（cognitive theory）認爲一個人的認知變遷，要比客觀變遷，對於個人行爲具有更重要的影響。同樣的人生事件，例如退休對一個人的認知察覺，認爲是一種「損失」而變爲悶悶不樂；但對另一個人卻認爲是一種「自由」，可由工作之壓迫環境中釋放出來。這些認知的、情緒的以及動機的因素，都體現我們如何去察覺領悟人生中的任何事件。認知包括了自我接受，可由檢閱個人一生之成敗榮辱、跟其他人保持正面關係、自治自律與自決、對環境之主宰力量、個人信仰、生命之目的、個人之成長與一生之發展來瞭解老人之意義。

老人心理功能方面，最受老化影響的就是認知功能的衰退，在檢視個人能力去完成日常生活之活動時，認知功能與其他心理功能遭到老化的影響最大。這些記憶衰退之老人可能無法按規定時間作息，例如使用藥品、關閉瓦斯爐等；或是對他人的信任產生懷疑，更嚴重的是他們失去能力去辨識原先熟悉的人、事、物等。雖然跟著正常老化過程，老人之記憶能力、反應時間、基本之資訊處理與解決問題之能力出現衰退，但是其他之認知功能依然是平穩的，有的能力甚至於改進了，例如對於世界觀之智慧與知識，則爲

老人的優點。老人要逐漸縮小他們適應能力之範圍，選擇日常生活最有用之適應技巧來因應老年生活，這種選擇方式就是他們最熟悉，也最可接受的技巧。認知功能之損失程度與速度，將影響老人晚年生活是否「活得有意義，活得有尊嚴」。

十二、社會情緒選擇理論

社會情緒選擇理論（social-emotional selectivity theory）說明，在老年期所觀察到的社會互動係有計劃地減少。這個理論與活動理論及撤退理論觀點上有所差異，活動理論強調老人的不參與活動，是由於社會引導的不足，尤其是由社會規範引起的；另外，撤退理論是指出一個老人迫近死亡時，會刺激他行爲上由社會撤退，同時社會也期望他撤退。如果在理論上做一對比，社會情緒選擇理論認爲老人的社會網絡與社會參與減少，應視爲是一種老人內心自動之資源再分配。如此，老人將不是簡單地對社會情境做出反應，亦是主動地安排經營他們內心主觀的社會世界。

十三、社會崩潰症候論

社會崩潰症候論（social break-down syndrome theory）其實也可以說是針對「社會撤退論」所進行的檢視與反省，認爲高齡者持續參與社會的過程會崩潰，主要是因社會訂立了不切實際的標準和期望。這個理論認爲，如果是以功利的角度或是以年輕人的要求來對待高齡者，其過程與結果便是社會以對年輕人的標準，將高齡者視爲是生產力不足，老人也會因此自暴自棄，接受社會意識的潛移默化，甚至改變自己的行爲，去接受這樣的標籤。當社會認爲每個人都要有工作和生產時，若以年輕人的標準來檢視老人，則極易被

視爲是退化、落伍，老人也因而逐漸看輕自己，最後變成不再振作，並成爲依賴者的角色。得到的結論和創立的理論，則進一步讓我們看到了高齡者不一定要撤退，而「老人無用論」等標籤化的想法與不公正的制度，可能會對高齡者人權造成傷害。對高齡者而言，在外受到的壓力或者是被一視同仁的標籤化，將令他們成爲社會主流意識認爲應解除任務的人，有許多人確會因此而意志消沉，甚至對生命的意義失望，從而爲家庭及社會製造更大的麻煩。

十四、老人貶值論

老人貶值論對老人的衰退提出的見解，認爲老年是人在「貶值」，理由是由於個人的價值增長已經不能和社會的主流所需的價值一致。社會最有值價的物質，包括了成就、生產力、服務能力、人際關係、知識、性能力、權力、財富，當一個老人可以持續擁有或管理這一切的能力在衰退時，他個人的價值也在衰退。老人貶值論的觀點與美國社會學家霍曼斯（G. C. Homans）在一九六一年創立「交換論」有相似之處。交換理論認爲，社會互動是雙方把社會行爲看作是以「酬勞」爲目標，只有雙方達到自我目的，才是互動的意義，但是老人缺乏可以用來「給」別人的價值，因此也很難「交換」，必然容易受遺棄。

結　語

人口高齡化是近代社會的一種現象，也是先進國家所面臨的人口問題。今日的工業社會中，由於經濟的發展，導致生產規模、生活方式、家庭組織、生存機會的改變，尤其在醫藥衛生與保健方

面的進步與發展，平均壽命增長，老人在總人口的比例中相對提高，造成人口結構急速老化的現象。隨著老化趨勢，自然應將現有的體制與政策進一步充實，否則不但未來老人安養會出問題，青壯人口的負擔也會更加沉重。如何妥善照顧老人，確實是一個應當未雨綢繆的課題，因此，探究高齡者老化理論實有其重要性。

早期的高齡學研究者，從人類歷史中去尋找一個概念架構，來解釋人類的老化過程，有些藉著探究最普遍而最典型的文獻記載，用以說明個人不同的生存能力及人生過程。這些早期的老化學說與模型，代表了一個很廣闊的老人世界觀，例如《論語．爲政篇》的：「吾十有五而志於學；三十而立；四十而不惑；五十而知天命；六十而耳順；七十而從心所欲，不踰矩。」《論語．季氏篇》的：「君子有三戒；少之時，血氣未定，戒之在色；及其壯也，血氣方剛，戒之在鬥；及其老也，血氣既衰，戒之在得。」以及《聖經的勸戒》（*Biblical Admonition*）中所言：「服從神之誡命，可以保證長壽。」

新的社會環境及新的學科知識，對於人類的老化提供了嶄新的觀點，包括生物學認爲老化現象，係由遺傳因素與後天之環境影響所造成；社會學強調由社會結構、社會角色與社會功能，用以說明老化現象；心理學則側重老人的自我概念與認知功能的變化，來探討老化現象；社會心理學乃著眼於老人的學習依賴性，以及社會情緒的選擇；人類學主張以老人生活背景與世代年齡以及生命分期，來陳述老化現象。這些科際整合的老化理論，對於瞭解人生晚年所遭遇的各種個人與社會問題，都有其重要的影響，包括老人保健的科學研究與老人福利政策的制訂、人口政策與勞工政策之修訂、老人教育與老人休閒的服務措施，都有明顯的啓示，對於整個老人族群的民生福祉，將有重大的貢獻。一個成功的老人或稱爲正常化之老年期（successful aging），端視他能否維持一種成熟的與整合的人格特質，繼續生活適應環境的變遷。

問題與討論

一、高齡社會雖然展現了重要的意義，但銀髮社會也對社會產生了很大的衝擊，請說明影響有哪些。

二、老人社工理論是針對社會結構與社會變遷對高齡者的影響，請說明對於老人的身心健康與日常活動的衝擊為何。

三、請說明社會活動理論的主要內容。

四、請說明社會重建理論的主要內容。

五、請說明社會損害理論的主要內容。

六、請說明無角色的角色理論的主要內容。

七、請說明社會情緒選擇理論的主要內容。

八、請說明社會崩潰症候論的主要內容。

九、請說明老人貶值論的主要內容。

第二篇

基礎篇

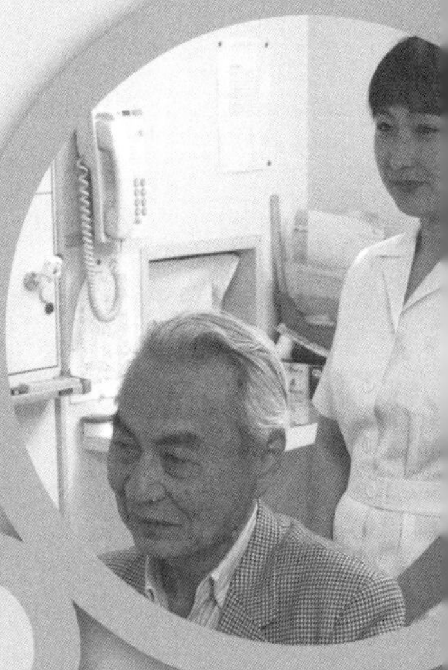

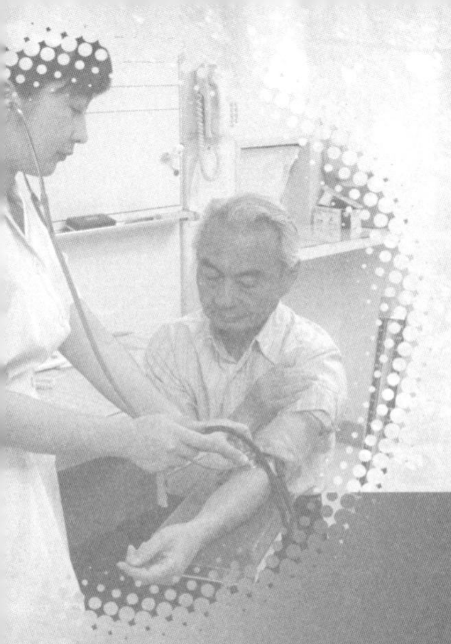

第四章

老人社會工作

就台灣地區的人口結構而言，在一九九四年時就已符合聯合國所公認的「老人國」，老年人口占總人口的7%以上。台灣的高齡人口迅速增加，這不單是影響到「老人數量」的問題，還牽涉到「安養品質」的問題，其過程所伴隨而來的老人居住與生活照顧問題，對家庭已經造成極大的衝擊，社會必須有因應的策略和措施來調節。

人口高齡化是人類社會發展的自然規律，是當今世界面臨的重大社會問題之一。我國老人人口比重較大，高齡化速度較快，是世界人口發展史上較爲特殊的，必將給我國的經濟發展，特別是老人社會福利事業帶來深遠的影響。在人口高齡化的過程中，解決老人的養老問題是最基本、最迫切的任務，在新的歷史時期，我國的老人社會福利事業如何面對人口高齡化的挑戰，以建構足以符合老人日益增長的福利服務需求，進而促進經濟與社會的協調發展，已經成爲全社會關注的焦點問題。當老人人口成爲依賴人口族群時，其生活、安養、醫療、照護、育樂等的需求，自然成爲社會的重大議題。

第一節　老人社會工作的意涵

「老化」一般來說是被定義爲生物體隨著年齡的增加，因而喪失某些生理機能，如生育等能力，進而邁向死亡的一種過程，所以老化是一種過程而非疾病。隨著年紀逐年的增長，身體與生、心理大都會有所變化和退化，也因爲老化的過程常會帶來許多病痛和身體的不適，以至於造成老年生活上的不便，雖然有時候身體不適與生活的不便，也不一定都是因生理機能退化所引起，而是由於某些疾病所導致，但是老化卻是影響生理變化與退化很重要的一個因

素。

老人社會工作就是因應老年問題而產生的一種專業服務活動。它是指受專業訓練的社會工作者在專業的價值理念的指導下，充分運用社會工作的理論和方法，爲在生活中遭受各種困難而暫時喪失社會功能的老人解決問題、擺脫困境，並同時推動更多的老人晚年獲得進一步發展的專業服務活動。

自人類發展的歷程，比較專業的爲老人服務的工作，最早可以追溯至二十世紀初，英國頒布的「養老金法」、一九三五年美國歷史上著名的「社會安全法案」，以及一九四〇年代英國發布的「貝佛里奇報告書」等，都以法律的形式規定了老人的權利和義務，以及規定了政府和社會應該承擔的爲老人服務的責任。不過，老人社會工作的蓬勃發展，則是在第二次世界大戰以後。直至今日，老人社會工作的重要性，不僅體現在補救性和預防性的功能上，而且也愈來愈表現在諸如發掘老人的潛能、協助老人體現晚年人生價值、宣導老人互助等發展性的功能。

老人社會工作的內容無非有兩大方面，一是老人困難的幫助；二是老人發展需要的服務。前者主要包括經濟生活、日常生活照顧、身體健康方面、家庭夫妻關係或代間關係處理等，各種困難的幫助和協助解決。在這個方面，社會工作者幫助老人尋找資源、爭取權益，也可以透過個案輔導的方法來讓老人改善認知、糾正行爲，更可經由家庭治療和家庭服務來改善產生老人問題的家庭環境；後者則強調在幫助老人的過程中，社會工作者要透過與擁有不同資源的個人、團體、機構合作，才能爲老年案主提供最完善的服務。資源包括有形的物質資源和無形的精神資源；資源又可以分爲正式和非正式資源，前者是指從社會福利機構或其他正式機構處獲得的資源；後者是指從家人、朋友、同事、鄰居處獲得的資源。對一個專業社會工作者來說，爲了給老人提供最好的服務，他必須對案主的資源網絡有一個詳盡的瞭解，把握相關的資源知識，同時明確各種資源之間的區別，截長補短，使之對老人服務發揮最大的作用。

借鑑日本社會爲對應人口老化，所推動敬老日活動，集合了中央與地方政府、公共團體的力量，是爲了廣泛促使國民對老人福利有深切關心與認識，並努力推行各種讓老人提高生活意願的作爲。敬老日的當周，各大報紙都會發表敬老和養老的文章，其中包括敬老日活動的報導、對退休人員的就業保障、對老年人口的調查材料、老人問題的諮詢、新建福利設施的投入使用、商業的敬老禮品廣告等活動，已蔚爲社會風潮。敬老日的推動有三項主要的宗旨：一是促成國民向高齡者表達問候並祝福、祝壽；二是促使老人自覺，感受欣慰與溫馨，繼續融入社會並能有所貢獻；三是讓年輕人意識到自己也會邁入老年，預先設計和準備生活，建立美麗的遠景。只有意識到高齡者的問題不完全是個人的問題，也不應被片面理解爲個人問題，才能確保與提升高齡生活的品質，也才能建立客觀上不使老人成爲社會負擔的機制，亦使老人主觀上不會對自己和社會產生負面看法。惟有如此，才會使得敬老尊賢的傳統價值，能在現代社會中落實。高齡社會工作應以尊嚴爲核心，強調每位長者都有其重要意義，重視福祉，以落實每位高齡者基本需求滿足做爲出發點，才能把照顧每位高齡者的尊嚴與需要，視爲每個人以至社會應有的義務和責任。如此一來，它才有可能成爲持續的實踐，和落實傳統的「敬老」觀念的意義。

第二節　老人福利服務的需求

為順應台灣社會急速高齡化和少子化，建立多元性老人福利政策將有其必要性。老人福利政策的規劃，要滿足不同社經地位和健康狀況，以及老人本身生涯規劃的需求，例如健康照護問題，需要衛生醫療單位的配合；日間托老的服務接送，需要交通單位的支援；老人的保護工作，需要司法單位介入；居住安全，則需住宅建築的調整。老人的安養並不限於身體的照護，而老人心理的發展與尊嚴的維護，更不容忽視。

赫爾和布姆里（Hill and Bramley, 1986）針對需求的界定為：需求是必需的，是社會可以供給的，是利用市場或者金錢來交換的，同時是為回應所處環境的要求，所採取的行動。需求發生的情境是有目標，需要被履行，因此有明顯的工具性特徵，其內涵包括規範性（normative）、自覺性（felt）、表達性（expressive），與比較性（comparative）等的需求類型。需求意涵某種特定的社會意義，例如貧窮。需求可能是當事人依所處情境的認知所做的主觀判定，雖然需求被認為彷彿是客觀的事實，但是它的定義卻總是充滿了價值的問題。需求也可能是局外人（如：服務提供者或學者專家）透過情境的評估比較而客觀認定。老人的需求，首先是從「人」的界面考察：為了實踐生存、幸福與成就目的之生理面、心理面、經濟面、文化面和社會面的必須品。對於高齡者應該要兼具之整體多層的關照探究，及於一般老人、失能老人、受虐老人、貧困老人、獨居老人等。因為「老人」不只是年齡範疇的概念，而是延伸到不同層面的脈絡情境；加諸高齡長者身上，像是失能、貧窮、失親、單身等多重弱勢狀態的全人關懷。

我國近年來人口結構呈現急速老化，已達到聯合國所定義的高齡化社會水準。面對高齡化的社會，老人之醫療補助、安養、文康、休閒及保護等福利需求措施是不可忽視的，但如何從這些有限福利措施中，達到最大的運作和發揮，是我們所關切的。扣緊「老人需求」所涉及的年齡、種族、生命歷程、生理條件、教育程度、婚姻狀況、家庭結構、家戶類型、支持系統、照顧負擔、居住型態、社會參與、經濟安全、地理區域等的屬性變項，這也凸顯對於「老人需求」議題的複雜性。為能求其周全，對於無論是共通需求以及分殊的個別需求，諸如健康維護、醫療復健、失蹤協尋、人身安全、經濟安全、社會參與、財產信託、安全看視、照顧住宅等，或是因受貧困、疾病、孤寡、老邁、無適等問題，皆對應出照顧與管理所涉及到的需求評估、個案管理以及照顧模式的規劃與運作機制。

人類的需求具有共通的，老人自不例外，但是由於老人於生理機能、價值觀念、主觀偏好等的變化，而有不同的需要，例如健康維護和經濟穩定的需要，就會高於一般年齡者。由於平均壽命的延長與老年醫學的進步，老人的生理機能已有顯著改變；由於社會價值觀的改變與教育水準的提升，老人的生活價值觀也有很大的變化；由於資產累積的加速與經濟保障制度的充實，老人的經濟能力也已大幅改善。這些因素使現代老人的生活需求逐漸呈現下列三種趨勢：

一、根本性

生活水準的提升擴大了老人對食、衣、住、行、育、樂等各方面的需求，而且對生活品質的要求也日益提高。

1.**身體上的照顧**：即料理被照顧者的日常生活，如餵飯、洗碗、清理大小便及翻身、拍背等護理工作。此類受照顧者，大都為行動不便臥病在床的老人或身心障礙者，最需付出時間與耐心，且其困難度極高，所以照顧者的壓力大、負擔大，沒有親身照顧的人難以體會，因此若無適當支持與鼓勵，照顧者極易折損、流失。

2.**心理上的撫慰**：老人多半已自我退縮在社會的角落，很少和社會接觸，人際關係被動，照顧者是他們唯一的接觸者，因此照顧者對他們的互動情感，是他們最想念的，也是最開心的，所以照顧者提供心理支持與情緒紓解，可以減少獨居老人對社會的疏離與冷漠，讓獨居老人覺得社會仍有溫情的感受。

3.**家事上的協助**：社區照顧對象大都為老人或身心障礙者，因此可陪同被照顧者外出、就醫、協助打掃環境或代為購物、書寫信件、繳納稅單或各種費用（水電費、瓦斯費）等，這些事務性的工作看似瑣碎，但對被照顧者而言，卻很重要，如果無人協助，其生活即產生不便與困擾，例如老人常常因行動不便或「忘了」繳水電費，而造成被斷水斷電的後果。

二、衍生性

人雖然年紀愈大，性格愈趨向兩極化，但事實上，不論哪一類型性格的老人，其所表現的都只有一個共同的心願，就是希望獲得基本生活的滿足，親友、鄰居的關懷及社會的溫暖與尊重，這是目前老人普遍性與迫切性的需求，也是整個關懷工作中所需要正視的，所以推動方案必須包括下列：

1.**醫療保健**：包含有保健門診、免費健康檢查、傷病醫療優待、健康檢查、中低收入老人醫療補助及清寒家庭老人重病住院看護費用補助、購置生活輔助器材。

2.**經濟扶助**：包含低收入戶老人生活輔助、中（低）收入老人生活津貼及老人生活照顧等項目。

3.**居家生活照顧**：包括在宅服務，提供家事及文書服務，陪同就醫、生活指導及關懷服務等服務；居家看護服務，提供諸如心理協談、家屬溝通、居家環境衛生處理、服藥安全與飲食、復健、翻身、叩背和視病況需要所做必要處理等服務；居家護理服務，提供護理服務、居家照護指導及衛生教育等服務；以及日間托老服務，提供簡單護理、餐點、諮詢，交通接送服務及舉辦各項老人文康、娛樂、研習、進修活動。

4.**安療養及養護服務**：包括公安養、自費安養及療養護服務。

5.**敬老優待**：包括半價或免費搭乘公車、參觀社教娛樂設施優待、敬老禮金及敬老季活動等項目。

6.**文康休閒**：包括長春志願服務、長青學苑、輔助興建老人文康中心、推廣老人運動、辦理各項敬老暨文康育樂活動、社區大學等。

7.**關懷支持**：此種社區關懷屬較間接性，如一句問候、一個微笑、一個禱告，或為這些被照顧者申請福利、募款等；或如各公益團體所開辦的長春懇談專線，提供信函處理、文康活動、訊息提供、法律、醫療保健諮詢、家庭生活協談等服務。

三、特殊性

現代老人已逐漸由生理溫飽提高至精神豐裕，由基礎消費轉

向衍生消費（如：休閒性、交際性、代勞性、資訊性等消費）。老後生活最重要的課題就是安全，凡屬風險防衛（risk hedge）的商品，老人都有強烈的需求，例如保險、公債、不動產等經濟安全商品，以及補助器材、安全設備、居家護理等保健安全商品等。針對老人福利所延伸出的福利需求，如同王順民（2001）所提出，包括有：

1.**環境性**：老人居住空間與生活方式的需求。
2.**挑戰性**：家庭運作與調適家庭解組的需求。
3.**對象性**：一般、弱勢、特殊與不幸老人之特殊需求。
4.**調適性**：因家暴受虐、變故失親、經濟失陷與生活失序的問題克服。
5.**安養性**：健康維護、醫療復健、保護安置、經濟扶助、居家照顧與機構安養的需求。
6.**範疇性**：人身安全、經濟安全、健康安全與社會安全的需求。
7.**參與性**：生理、經濟、社會、政治與文化的需求。
8.**結構性**：性別、階級、權力的需求。
9.**建制性**：文化觀念、福利法規、照顧措施的需求。
10.**突破性**：心理障礙（dispositional barriers）、情境障礙（situational barriers）與制度障礙（institutional barriers）的調適。
11.**生態性**：老人個體、老人家庭集體與高齡化社會整體的調適。
12.**未來性**：老人退出社會舞台之後，所可能牽動的家庭模式、經濟生活、社會資本、政治參與、權力關係或族群動員等不同的生命課題。

第三節　老人服務需求的對應

隨著醫藥科技的進步，人類的壽命大大提高了，健康狀況亦有所增進，如能妥爲借重高齡者的特長，對其個人、家庭及整個社會而言，是莫大的助益。

一、家庭安養

就我國傳統社會而言，在所有制約個人行爲和調適的制度中，以家庭最爲重要，而家庭對於老人尤其重要，因爲老人在桑榆之年，對其他團體的參與日趨減少。在社會與經濟資源稀少或缺乏的情況下，若再加上退休和喪偶所造成的「無角色的角色」（rolelessness）時，必須依靠子女以獲得經濟支持或情感慰藉。在中國人的觀念中，孝順和奉養父母是傳統的家庭倫理，父母從小撫育我們，當他們年邁時就須照顧他們，這是爲人子女的義務與責任，與父母或公婆同住是天經地義的事。讓父母在家中能與子女、孫子女相聚，共享天倫之樂，一直被視爲是家庭生活的最佳模式；故這種孝行家庭一直爲政府所倡導。當前政府對於「孝行」的提倡和強調對於「家」的社會責任承擔，是有歷史淵源的。「以孝治天下」是我國傳統的政治哲學，這種政治哲學不但在古籍中一再被申述，如《大學》：「欲治其國者先齊其家」；《孟子．離婁》：「天下之本在國，國之本在家」等，而且歷代的統治者也一再引用「齊家、治國、平天下」的論調，並以各種社會獎勵及法規來大力提倡。

與父母同住，不但便於奉養，而且能使父母享受含飴弄孫的

天倫之樂，因此政府於一九九〇年代初，即致力於倡行三代同堂老人安養政策，讓老人安養問題能回歸到家庭照顧系統。然而，隨著家庭結構的變遷、價值觀的轉變等因素的影響，使得父母與子女共居的比例逐漸下降。值得注意的是，由於未婚及少生育者人數的持續增加，再加上婦女生育子女數的減少，因此以目前的人口趨勢看來，相當不利於代間共居的可能性，也就是說，當老人有相當的意願和子女共居時，老人所面臨的問題卻是無子女可以共居。所以，發展社區化的照顧系統將成爲更普遍的趨勢。家庭是老人終其一生最佳的生活場所，即使三代同堂日趨式微，社區式或機構式的收容養護也必須與各方相互配合，以製造「家的溫暖氣氛」，如此養護老人才有眞正的溫暖與親情。而絕大多數的父母認爲三代或多代同住是理想的家庭型態，因爲：(1)未成年子女有祖父母照顧；(2)成年子女與父母或公婆同住可以彼此照應，例如身體健康的照養，危難時相扶助，或由父母代勞家事等；(3)子女與祖父母可以互爲玩伴，祖父母可以享受含飴弄孫之樂；(4)子女可以學習到尊敬與服從長輩；(5)子女有祖父母提供人生經驗或敘述家庭歷史；(6)成年子女能盡孝道，孝順與奉養父母，並增進親情；(7)家裡較熱鬧；(8)增進父母或公婆的健康長壽。

相對照於目前整個西方社會中老人福利的發展，宜考慮有無子女可以共居的可能性，即須先確認老人安養背後的人口基礎。否則老人光有共居的意願，而無子女與之同處的可能，則多代同居的情形仍舊難以實現。

二、獨居老人

依美國老人管理局（Administration on Aging）對獨居的定義如下：「獨居是指一個人的家戶，而這戶的戶長一個人住在自購或出租的非機構式住屋，包含宿舍或照顧型的場所、協助生活起居的設施及團體家庭。」另外，依台北市政府社會局對獨居老人的定義爲：「年滿六十五歲以上，長年居住在台北市（不論設籍與否），而非居住於機構內（含立案及未立案機構）單獨居住者，或雖有同住者，但其同住者無照顧能力或經常性不在（經常性指有二十四小時以上獨居事實）。」根據此二定義歸納出，對於獨居老人之界定爲：「六十五歲以上，一人一戶，有單獨居住之事實，且非居住於機構者。」

學者研究台灣老人獨居之快速增加，是受到若干機制的影響，即是一九五〇年代的選擇性遷徙，一九八〇年代分化的死亡率，及分化的居住安排偏好。分化的死亡率是指女性預期生命比較長，年老寡婦通常會與子女同住，但是鰥夫往往仍然維持獨居的型態，所以男女有別的死亡率對老人居住安排也就產生影響。分化的居住安排偏好是指不同的老人，會因爲教育程度與經濟資源不同而有不同的居住安排選擇。教育程度高、經濟資源豐富的老人偏好獨居，教育程度低、無經濟能力的老人不但偏好與子女同住，實際上也無力獨自居住。

面對人口結構日趨老化的現象，妥慎規劃老人福利措施，滿足老人各項福利需求及因應伴隨高齡化社會所衍生之老人問題，實爲社會政策的重要目標。老人社會工作所著力的要點如下：

1.從事老人家庭個案工作：以個案工作協助老人身心的健康，提供病弱或殘障臥病老人生活必須工具如輪椅等，並派遣老人家庭服務員或醫護人員訪問老人。
2.重振孝道，重視家庭倫理：利用學校或社會教育，或透過大衆傳播媒體發揚孝道，以及運用社會控制力量約束個人及糾正偏差行爲，確立家庭的孝道觀念，使老人獲得精神生活的

滿足，減少老人心因性疾病之發生。

3.以民法規定扶養義務或扶養義務次序，使老人獲得物質生活保障，減少老人生理性疾病之發生。

4.訪問獨居老人，協助其解決生活上的困難或代尋老人寄養家庭。結合民間力量，加強照顧老人生活，鼓勵民間興辦老人福利事業，亦可由政府出錢、百姓出力，發揮政府與人民的合作力量，解決老人社會問題。

5.訂定低收入老人認定標準，以確實照顧低收入老人的生活：可依地區、性別、職業、健康狀況訂定計算標準，或依其實際需要發放所需生活補助金。

6.辦理低收入老人創業貸款，促使其自力更生：貸款可維持受助者之自尊，更可促使受助者自力更生。

三、經濟維繫

根據美國社會保險學者勒達（George E. Rejda）對一般老人的經濟問題所做的分析，認爲老人經濟問題來源有：(1)因強迫退休導致所得損失；(2)因平均餘命的增加導致退休後生活期間的加長；(3)因退休後的收入不足以維持其合理的生活水準；(4)因身體健康不良增加額外醫療費用支出，導致經濟負荷較重；(5)因稅負過重導致在有限收入下無法負擔財務支出，以及通貨膨脹所引起各項費用支出的增加等（徐學陶，1987）。

所得的保障及健康的維持，是每位老人能否安享晚年的兩大關切議題。因此，除了在一九九五年推動全民健康保險制度，另外有鑑於台灣地區除了少數老人享有所得的保障外，大多數的老人主要是靠子女供給生活開銷之所需。鑑於高齡婦女進入勞動市場的比例很低，是否有子女供養就成爲晚年所得保障的主要決定因素。思

考得以妥為規劃建構完整的社會保險制度，集眾人之力，以補個人和政府部門之不足，已成必然的趨勢，包括英國、德國、荷蘭和日本等國家，都已陸續完成年金、保險、醫療等制度結合的配套措施，以為應對老人福利問題。在二〇〇八年十月起，我國正式開辦「國民年金」制度之後，六十五歲以上的老人將可按期受領老人年金，必能進一步保障安養照護的基本需求。

四、老人照護

隨著醫療衛生科技進步，近五十年來，除國民平均壽命的大幅提升外，十大死亡原因，也由一九五〇年時的「急性傳染病」，轉變為「惡性腫瘤、腦血管病變、糖尿病」等慢性疾病。因此，整個社會的醫療需求，將由往常以治療取向的服務，逐步邁入以照護為取向的發展方向。職是之故，未來在預防保健體系、疾病照護體系及後續照護體系等工作，將成為醫療福利的重心。為因應高齡化社會的來臨，長期照護規劃主要可分為兩大體系：「居家護理」與「護理之家」的照護。

(一)居家護理

居家照護旨在提供居住於社區家庭中的個體服務，避免住入醫院造成老人對環境適應困難及費用浪費。是以，居家護理最適合病情穩定不需住院、但病情又會持續一段時間的病患。在長期照護系統中，對於病患其活動能力仍能部分自理，且仍有家人協助者，可由居家護理接案照護，若患者已完全依賴並造成家人難以承受的極大負擔，而影響家庭正常功能時，可轉介至護理之家，給予短期性或全天二十四小時照護。

(二)護理之家

為了緩解目前國內失能老人多數是依賴家人及親友的照顧，家庭照護以老人的配偶、媳婦與兒女為主。雖然，在家庭照護可提供老人傳統與親情的照護，但因家庭照護者長期獨撐照護責任，承受相當大的壓力：在醫療方面，沒有專業人員指導照護知識技巧、缺乏諮詢管道、缺乏醫療人員駐診巡視；在金錢方面，則可能因為需要照護病人而停止工作，還增加了醫藥等費用。家庭照護者也可能因此而必須減少自己的社交活動及休閒，而在家庭結構變遷、婦女就業及價值觀改變的潮流下，家庭照護的功能可能會日趨式微。因此，在積極建構老人福利制度的基礎上，加強社區自身照護體系，使老人獲得親屬、鄰居與朋友的守望相助而在家安養，是有必要的非正式體系。從經驗顯示，老少同堂可以形成隱含性的社會福利資產，藉由家庭結構和社區互助的功能，解決許多老人安養問題。究此，政府透過各種獎助及委託辦法，開辦老人社區照顧、營養午餐、老人住宅及保護網絡等服務，發揮社區照護功能，使老人能在家庭、社區當中頤養天年。

五、社區服務

所謂「照顧」，未必全是由上而下，由政府予個人，或由資源擁有者予資源缺乏者；照顧可以是相應的，並不鼓勵依賴性。照顧的概念，亦可蘊含「經援助後逐漸自助」的目標。社區照顧是指動員並連結正式與非正式的社區資源，去協助有需要照顧的人士，讓他們能和平常人一樣，居住在自己的家裡，生活在自己的社區中，而又能夠得到適切的照顧。照顧的方式，不限於物質、服務、資源的提供，同時也含括包容接受、重新建立社區人際關係在內。根據貝雷（Bayley）在一九七三年時所提出社區照顧的兩個主要概念如下（甘炳光，1994）：

(一)在社區內照顧

在社區內照顧（care in the community）主要是針對有需要被照顧的人士，在其所居住的社區中接受所需要的服務。這類服務大都是正式服務（formal care），是由專業人士來推行。

(二)社區提供照顧

由社區提供照顧（care by the community）有需要被照顧的人，除了上述正式服務外，並不能滿足其所有的需求，必須透過並動員社區內非正式照顧來協助。所謂非正式照顧（informal care），即是指由鄰居、親朋好友與社區中的志工等所提供的照顧服務。非正式照顧的服務又可以包括三大類：

1.支持性服務，如家務協助、電話問安、護理照護、日間托育等。
2.諮詢服務和參與機會提供，如親職教育、提供會訊法律服務與社區學苑。
3.工具性服務，如提供設備和輔助或改善環境障礙、交通服務。

結合上述兩項概念，其目的更在於創造一個關懷社區（care community），整合正式與非正式服務，彼此支援，建立對社區的歸屬感，尋回互助的關懷社區，即是社區照顧的理念目標。簡言之，社區照顧是指結合資源，協助社區中有需要的人得到服務，能

與平常人一樣，居住在自己的家或自己所屬的社區中。社區照顧政策中兩個重要的概念，一是強調「讓需要照顧的人士留在家中」之目標，二是凸顯過程中正式和非正式資源連結之必要性。

(三)社區照顧的優點

社區照顧有下列優點：

1.在一個特定範圍內或地域內，各成員或居民、個別或整體，均有互相照顧、接受關懷和幫助的責任。透過機構的服務或居民自發性的活動，使有特殊需要的人士、家庭得以滿足需求；而其社會關係亦得以維繫，生活水平不致下降或轉差，更不必因此改變其原有的生活方式。

2.社區照顧如以微視的角度來說，乃指如何令社區內居民、家庭的功能得以維持正常，對某些人士或家庭，因各種原因和轉變，而令原有社會功能及關係轉弱，使其得到適當服務和機會，終令其功能得以維持正常，重新加入社區，成爲成員分子。

3.社區照顧也有宏觀的一面，即是指如何令社區整體具備有互助的氣氛，甚至主動地對社區內成員進行教育、鼓勵培養而有互助互重的態度，對於有困難或問題的成員或家庭，能夠重新接受、鼓勵其重返原有的團體，終令社區整體變成一個具照顧、鼓勵、接受功能的關係。

唯有各部門之間相互協調整合，才能發揮整體性的最大效果。老人的安養並不限於身體的照護，老人心理的發展與尊嚴的維護更不容忽視，因此，老年人力的運用也有助於老人對自我價值的肯定。

第四節　老人社會工作的方法

社會工作專業的責任，主要包括：(1)對當事人的承諾，幫助當事人解決問題；(2)尊重服務對象的自決權；(3)尊重服務對象知後同意的權利；(4)在自己的能力範圍內提供服務；(5)妥善處理工作過程中可能發生的利益衝突；(6)尊重服務對象的隱私權並加以保密；(7)尊重服務對象取得記錄的權利；(8)謹慎對待與服務對象的肢體接觸，不得對服務對象性騷擾；(9)不能使用誹謗性語言；(10)確保服務收費公平合理；(11)採取合理步驟協助缺乏行為能力的服務對象；(12)努力確保服務中斷後的持續服務；(13)遵守服務終止的原則等。老人社會工作上，宜運用的實務策略如下（Froland, 1981）：

一、個人網絡（personal network）

即協助個人建立與人的聯繫，推廣生活領域；這種策略是在集中與案主有聯繫且有支持作用的人，例如家人、朋友、鄰居等。使用的方法是社會工作者與上述案主有關的人士接觸、商議，動員這些有關人士提供資源以解決問題。另外，社會工作者也提供相關人士的諮詢與協助，以維持及擴大案主的社交關係與對外聯繫。

二、志工網絡（volunteer linking network）

這個策略主要用在擁有極少個人聯繫的案主身上，招募及聯繫志工替有需要的人提供服務；是要為案主尋求並分配可提供的志

願工作者。讓志工與案主發展個人對個人的支持（支援）關係，例如定期探訪、情緒及心理支持、護送或購物等。社會工作者宜為志工提供訓練，並給予所需的督導支持。

三、互助網絡（mutual aid network）

即組織有相同需要的人士，讓他們彼此支持；此一策略的重點是將具有共同問題或有共同背景的案主群，拉在一起，為他們建立同儕支持小組。這個策略可加強案主群彼此之間的支持系統，增加伙伴關係、資訊及經驗交流，結合集體力量，加強共同解決問題的能力。

四、鄰里網絡（neighborhood helping network）

即在居住地區發掘核心人物，讓他們連繫其他居民；主要是協助案主與鄰居建立支持關係，召集、推動鄰人為案主提供幫助，尤其是一些即時性、危機性或非長期性的協助。

五、社區網絡（community empowerment network）

即在地區內組織行動小組，採取政策和資源上的改善。為案主建立一個網絡或團體，為網絡團體中的成員反應需要，爭取資源去解決本身的問題，並倡導案主權益。另外，更要協助該網絡團體與地區領袖、議員或重要人物建立聯繫。

隨著社會文明的進步，如何追求有尊嚴的老年生涯，以及展現老人的存在價值，已是社會大眾的共同認知。以上五種策略的選擇與運用，主要全看案主的需求、社會資源的狀況，以及社區文化及規範的特定性而定。老人社會工作是一項服務協調與業務整合的福利服務，從狹義層次的老人福利專業人員（社工、護理、督導、居家服務員、照顧服務員等）到廣義的老人福利或銀髮產業，揭示了對於老人的照顧或照護應該要有高齡個案、高齡團體與高齡社區化不同層次的觀照視野，應該要有結合福利性質的公共照護與營利性質的市場消費的伙伴關係，以及應該要有科際整合之多專業與跨專業的合作平台，方以至之！

結　語

當我們社會中的老人安養與照護問題日益受到重視之際，健全的老人政策亦將是推動社會福利工作的具體體現。就此，政府不僅應保障老人經濟安全、醫療保健、住所、就業、社會參與、持續性照顧等權益，更重要的是，所有的服務要能維持個人的自立、增進社會參與、促進自我實現、獲得公平對待和維護尊嚴，以達社會福利的目標。

老人眞正需要的是各式各樣的服務設施，而目前政府或民間所能提供的服務相當不足，例如實際提供食衣住行服務和老人問題諮詢的機構，就相當缺乏。此外，政府也應鼓勵民間以企業化的經營方式，提供各式各樣的服務，以供老人購買，使服務的類型更多元化。

我們似乎不能只仰賴傳統的孝道，來保護那些受虐或是被忽視的老人，因此，老人福利服務宜以更爲寬廣的視野結合公辦及民間資源，以落實高齡化社會工作。

問題與討論

一、請說明老人社會工作的意涵。

二、請說明現代老人的生活需求所呈現的趨勢。

三、請說明如何透過老人社工以落實老人需求的周延對應。

四、請說明Froland（1981）所主張運用於老人社會工作上的策略。

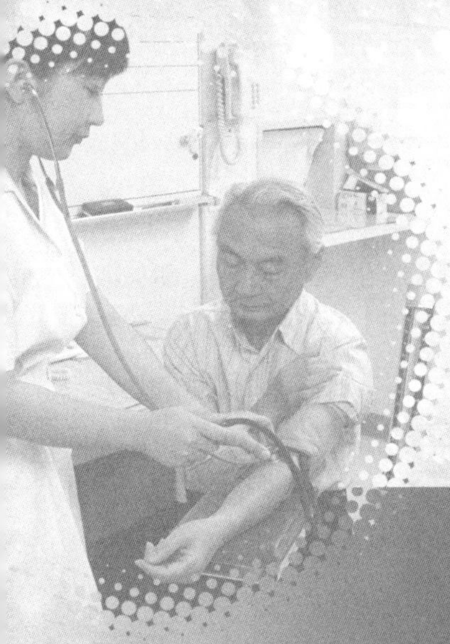

第五章

老人個案工作

社會個案工作是包含著一連串的協助與工作過程，以個人與家庭爲切入焦點，有計劃地協調個人、家庭與其社會關係間的適應，進而促進個人、家庭的社會生活功能。由此定義可知，社會個案工作所強調的重點包括：第一，本質上，個案工作是一種助人的直接方法；第二，對象上，個案工作的主要對象是有問題的個人或個別家庭；第三，過程上，個案工作視案主爲獨立的個體，以個別化爲工作原則；第四，個案工作在協助個人／家庭與外在社會環境達到協調的狀態；第五，目的上，協助案主處理生活問題，並增進生活適應能力。

個案工作係指，由社會工作專業人員替一群或某一案主協調整合所有助人活動的一種過程。老人個案管理是一種在人群服務中達成整合與績效責任（accountability）的新興方法，它是由一連串的行動所組成，是一種過程，以確保老年案主與人群服務系統能得到他們所應有的服務、處遇、照顧與機會等，它也是一套有邏輯的步驟，是在服務網絡中與老年案主互動的過程，以確實使案主得到支持性、有效果、有效率，且符合成本效益的所需服務。老人個案管理也是一種可有效監督服務的方法，以確保各個老年案主均能經過適度個別化的權衡考量，而使有限的資源達到有效的運用。於此過程中，使得各種不同福利及相關機構的工作人員相互溝通協調，並以團隊合作的方式爲案主提供其所需要的服務，以擴大服務的成效爲其主要目的。由此定義可顯示出，個案管理是結合各種不同專業的工作人員爲案主提供服務的一種過程，亦即服務協調（service coordination）的工作，在英國則稱爲照顧管理（care management）。

第一節　老人個案工作的意涵

一、老人個案工作的意義

社會個案工作是一種以個人或家庭爲對象的社會工作方法。社會工作者通過與案主建立專業關系，運用專業知識與技術，協調可資利用的各種社會資源，爲案主提供直接一對一的服務，以協助案主擺脫困境，解決問題，達到與社會、環境的良好適應。所謂老人個案工作就是指：「社會工作者在專業的價值觀指導下，運用專業的知識和技巧，爲老人及其家庭提供物質或情感方面的幫助和支持，以使當事人減低壓力、解決問題和達到良好的福利狀態的服務活動。」近年來，老人社會工作者大都強調老人長期照顧服務，除了在政策方面大力倡導建構長期照顧網絡系統外，在直接服務部分，老人直接的照顧管理或個案管理是老人社會工作者極重要的服務方向，一爲個別案主遭遇「多重問題」需多種專業組織提供社會服務時，例如受性侵害兒童、老人長期照護等類型案主；另一爲一個家庭之中有多數成員需接受相同或不同服務組織的協助時，例如精神病患家庭的復原服務。

二、老人個案工作的原則

老人個案管理需要有以下這些基本步驟：評量、計劃、聯繫、監督、記錄以及評估。老人個案管理的最初階段就是評量期。雖然實際的接案工作可能由他人來做，但個案管理者必須留意老人的個人史、家庭史、其先前所接受過的服務，以及相關人員的見解等。評量尤其重要的是能看到老人個案的優點，這樣的觀點，除可以使老人個案管理避免以醫學或精神病理學的假設來看待案主，並堅持以下的幾點原則：第一，評量的重心應在注意個人的優點，而非病理；第二，個案管理者與老年案主的關係是非常重要的；第三，介入時必須以老年案主自決爲前提；第四，把社區看作爲蘊藏各項資源的重要場所；第五，個案管理者應有積極拓展的態度；第六，老人是可以學習、成長與改變的。

三、老人個案工作的步驟

個案管理者通過評量時的資料收集，就可以發展個案服務計劃。換言之，個案管理者也就是方案計劃者，通常必須充分瞭解什麼服務對老年案主是最適當的，也要知道老年案主可得到的服務有哪些。個案管理者必須經常更新社區中可得服務的資訊，才能針對老人及其家庭個別的需求，來發展服務計劃。個案管理工作共分爲五個階段，分別是個案評估、個案計劃、服務協調、服務展開及品質確保等步驟，其內涵如下分述：

(一)個案評估

1.需要有一個全面及跨專業的評估方法，以評估老人的需要。

2.服務成員通常以社工、護士、職能及物理治療師，來擔任個案管理員，他們會以服務對象的主要需要，例如護理、輔導、復康等，決定由誰來擔任個案管理員。

3.每個個案管理員的個案量不一，須視個案屬性爲彈性調節。

4.通常服務隊第一次與服務對象及其家人見面時，會由兩個不

同專業的個案管理員上門探訪，每次探訪均會配備不同專業的量度工具，來評估老人不同的需要。

(二)個案計劃

1.由不同專業來共同協商，並制定照顧計劃。
2.定期與不同專業人士舉行個案會議，共同協議及檢討老人的照顧計劃。
3.除了服務對象外，更需要與其家人共同協定介入目標及介入計劃，並釐清雙方的責任以及重檢日期等。老人及其家人可以就自己的照顧計劃表達意見。
4.個案管理員在制定照顧計劃時，需要對社區內不同的資源有充分的掌握，以便爲老人制定最佳的照顧計劃。
5.跨專業的個案會議，通常每一至兩個月舉行一次，一般會由改善家居及社區照顧服務隊隊長或督導主任來主持，而主持個案會議的人士需要對個案有一定的掌握。
6.爲加強服務單位與老人及家人的溝通，有些團隊會使用「老人照顧手冊」，將老人使用服務的情況及單位提供服務的安排，記錄在手冊內，方便家人知道老人的情況。

(三)服務協調

老人個案管理就是要在確定老年案主及其家庭所需的服務之後，再將老年案主與其所需的服務做結合。這也許簡單到打一通電話就能夠完成，也可能需要強烈的宣導手段。有些機構會不情願收新的老年案主，尤其是那些看起來比較麻煩的老年案主，而老年案主對接受服務也可能會猶豫或不感興趣。這時，老人個案管理者就必須兼具經紀人與宣導者的角色。個案管理者，由於擔任管理者的角色，而不是直接服務的提供者和執行者，所以得以監控老年案主的進展，並可以客觀地評估服務的效果與品質。

1.需要有效地與團隊內不同職級的職員及跨專業的人士定期溝通，瞭解個案的進展及轉變，配合服務的提供。
2.制定清晰的照顧指引（care protocol / clinical practice guideline），讓職員提供服務時可以參考。
3.個案管理員扮演倡導者的角色，確保老人得到合宜的服務。
4.有部分單位透過應用資訊科技，讓團隊內外不同專業人士可以即時將老人的進展及使用服務的情況顯示於網站上，令溝通更加快捷準確。
5.醫院及改善家居及社區照顧服務隊，共同合作制定多種常見老人疾病的指引，以提供服務團隊使用。
6.有些機構的個案管理員是與服務提供及管理分開的，即個案管理員不會管理服務的提供，以便保持中立角色，向機構內外要求最好的服務。

(四)開展服務

1.**完整的個案評量**：蒐集包括家庭史、職業地位、環境評量，以及曾使用過的服務等資料；運用老人發展、家庭、組織與行爲等方面的知識。
2.**工作者使用服務**：與老人服務、健康醫療、教育服務、司法體系、公私立老人福利機構等部門聯繫，確定施行服務所需的資源。
3.**利用權威**：運用各級政府在法令與財政方面之支援。
4.**評估與追蹤**：評估服務，監督機構與服務者的品質；追蹤服務的使用與家庭的進展情形。

(五)品質確保

1.定期監察服務提供的素質。

2.訂立介入目標時，需要訂立服務成效指標及其量度方法，以便衡量案主接受服務後的情況是否有改善。

3.定期評估服務使用者及其家人的滿意程度。

第二節　老人個案工作的方法

在服務高齡者時，宜秉持社會工作者個案工作的基本方式，須注意到下列諸事宜：

一、溝通

又稱為人際溝通，一個人和另一個人（或兩個以上的人）借助語言或非語言符號，彼此互相交換觀念、訊息、態度、感受和情感等內容的動態過程，它包括訊息的發出者、接收者，訊息傳遞的媒介、過程和結果。人際溝通對於人類的生存與發展意義重大。良好的人際溝通應該遵循一些基本原則。治療性溝通或具有治療效果的溝通是指通過人與人的交往，達到一個人對其他人進行幫助的目標。一般來說，治療性溝通具有(1)支持一些需要幫助的人；(2)使他人減輕內心的焦慮；(3)協助他人建立正確的想法；(4)促成他人採取有效的行動等功能。

二、會談

社會工作的會談是工作者與案主之間一種面對面討論問題的過程。會談可以說是一種特殊的溝通形式，是一種特殊的談話方式，藉此會談交換彼此經驗，表達我們的態度和看法。會談有一既定的目標，所以會談內容的選擇注重目標的達成。會談是社會工作專業服務的一種具體程序，透過社會工作者與案主之間面對面的「語言」和「非語言」之溝通，表現其專業服務活動。雖然，社會工作的專業活動包括了會談以外的活動，但社會工作者花在會談的時間往往多於其他服務活動上，尤其是提供直接服務的個案工作人員，幾乎大部分的專業服務都是依賴「會談」來達成。會談是個案工作者與案主相互接受「有特定目的」的專業性談話，搭起案主與工作者間互動關係的橋梁，以獲取與會談目的有關之資料，滿足案主之需求及解決案主的問題。會談時為了要達成目標，有人必須負起責任引導互動以朝向目標，因此，參與者有不同的角色分配。會談的結構是為了案主的利益而設計的。

會談是一種有意識的、有目標的人際互動。會談者在會談進行中有其專業職責：(1)會談者必須善於與案主建立良好的關係，同時要兼顧滿足案主的需求和達成會談的目的；(2)會談者必須充任一種動力和催化作用者，以有效協助案主選擇和表明其感受、態度和提供客觀的事實或資料；(3)會談者必須運用技巧以消除案主內心的焦慮、自責和疑心；(4)會談者要能使案主感受到放鬆和舒適，並獲得心理支持，尤其當案主感到特別困難時，宜善加鼓勵。會談的技術，包括會談的準備、工作者的基本態度、會談中的表達技巧以及結束會談的技術。會談中的表達技巧包括語言技巧和非語言技巧。

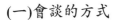

(一)會談的方式

在助人專業中所使用的會談方式，主要是以面對面交互談話（face to face interview）的方式來進行。對助人專業工作而言，「會談」是一種特殊的溝通形式（或談話方式），工作者與案主透過談話過程，有效的交換兩人的意見與觀念。對所有助人專業而言，會談不僅是一種藝術，也是一種科學，個案工作者在整個會談過程中，藝術化地運用會談的原理與原則，建構有條不紊的雙向溝通與互動關係，透過這種過程達到「特定目的」的一種專業性談話。簡言之，會談是個案工作者爲了達成案主的權益與服務成效，所設計的一種溝通過程。個案工作者透過會談過程，提供案主各種適切的服務，以解決案主的問題、滿足其需求。會談與一般談話的差異之處如下：

1.會談內容是一種有方向或目標的對話。
2.會談過程中工作者或案主都有其職責。
3.會談強調是一種專業關係的實踐過程。
4.會談是一種有計劃的增進案主的行動。
5.會談是一種接受案主請求協助的過程。
6.會談重視事前與相關事項的周延安排。
7.會談對於不愉快的情緒表達不需避免。

老人個案工作會談是指工作員與老年案主相互接受有特定目的的一種專業性談話。在這個過程中，雙方交換觀念、表達態度、分享情感、交流經驗，老年案主向工作員表露心聲，工作員向老年案主表達願意協助的態度，並藉此收集有用的資料，同時向案主傳遞一種新的觀念、希望、支持、信心，以提升老年案主的能力。

(二)會談的技巧

在會談中需要運用如下的一些技巧：

1.專注：專注是工作員對老年案主的語言、情緒、心理的高度關注。這種專注既有非語言的肢體專注表達，如工作員要面向案主，面部表情要鬆弛，手勢要自然，眼神親切，身體適當向前傾向案主等；也有非語言的心理專注表達，如注意傾聽案主的說話，觀察案主的手勢、神態、身體動作及語氣語調，揣摩案主的心理以及體會案主話語的「言外之意」。

2.誠懇：工作員的眞誠有助於與案主的專業關係的建立。眞誠地表示願意協助的態度，以眞正的自我對待案主，不用專業的臉譜或權勢嚇人，可以有效地降低案主的自我防禦。

3.同理心：這是指工作員對老年案主的一種「感同身受」和投入理解。同理心有高低層次之分，低層次的同理心僅僅表明工作員只是進入了案主的淺層的內心世界，並把對案主的感覺與理解做了一定的表達；而高層次的同理心則是在良好的專業關係的基礎上，工作員嘗試運用專業的力量去影響案主，引導案主從更客觀的角度看待自己的問題，同時能夠明察出潛在的、隱含的或透露不足的部分，並對此進行有效的溝通。

三、訪視

家庭訪視是社會工作會談的前身，可以當作社會工作者增加對案主情況瞭解的一般方法，它是一種專業性的登門拜訪。爲了使一次家庭訪視有效地進行，必須注意下列事項：(1)家庭訪視應在

工作者與案主建立關係的早期進行；(2)明確訪視的目標；(3)訪視前應進行充分的準備；(4)控制訪視的時間；(5)工作者的態度。

四、記錄

個案工作記錄的撰寫是助人專業技巧之一，也是助人專業服務的整個過程中，相當重要的一環。個案工作記錄的重要性，體現在提供服務的證明、持續服務工作、服務質量的掌握、督導的查閱、法律行動中的機構自衛工具等各方面。

社會個案工作的記錄方式多種多樣，主要可以分爲錄像記錄、錄音記錄和文字記錄，它們各有所長又各有所短，但文字記錄是社會個案工作常用的記錄方式。而記錄方式的主要形式可區分爲：(1)摘要式記錄。(2)過程記錄。(3)目標完成進度記錄。(4)時間序列觀察記錄。(5)專業間溝通記錄。(6)問題取向記錄。社會個案工作文字記錄的形式多樣，主要有管理式和過程式記錄。管理式記錄主要用於行政管理，方便機構對於個案資料的管理；過程式記錄是詳細地記錄案主和工作者的互動內容，比較眞切、直觀，一個理想的過程式記錄，應包括基本資料、案主與會談者會談的內容以及雙方的非語言行爲、會談者的感受和反應、工作者的觀察和分析性思考、診斷性摘要、計劃等內容。

五、介入的內容

老人個案工作介入的內容包括：

1.協助老年案主認識及接受老年。

2.幫助老年案主重新整合過去生活的意義，從而使老人產生對人生完美的、積極的、正面的感受。

3.改善老人與家人的關係和相處問題。

4.支持老人積極參與社區活動，使其晚年生活更加充實。

5.為老人組織與爭取權益以及尋找各種社會資源。

6.幫助老人建立科學、健康的晚年生活方式和心理準備，積極地應對人生晚年期各種生活事件（如：喪偶、重病等）。

7.輔導老人正確認識死亡及接受死亡的來臨，減少憤怒及恐懼的消極情緒。

六、輔導重點

至於輔導上的重點則著重於：

1.懷舊：它是指讓老人回顧過往生活中最重要、最難忘的時刻，從回顧中讓老年案主重新體驗快樂、成就、尊嚴等多種有利身心健康的情緒，幫助老人找回自尊和榮耀的一種工作手法。

2.生命回顧：它是指透過生動地緬懷過去一生成功或失敗的經歷，讓老人重建完整的自我的一種工作手法。生命回顧和懷舊不同的是，前者是對整個人生的回顧，而不只是回顧生命中最重要的事件和時刻。這種技巧的目的是經由老年案主的內省來重新體悟人生的價值和意義。

3.建立相互信任的工作關係。

4.鼓勵老年案主訴說往事，初期可集中於較為愉快的人生經歷，然後才慢慢過渡到較為消沉的往事。

5.側重聆聽老年案主在訴說經歷時的感受，尤其注意他們喜怒哀樂的情緒，對那些被抑壓的感受應該幫助他們抒發出來。

6.對有子女的老年案主，需要把他們作爲父母的經歷及感受表達出來，以協助個案的診斷和治療。

7.對於有喪偶的經歷，加上因病或意外而導致傷殘的老年案主，工作員要協助他們把痛苦的感覺宣泄出來，尤其是配偶對案主生命的意義。

8.當懷舊情緒抒發後，工作員可以採用「世事無常」的技巧，來協助老年案主從過往生活重回到現實中。

9.生命回顧是協助老年案主中肯地評價自己一生的經歷，而不是讓其過分自責。如果遇到這種情形，工作員應幫助案主分析導致自己失敗的外在因素，以避免案主把所有責任擔在自己的身上。

第三節　老人社會工作的重點

社會工作要求社會工作者應具有奉獻、樂善、平等、博愛的人道主義精神和高度的專業責任感。如何達到專業的要求，考量老人心理問題有著特殊壓力，生命終止的迫近使老人在審視其生命歷程時無所遁逃，適應良好的能夠達到心理整合，即對其一生感到心平氣和，無怨無悔；相對適應不良的則對其一生充滿懊悔不滿，卻因時不我予而陷入極度的絕望。老年期的「失落」也是常被討論的課題，從生理機能的逐漸喪失，社會功能、角色的退出，甚至親友、家人的離去等，導致老人自立及權力感的喪失。對重重失落感到悲傷，因長期依賴他人照顧而覺得內疚，因隔離而感到寂寞、沮喪，因無法獨立自主而感到焦慮、無助、無力，甚至怨憤。依據美國的統計，老年人口罹患心理疾病的占10%至20%，在安養機構的老人50%呈現癡呆症，另外老人自殺率在各年齡層居冠，特別是療

養院所的老人，久病厭世自殺身亡的事件常有所聞。

一、應注重協助過程

1.協助老人時，應以同理心態度注意輔導過程。
2.把握老人的身心特質，尊重服務對象。
3.幫助老人與其家人建立和諧互助的關係。
4.協助老人適當適時的抒發痛苦的感覺。
5.協助老人接受現實的自我與認識環境。
6.積極協助老人能以正面的態度面對環境。
7.引導老人於生活事務上能有合宜的對應。
8.能以充分的耐性，給予案主積極的支持。
9.能與所服務的老人建立信賴友好的關係。
10.要以眞誠專業的態度面對所服務的對象，例如：
(1)避免一開始便指出老人不對的地方。
(2)避免要求老人進行超越所能的作爲。
(3)避免要老人在很短時間內去改變現實。
(4)避免對個人輔導見解固守一味的堅持。
(5)宜適時處理敏感而又根深柢固的問題。

二、應善用輔導技巧

1.探求老人不合作的根源，提供老人一些富有安全感的環境或活動，以便老人能平靜地恢復信心。
2.瞭解老人冷漠的原因，工作者應嘗試與老人討論其冷漠因素。在知道老人興趣所在後，促使老人參加一些活動項目，或者邀請一位曾面對同一心態的老人與案主交談。

3.讓老人有反省其抗拒心態的機會。老人的抗拒心態通常根植於不安的情緒，加上不平等及神經亢奮而產生的行爲。只要把該事物移走或向老人解釋該事物的眞正意義便可以；若不能移走，便要引導老人把其不安感轉移到足以消耗掉老人不好的情緒，而減少其激動行爲。

4.檢討工作者自己的處理方法，應留心觀察哪些事、物、人，導致老人反覆情緒，避免引起老人擔憂、恐懼及憤怒。

5.接納老人的行爲和態度，促使老人參加一些固定性的興趣活動，可令老人在興奮過後，得以透過固定活動克服焦慮及挫折感。

6.鼓勵老人自己處理自己的事，嘗試透過一些老人力所能及的活動來重建其自信心；充分引導老人完成活動，在適當時讚賞其成就。

7.設法贏得老人的信任，保護老人不致因其強制性行爲而受嘲笑。在可能情況下引導其進行建設性的活動。

8.求助於有關人員，共同爲老人提供必要及專業的服務，幫助案主知道工作者是時時刻刻可以給予援助的。使老人有歸屬感，儘量引導案主加入活動。心平氣和而耐心地與老人交談。

除此之外，還可以採取安排老人參加志願服務工作；工作者以身作則，爲老人做榜樣；營造一個公平的環境，讓老人接受溫馨的服務等措施。

三、應注重雙向溝通

(一)溝通接觸初期的雙向溝通

在面對每一位服務對象時，社會工作者都應本著對生命的投入和體驗，以及對人的尊重來進行溝通。在和服務對象接觸的初期，首先要建立起信任的關係，彼此聆聽，投入地關注對方，眞誠地關心對方。此外，無論服務對象的問題或者行為怎樣，社工都應當尊重他們。社工要深信自己擁有足夠的資源和能力去幫助他們，去接受他們的優點、弱點、情緒、思想。那樣，服務對象就自然地將他的行為、內心感受、情緒等毫無保留地流露出來。社工的表現會讓服務對象感受到，做為一個人基本的價值和尊嚴得到了尊重。這種來自社工的尊重、接納、關心是無條件的。在這裡，要特別強調的是，社工對服務對象的這種無條件的關懷，並不等於認同服務對象的所有行為，社工此時的關懷只是初期服務的一種有效途徑。

(二)接觸時的雙向表現

在與服務對象建立良好的專業關係之後，社工要表現出同感，寬容地對待服務對象，逐漸建立起一種建設性的關係。透過同理的運用，社工能讓服務對象自我瞭解，進而接觸到他的內心世界。承認每個人都有獨特性，以正確的態度對待人的這種獨特性，接納這種獨特性，儘可能瞭解服務對象的獨特之處，並設身處地考慮他的需要，解決他的問題，特別是那些他極力意圖避開、較為隱晦、沒意識到的問題。同感不是單純地反映服務對象的感受，它要求社工全心投入，感受他目前的情況、感受和情緒。同時，社工要

切記自己只是一個參與者、觀察者，要把持自己的個人觀點，而不至於因過分認同而陷入困擾。此外，做爲社工也要表裡一致，表裡一致是要求社工與服務對象面談時，要眞實地表現自己的內心情緒和行爲。在服務過程中自然地表露眞實的自我，不要讓服務對象感覺到是在敷衍。社工這種眞誠的表現，同樣能給服務對象樹立一個良好的榜樣，讓他學習這種眞誠，忠於自己的感受，在和社工溝通時，也能對社工表現出眞誠，願意向社工傾訴內心的眞實想法。最後，社工還應適時引導，善於挖掘服務對象的潛能，讓他們能通過自己的能力解決問題。

(三)接觸後期的雙向反饋

個案服務的結案階段尤爲重要，它關係到服務對象能否在結案後繼續成長和進步。結案期會遇到各種問題，這對社工和服務對象都是一個挑戰。服務對象往往表現出對社工的過度依賴，獨立處理問題比較困難；相對地，結案時社工有時也會有些許情緒的反應，表現出失望、失落，甚至負罪感，在這種情況下，社工也可以向服務對象做適度的自我表露，和服務對象分享自己對結案的感受，這樣可以引出服務對象對結案情緒的釋放。

社會工作要求在與人交往時，能夠充分地尊重人、理解人，倡導以人爲本的溝通模式，用崇高的愛心和強烈的責任感接受服務對象，研究他們面臨的各種問題，盡最大能力幫助服務對象，眞正實現社會工作助人自助的目標。

第四節　老人的社會生活引導

人的壽命愈來愈長，社會人口愈來愈呈現老年化，老人的問題將成為一項很重要的社會課題，老人的社會人際關係，同樣可分為三種不同的類型：

1. *廣交朋友型*：這類型的老人性格一般比較開朗，興趣廣泛，平易近人，待人誠懇熱情，尊重別人，虛心好學，在與朋友交往中平等坦誠，注重友誼。生活中他們樂觀進取，慷慨大度，很受鄰里和親友們的愛戴和歡迎。
2. *謹交慎言型*：這種類型的老人個性一般比較內向，能夠平等以禮待人，但不熱情好客，對自己的言行舉止謹慎適度、不失儀態；在朋友的選擇上非常嚴格，奉行「君子之交淡如水」的處世原則；在生活中他們溫良謙恭、與世無爭，受到鄰里親友的尊重。
3. *離群索居型*：這種類型的老人個性一般都比較孤僻，主觀隨意性較強，而適應環境能力較差。他們或多愁善感、故步自封、孤芳自賞，或多疑多慮、畫地為牢、與世隔絕，極少與親朋往來，待人接物冷若冰霜。生活中，他們往往性情乖戾、喜怒無常，使鄰里和親友望而生畏，不願接觸。

上述是老人在社會人際關係中表現的三種形式，在我們日常生活中經常可以見到。這幾種表現對老人精神生活的影響，我們可以從他們是否感到寂寞和孤獨中考察出來。一般來說，廣交朋友型的老人是不會感到寂寞和孤獨的，因為他們對生活抱持正確的態度，通過與鄰里的廣泛接觸與交流，使自己的生活變得充實。謹交愼言型的老人，生活中可能會感到某種程度的寂寞和孤獨，但一方面他們可以與志趣相投的朋友互相交往，另一方面還可以把注意力轉移到社會其他方面，從而減輕寂寞和孤獨感。離群索居型的老人由於把自己封閉在一個狹窄的圈子裡，他們的精神意志又最敏感、最薄弱，難以表述與宣泄個人的感情，因而很難排寂寞、孤獨、苦悶的侵害，他們的精神是最痛苦的。對於第三種類型的老人，是我們進行心理輔導的重點對象。

對他們的輔導也必須針對不同的個體和性格，找出主要特徵對症下藥。一般來說，應採取如下措施：

一、引導正確認識自己與社會

這類老人之所以性格孤僻，思想主觀隨意性強，往往與他們不能正確對待社會和自己有關。他們退出主流社會生活，心理往往有失落感，適逢當今社會轉型期，對這也看不慣，對那也看不順眼，久而久之，悶悶不樂，鬱鬱寡歡，把自己封閉起來，不願再與社會接觸。因此，要引導他們以科學的態度對待現實，正確認識社會的轉型是時代的進步，雖然隨之產生一些負面現象，但隨著社會的發展，這些負面現象也會減少或消失。引導他們客觀地看待自己，要看到自己的優勢，也應看到自己的弱點，順應自然規律，注意思想和性格的修養，保持健康樂觀的情緒。

二、引導認識自我封閉的危害

透過典型的事例或醫學的知識，引導老人認識長期寂寞孤獨、與世隔絕對自己的精神和身體產生的傷害，例如壓抑是癌症的誘因，疑慮會引發身體多種疾病，與世隔絕、孤身獨處會加快自己的衰老等。鼓勵他們振作起來，調適自己的心理，改變自己的精神狀態，積極開創人生另一個春天。可推動特殊方案，如「新院民的環境適應」、「回憶治療團體」等。機構的管理方面，應把握機構家庭化的做法，減低機構色彩，如鼓勵老人攜帶心愛家具，陳設布置院舍，重視活動治療，促進老人參與院內活動。關於特殊心理疾病，則應有顧問精神醫師，提供必須的藥物或住院治療。

三、引導培養多種興趣和愛好

老人孤僻封閉，不與外界接觸，也與他們沒有什麼生活興趣有關。健康的興趣愛好，能使老人精神愉快，生活充實，有利於身心健康。因此，可引導老人探親訪友，加強與別人的交往；引導他們集郵、打牌、跳舞，開展各種有益身心的活動；引導他們養花、種草、養寵物等陶冶自己的情趣，充實自己的生活。在社區中，現有老人教育、文康、社交聯誼等為健康老人設計，對社區中慢性病老人應加強「個案管理」，整合老人所需各項身、心服務，更應將衰殘老人列為服務重點，提供家庭足夠的支持（如：居家照護、交通等服務）。當老人身體狀況必須進住療養院所時，醫院、社區社工員應協助老人、家屬共同參與決定過程，並提供資源，協助心理的準備與轉換。

四、引導能培養身心靈的健康

有些老人性格變得孤僻怪異，情緒產生障礙，不一定是心理問題，有可能是生理問題。老人大腦衰老會引起各種疾病，如老年癡呆症、老年憂鬱症、老年焦慮症、老年疑病症等，這些疾病都會使老人性格產生變異，變得暴躁乖戾，不近人情，可引導老人上醫

院找心理醫生諮詢，通過藥物治療減輕上述症狀。當我們從發展心理學的身心兩方面來看，一個人從弱小的個體逐漸地成長爲壯碩的成年人，其心智功能也逐漸地成熟穩定發展，一旦走向年老的階段，個體的生理功能便衰退老化。相對地，心智功能可能受到影響，再者，生活周遭的環境可能有了改變，有些人則面臨生老病死的挑戰，尤其當另一半先離開人間時，則是一種苦痛與孤獨，這些失落與悲傷，很容易使老人有放棄生命的念頭。

所以，身爲照顧者的我們應該要減低老人的失落與悲傷，讓其晚年能過得快樂，以下提供幾個方法做爲參考：

(一)增加心靈的溝通

目前忙碌的社會裡，經常忽略了老人的感覺，我們應該排出一些與他們互動的時間與空間，善用一些接納、支持、積極聆聽、同理、體會、安慰、尊重等人際溝通技巧，使用其熟悉的語言或肢體性的接觸，讓他們感受到被敬重的心情，並且聽聽他們目前所困擾的鬱悶，讓老人們知道自己並不孤獨，還有很多人陪伴著他們。

(二)注重身心健康

老人的生理和心智功能會隨著歲月衰退，然而，身體的虛弱較容易讓子女察覺得到，但他們的心智功能較不易發現，我們必須更加注意他們的生活作息，因爲他們會透露出一般認知功能的狀況，例如：他們會不會忘了東西放在哪裡？他們會不會猜疑你拿了東西？這些訊息有時正傳達著他們的情形，再者，也可能礙於口語表達能力，老人無法表達內心的狀況和實質的需求，我們須貼近他們的心理，好好地去辨識和同理他們。

(三)敬重老人的想法

老人所累積的智慧是有其價值，雖然隨著變遷逐步淡出事務的決策，但面對事件的決策能請老人家表達看法，以爲尊重。

(四)根據狀況訂計劃

隨著時光歲月而漸漸失去一些功能的老人，社工人員則根據老人的需要來列出可行的一些時刻表和計劃表，利用適當的輔具和身邊的資源，解決生活的困擾。

(五)提出具體行動

身爲專業工作者需要眞誠地照顧老人，聽到看到他們的需要就馬上行動，我們先從會做、能做、想做的事做起。當然，我們要尊重老人的決定，不要認爲老人是我們的累贅，相對地，老人本身不要自認是社會的負擔，共同去開創新的生活環境。

(六)能善用社會資源

忙碌的社會裡，身爲子女多爲事業努力，而罕能兼顧老人的生活起居和休閒活動。因此，宜尋求社區照護和活動中心，使高齡者有生活重心和人際關係的聯繫。

結　語

在社會工作專業倫理中，包含著服務、社會公正、個人尊嚴與價值、人類關係的重要性、誠信、能力等社會工作的核心價值觀

與倫理原則，而這些核心價值觀與倫理原則又是相輔相成的。價值與倫理之間既有聯繫又有區別：第一，價值不等同於倫理，價值關注什麼是好的、善的和有意義的，倫理則涉及什麼是正確的和恰當的；第二，價值講的是人的信仰，而倫理講的是怎樣對待並且應用這些信仰；第三，倫理與價值雖然不同，但卻緊密地聯繫在一起，倫理的核心是善，而善正好又是價值觀的重要內容。因此，倫理來源於價值並且與價值保持一致，倫理是操作層面上的價值，是把價值觀念轉變為行動的行為守則。

孔子曰「老者安之」，《禮運‧大同篇》提示「老有所終」，都是老人福利服務的終極目標。社工專業人員除了應具備基本的個案工作技巧外，應對老人特殊問題有所瞭解。進行協助時，評估老人的4R（角色、反應、關係、資源），設定可行的工作目標（維護現況或成長），以具體方案落實老人社會工作。

問題與討論

一、個案管理工作共分為五個階段，分別是：個案評估、個案計劃、服務協調、服務展開及品質確保等步驟，請說明其內涵。

二、請說明老人個案工作的主要意涵。

三、請說明老人個案工作方法的內涵。

四、請說明老人社會工作的主要重點。

五、請說明老人社會生活引導的方式。

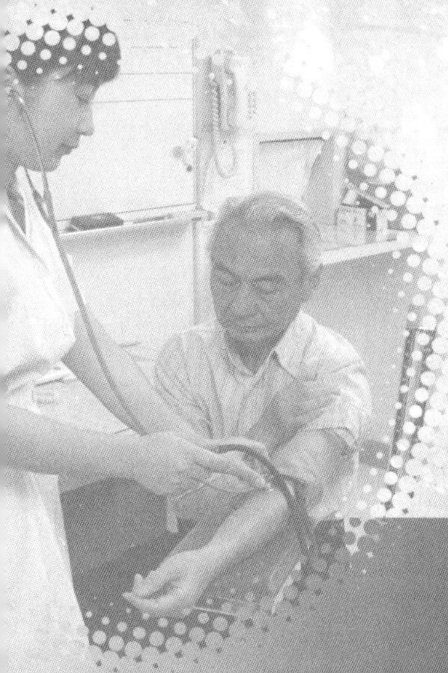

第六章

老人團體工作

當前台灣社會裡，年齡超過六十五歲的老年人口數早已突破10%，也就是說，愈活愈久的變遷趨勢所產生的影響，不能只是限縮在個別性的關懷處遇上；連帶地，從個人老化、家庭老化到社會性老化的系統對應，進一步說明了因爲「老化」而來的貧窮、疾病、孤獨、老邁、休閒以及經濟不安全等的人身需求，已成爲一項超越個體的社會現象。就此而言，舉凡從食、衣、住、行所匯集而成的各種生活關注，就有必要延伸到日常各種生活適應不良的議題思考上。

社會工作期盼能夠充分地尊重人、理解人，倡導以人爲本的溝通模式，用崇高的愛心和強烈的責任感接受服務對象，研究他們面臨的各種問題，盡最大能力幫助服務對象，眞正實現社會工作助人自助的目標。隨著老化伴隨而來的焦點話題，有三大類別：第一，老化所發生的身體器官功能的衰退，疾病侵襲所帶來的生理健康問題；第二，老化階段的自我整合和自我調適問題；第三，老人的社會調適和社會參與問題。老化是一個必然的過程，它可以很輕鬆，也可以很嚴肅。

總之，生命是活在當下，如何讓自己老年時，能老得健康、老得尊嚴、老得圓滿，達到一個成功老化，是我們應有的認知及努力方向。

第一節　老人團體工作的定義

老人社會工作是指老人社會工作機構和老人社會工作者，運用社會工作的理論和方法，爲老人提供社會保障和社會服務，解決老人的社會問題，使老人能夠繼續參與社會生活，幸福安度晚年的社會活動。社會團體工作是指兩人以上，有共同的目標，或者類似

的興趣所組成。團體工作是教育的過程，也是一種經驗，社會功能恢復發展，團體的目標是社區發展利用團體的方法減少個人的家庭問題，在團體間與其他人發生互動以獲得經驗以及經驗分享（林勝義，1999）。老人團體工作是透過組織老人參與團體活動，提高老人的社會生活功能，協助老人更好地處理個人、家庭、團體及社區的問題。

由於老人人口數量增加及其生活適應問題逐漸繁複，對老人福利與社會工作的需求與日俱增；又因其特殊的身心狀況與社會角色限制，使強調專業關係的社會個案工作產生許多限制，老人社會團體工作的價值與功能更受到肯定。所謂老人團體工作是指在社會工作者的協助和指導下，利用老年成員之間的互動和團體凝聚力，幫助老年成員學習他人的經驗，改變自己的行爲，正確面對困難，恢復自己的社會功能和促進自己成長的專業服務活動。許多老人在退休後都會產生一些新的需要，如受教育的需要、人際交往的需要、參加志願者服務於他人的需要、科學地充實閒暇生活的需要等，老人社會工作可以經由團體工作的方法、大型社區活動的方法以及志願者活動的方法等，爲老人各種發展需要的滿足提供適切的服務。

社會工作的價值是指社會工作者在專業實踐活動中，所表現出來的價值傾向的要求和規定。社會工作價值是人類社會價值體系的組成部分，它在社會工作活動範圍內引導和規範社會工作者的行動。但是，必須說明的是在社會工作者與案主的互動過程中，所涉及的並不只是社會工作範圍內的價值。他們之間的活動首先是人與人之間的交往，然後才是專業關係。所以，社會工作價值必須是在人類基本價值的基礎上發揮作用，與其他助人的專業相比，社會工作是一個特別強調價值在專業活動中作用的專業。人類的所有行爲都包含著一定的價值傾向，這是由人類的社會本性所決定的。但是，不同專業由於其專業目標不同，價值在其專業活動中所發揮的作用也是不同的。

由於老年群體有著與其他群體不同的生理特點和心理特點，因此老人團體工作除了要遵循一般個案工作的方法與原則外，還有它自身獨特的原則和要求。

一、團體成員的個別化

團體是由個人組成，所以團體中的每個成員都是不同的，每個個體都有獨特的差異性，最重要的是，社工員不可以忽略團體中的任何一個人，社工員必須瞭解團體中每個成員，之後分擔每個成員及團體整體的需求，以便提供最適當的服務。人們很容易按照某種固定的印象去理解老人，認爲老人大都殘弱、貧窮、孤寂、固執。儘管老人隨年齡的增長會帶來生理心理的變化，但這些變化並不是千篇一律地發生在每個老人身上，有些六十歲的老人可能比三十歲的年輕人在生理上更健康、在心理上更願意接受新事物。一些老人健康又健談且風趣幽默，更能欣然接受老之將至，一些老人則可能嘮叨抱怨、心灰意冷。有的老人把生活安排得井然有序，有固定的目標，自修課程，參加各類活動，有的老人則終日無所事事，愁悶著等待日落。事實上，每個老人都是一個獨特的個體，都有他們自身的個性和特點。

二、鼓勵成員合作關係

團體由成員組成，所以團體整體必定大於成員個人，團體中的個人會有獨特性，而團體中也會有團體的獨特性，而這些獨特性將會由團體成員的互動中表現出來。團體過程中，成員與成員間的關係或是成員與團體工作者間的各個關係，一樣都是很重要的。所以，社工者必須努力促進團體間正向健康的人際關係，建立相互信賴的關係。能否與老年案主建立起相互信賴的關係，這是老人個案工作能否得以進行下去的保證，只有那些與老年案主接觸時，抱持不批判態度並能予案主積極支持的輔導員，才可望與案主建立信賴關係。輔導員要眞心去關心案主，瞭解他們的眞實感受，並對他們的感受做出積極的反應，老年案主從這種回應中得到安慰，使他們感到自己不再孤單，這樣方能營造一個案主自由傾訴的環境氛圍。

三、眞誠接納團體成員

老人有多種性格類型，有些老人性格內向，寡言少語，尤其對不熟悉的人有較強的防備心理，加之對年輕的輔導員不信任，他們常表現出懶得開口，對問題不予作答的態度；另一類老人，則可能表現出喋喋不休、自顧自地不停說話，壓根不去關心對問題的回答，這兩種情形，都要求輔導員要有耐心。對於沉默寡言的老人，在初交談時可先不要涉及案主存在的問題，而聊一些與他有關的日常小事，讓案主感到你對他眞誠的關心，這樣才能使輔導得以繼續下去。社工者必須瞭解團體中的各個成員，依社工專業的價値觀，客觀評估成員的行爲，並且眞誠的接納成員中的優缺點。

四、提升成員參與能力

團體成員中最重要的就是參與（participation），社工者需要協助成員積極參與團體活動，成員中的每一個人都是不可或缺的，爲了協助成員融入團體中，社工必須接納成員的每個情況，帶領成員一切從頭開始工作，引導成員往健康及有能力的方向前進。讓老年案主自我選擇、自我決定。儘管在實際的輔導過程中，許多老人會說：「請你幫我拿個主意吧，我眞不知該怎麼辦了！」但每個老人對於自己能夠做出決定還是十分高興的，能讓他們感到自信和力量。因此，我們不僅要相信老年案主有能力做出決定，而且應積極鼓勵老年案主參與計劃的制定與策略的選擇，讓案主參與的過程，能使案主在實施決定的過程中，更具積極性和主動性。

五、協助成員解決問題

社工是一個助人的專業，但是社工還是有侷限在一個範圍之中的。社工者不是全能的超人，所以社工者的工作不是在爲團體解決問題，但是社工者的眞正定義則是協助成員參與自行解決問題，並透過成員之間的互動，找尋解決問題的方法。團體的組成一定有一特定目標，社工者必須在聚會時間內實施各活動，並針對成員個人及團體整體及機構目的，進行評估診斷，考量團體成員情況後，設計適當的解決問題之方案。從價值觀上尊敬並接受老人，當從觀念上接納並尊敬老者，並相信他們有能力改變自己的生活，才會有信心經由專業的幫助去改變老人的生存環境，提高生活素質，使長者有一個幸福的晚年。

六、持續評量團體作為

評量是每個團體工作不可或缺的工作，定期評量幫助社工者保持其意圖彈性的努力。評量內容有時是由團體成員各自討論出來協助成員及團體達成目標。除了耐心外，輔導員還須多鼓勵案主，對於他們取得的任何一點改變都應及時地給予稱讚，以促進他們自信心的建立，但切忌不符合實際的奉承和過分的誇獎，讓老人感到你在敷衍他，是不眞誠的。認眞傾聽案主的問題，不隨意打斷案主的說話，這在專業服務工作中是很重要的。

第二節　老人團體工作的類型

社會工作的職責是提供專業社會服務，參與社會管理，推進社會政策，維護受助者的合法權益。社會工作的範圍，包括社會救助、社會福利服務、就業服務、社區管理與服務、家庭婚姻服務、醫療康復服務、社會行爲矯正、心理道德輔導、基本權益維護等；肯尼思．里德（Kenneth E. Reid）利用新的觀點來看待團體工作，同時利用非傳統教條限制的方式來解決問題（林勝義，1999）。

一、老人團體的類型

肯尼思．里德認爲老人團體的類型可區分爲：

1.**娛樂性團體**：主要提供團體活動，讓成員們從團體活動中得到休閒的樂趣，社工者會準備內容多元化的活動，使他們在團體中得到休閒娛樂的滿足。

2.**休閒性團體**：成員可以透過團體活動，學習許多休閒的技術。其中也有社會交誼的作用，一方面可以達到休閒的目的，另一方面也可以讓團體中其他成員建立良好的關係。

3.**教育性團體**：成員可以學習到比較複雜的技巧，利用互相學習引發更多互動，重視成員之間的互動及討論。社工者也必須瞭解專門知識、溝通技巧及討論的能力，也能營造出互相學習的氣氛，提供更多相關知識與資訊。

4.**自助性團體**：團體的成員間通常有某種特定目標，透過成員的互助來達成團體目標，強調參與的成員必須承認自己問題的存在，願意讓其他人幫助解決，通常會建立一種相互連結的支持系統。

5.**治療性團體**：成員由於有情緒困擾或適應問題，團體的工作者必須客觀地瞭解案主的情況，以便清楚的診斷案主眞正的需要，並且給予適當的處理方式以及讓成員在人際關係中成長，培養成員改變自我的察覺能力。

二、老人團體的運作

適合老人開展的團體工作主要有以下幾種類型：社交聯誼、終身教育、治療照護、公益服務及休閒康樂等，這些老人團體工作的成立都有各自不同的目的、工作重點、溝通方式以及運作模式。透過協助老人參與團體活動，提高老人的社會生活功能，幫助老人更好地處理個人、家庭、團體及社區的問題，是老人團體工作的目標。

(一)溝通的模式

在提供資訊給老人時，宜確定溝通訊息的落實：

1.向老年成員查詢有關訊息是否被正確理解。
2.詢問該成員期望何種回應。
3.是否需要協助進一步探究訊息含義。
4.是否有其他溝通用意。

(二)團體凝聚力

透過下列方法增加凝聚力：

1.鼓勵成員互動。
2.鼓勵成員重視大家的意見。
3.助長成員間正面的、非競爭性、非威脅性的關係。
4.利用與其他團體的競爭，增長團體內部的團結。
5.協助成員達成目標並獲取滿足感。
6.工作者可以開辦一專門團體，以便成員們可以得到特別的服務、地位和尊重。

(三)團體聚會

工作者可採用的技巧爲：

1.工作者要主動、積極、適切地提供活動。
2.工作者要積極把握機會讚賞成員能力。
3.在活動的選擇上避免過於抽象與複雜。
4.在活動過程中要能夠留意成員的感受。
5.工作者要有耐心，能夠循序漸進地作爲。

(四)活動的推動

引用「結構化團體活動」，所須考慮的設計原則：

1.團體目標。
2.發展階段。
3.團體規模。

4.聚會時間。
5.工具準備。
6.環境安排。
7.過程導向。
8.彈性運用。
9.作爲規範。
10.活動評價。

(五)團體後期

工作者在團體的後期階段要處理的情況：

1.處理成員面對團體結束的情緒。
2.協助成員回顧團體經歷，總結個人的成長與轉變。
3.以面談方式或問卷方式進行團體評估。

在近百年的社會工作專業實踐過程中，先後產生了許多社會工作實務模式。同時，社會工作的實踐本質上是一種在地化的具體實踐，對於社會工作實務模式的選擇，主要建立在現實的需求之上。因此，我們對於社會工作實務模式的介紹是選擇性的，這種選擇性的標準，一方面基於社會工作的國際性普世經驗，另一方面則著眼於社會工作實踐的結果。從這個標準出發，我們對於社會工作模式的介紹主要從個案社會工作、團體社會工作和社區社會工作出發，同時考慮到社會工作既有的歷史成果以及最新的探索成就。適合老人開展團體工作的團體主要有以下幾種類型：(1)社交康樂團體；(2)老人支援團體；(3)專業治療團體；(4)社會服務團體；(5)照護老者團體。這些團體的成立都有各自不同的目的、工作重點、溝通方式以及運作模式。

第三節　老人團體活動的設計

一、各種活動關係的內涵

退休後家庭成爲老人生活的重心，老人及其家人都必須學習，一般居家老人在與家屬互動的各種關係內涵有下列情形：

(一)與配偶的互動關係

老人和家屬之間的互動關係中，以與配偶的關係最爲親密，且互動關係最爲廣泛密集。以日常生活照顧而言，配偶乃是最主要的提供者，其次爲成年子女。老年夫妻退休後的時間安排，對於婚姻生活會產生一些改變和影響，二人可討論決定一些共同從事的活動及個人的活動；家務分工模式也需要二人再協調合作；互相滿足彼此的親密需求與性需求，也是不容忽視的課題。

(二)與成年子女的關係

成年子女基於直系血親的連結關係，與老人之間的互動關係亦相當重要。老年父母與成人子女之間的親子關係是互助互惠的，協調彼此角色改變、覺察兩代差異並調整互動方式，有助於提升兩代關係；老年的經濟對生活滿意度有很大的影響，在衡量自己的需求與支援子女間，妥善安排財務是很重要的；老人的居住安排，宜考慮老人與成年子女雙方的意願與資源，彼此保持適度的距離與尊重是居住品質的重要關鍵；老年父母與女婿、媳婦之間，若能以子女幸福爲共識，彼此尊重、溝通得宜，即可減少摩擦，增進情感。

(三)與手足的親情關係

手足關係有可能是家庭關係中維繫最久的，從出生一直到手足死亡爲止，親子關係或婚姻關係都不如手足關係的維繫時間來得長久。年輕時與手足培養的深厚情感，於各自成家後可能減少往來的頻率，但在老年時對彼此的重要性仍深刻存在。友伴關係形成老人的社會網絡，對老人而言是重要情緒支持的來源，老人除了同年齡的友伴之外，可透過終身學習，擴展不同年齡層的友伴。

(四)與孫子女的關係

身爲祖父母代表的意義與價值，是生命的延續、情感的實現、經驗的傳承及心願的實踐等。祖孫關係的維繫除了靠血緣，還有情感的支持、人格特質的影響，以及雙方互動互信的結果。父母親和祖父母的關係會影響祖孫關係，尤其是婆媳之間的關係，因此，促進代間的瞭解與互動，是需要所有家庭成員都投入心力經營的。除了上述老人與家人互動關係的改變需要學習適應之外，生活在老人四周的家人也必須學習瞭解老人的身體變化，以及學習如何照顧老人的生活起居。

二、社會工作模式的特徵

社會工作是政府廣泛結合各界力量，以爲民衆解困和以助人自助爲宗旨，強調科學的理論和方法爲手段的專業性、職業化的社會服務工作。社會工作所重視的是以人爲本的科學助人專業；社會工作的道德準則強調公正、愛心、守信、奉獻；社會工作的服務對

象為有困難的（例如：貧的、弱的、病的、殘的、惑的、心智失常的）個人、家庭、社區、群體。

老人團體工作的活動設計、活動安排及工作過程，宜就社會工作者本於專業及服務對象有所作為。一般來說，社會工作實務模式本身主要具有以下基本特徵：

(一)普適性

做為社會工作實務模式來說，一個基本特徵就是源於助人理念，同時，又實踐於專業服務。社會工作實務模式的提煉，使社會工作超越了感性摸索的主觀侷限，進一步走向專業化的普遍推廣。在實際服務過程中，儘管我們的服務對象可能是老人、青少年或兒童，他們各自面臨的問題也大相逕庭，但是，我們可以擺脫這些表面差異，採用統一的工作模式，比如認知行為治療模式，目前在各種偏差人員的輔導與治療中應用非常廣泛；心理社會治療模式也曾一度成為社會工作實務的主導模式，積極應用於各種服務對象之中，並且取得了顯著績效。

(二)中介性

社會工作實務模式是連接理論和實踐的橋梁，這決定了它中介性的特徵。這種中介性特徵進一步導致了社會工作實務模式的雙重特徵，一方面具有強烈的理論特色，另一方面又具有鮮明的實踐導向，也正是因為這種中介性，才使得社會工作擺脫了感性經驗色彩，跨入了專業發展通道。

(三)專業性

目前的社會工作實踐更多具有感性化、主觀化、個體化特徵，這意味著專業化程度的不足，這種尷尬局面的主要表現，就在於社會工作沒有發展出一套在地化的專業社會工作模式，因爲本土化專業服務模式的不足，許多社工不得不簡單照搬國外的社會工作模式，由此陷入了專業發展的偏誤。

(四)永續性

社會工作的專業發展具有明顯的歷史性特徵，在一百多年的歷史發展過程中，社會工作逐漸從個人化慈善性行爲上升爲制度化專業學科，中間經歷了學科的階段性發展，因此，做爲社會工作發展成果之一的社會工作實務模式，也烙上了生動的歷史痕跡。在社會工作初創時期，因爲佛洛伊德（S. Frend）的精神分析占據了主導地位，所以，心理社會分析逐漸成了社會工作實務的主導模式，後來，因爲行爲主義以及人本主義心理學的階段性主導影響，行爲主義和人本主義也先後成爲社會工作實務的主導模式。目前，社會工作的理論視野逐步拓展，多元學科的交叉影響日益擴大，這導致了認知行爲治療模式逐漸成爲當今社會工作的主流模式。社會工作發展的專業歷程表明，社會工作始終是一個不斷發展的專業學科，社會工作實務的模式也將是一個不斷發展的過程。

(五)在地性

社會工作服務的對象是人，而人是具體的，是歷史和文化環境中有差異的人。這意味著社會工作的服務模式不可能全球統一化，而應該是充滿了區域差異性。實際上，社會工作的模式化追求中，一直面臨著全球化與本土化的矛盾衝突。隨著社會工作實踐的深入，當今社會工作的發展逐漸在彌合這二者之間的差異，在追求理論統一性的同時，本土化的努力始終沒有停止。也正是因爲這種

努力，才導致了社會工作實務模式的多樣化，推動了社會工作專業本身的進步。這種在地性也是我們發展創新社會工作的持久動力。

需要重視的是，由於老人的年齡以及生理、心理特點明顯不同於青少年，因此，老人團體工作的活動設計以及技巧運用必須注意以下幾點：

1.避免批判的態度而多接納老年案主。
2.相信老人能夠改變現況增進福祉。
3.團體活動正式開始之前，工作員應該充分瞭解參加團體的老人的需要、期望及興趣，在充分溝通的前提下，事先與老年成員建立初步的良好關係。
4.每次團體聚會，工作員要預先準備好活動內容和所需物資，並用示範的方式，具體及簡單地教老年組員如何參與。
5.每次聚會最後，工作員要多用啓發的方式，協助老人把參與活動的感受表述出來，並把這些體會與團體宗旨連結起來，加速老人對小組的認同。
6.工作員對老人要多用稱讚的技巧，以鼓勵他們的自信心和參與團體的積極性。
7.團體聚會宜避免選用過於複雜和抽象的遊戲或程序，以免對老人造成負面效果。
8.工作員要妥適地處理好團體最後結束老人臨別的情緒問題，否則老人會產生一種被遺棄的感覺。

一個好的處理方式是讓老年成員在較早的階段，就知道結束的一天終將來臨，然後，把最後一次活動安排成一次有意義的結束聚會，如茶會、旅行等，讓全體老年組員共享小組完畢之成長。當然，工作員也可鼓勵老年組員參與團體以外的活動，使他們能夠從其他資源滿足需要，工作員還可以安排跟進的聚會。

第四節　老人團體工作的過程

社會工作是指社會（政府和群衆團體）以物質、精神和服務等方式，對那些因外部、自身和結構性原因，不能依靠自己的力量，進入正常的社會生活的個人與群體提供幫助，使他們恢復社會生活能力，改善社會互動關係，提高社會生活品質，從而促進社會的良性運行和協調發展。

一、老人團體工作的過程

(一)團體初始期（initial phase）

團體正式開始前的準備時間，對於團體的工作者來說，必須事先考量服務對象的需要，並考慮是否可以透過團體工作來協助成員。積極朝向目標準備，找尋其他可協助的成員，並評估狀況，讓成員之間可以建立初步的關係，準備進入團體中。

(二)團體聚合期（convening phase）

這個時期是團體成員經由聚會，成員們產生新的互動，社工員必須從旁協助指導成員參與團體的活動，增進彼此之間的感情。

(三)團體形塑期（formation phase）

團體成員之間彼此開始出現多元互動，漸離初步的人際關係，並且成員之間也會朝著團體的目標前進，此時團體的規範也漸

漸建立起來。

(四)團體協調期（conflict phase）

團體協調期也稱爲團體衝突期。這個時期說明了成員之間遇到了衝突時，成員應該努力地尋求方法解決，以便順利的促進彼此之間的互動。

(五)團體維持期（maintenance phase）

團體經過了整合之後，能夠順利運作的情況，成員們之間的凝聚力及感情也會漸漸增加，團體之間有共同的目標，並且讓這個目標變得更加特別，更加有凝聚力，使大家塑造出一種團體感，並且能夠表現出團體內的特徵。

(六)團體結束期（termination phase）

團體的進行經過一段時間之後，在結束階段，社工員必須協助成員分享過往在團體之中獲得的經驗，並且可以透過一些儀式來結束團體工作。但是在團體結束之後，社工員還是必需要追蹤一段時間，如果問題眞的結束，那麼團體工作才能眞正的告一段落（林勝義，1999）。

二、老人團體工作的原則

團體工作是指通過社會工作者的協助與群體成員的互動互助，使參加群體的個人獲得行爲的改變、社會功能的恢復、發展，並達到群體目標，促使社區與社會發展。團體工作的理論模式主要包括社會目標模式、治療模式、交互模式和折衷模式。此外，我們

還要掌握團體工作實施原則與技巧，實施原則主要包括目標明確化、計劃、接納、個別化、建立專業關係、引導群體互動、群體自決、循序漸進等原則；其實施技巧可以分爲一般技巧、組織群體技巧、控制群體技巧以及主持群體技巧。輔導的基本原則如下分述：

(一)肯定老人成長的潛力

即使在衰退期，老人的潛力仍有待開發，輔導者應提供可讓老人繼續成長的管道、機會，提升其自我價值，如利用教育、老人組織，使老人繼續參與各種社會活動，激發其解決問題的能力，使其回歸社會主流，並鼓勵各種創作，或成立志工、老人社團，協助老人尋找有意義的社會角色，肯定自我潛力。

(二)重視團體中個別差異

研究老人問題的學者早已指出，老年人口特質的異大過同，其差異與人格特質、早期經驗均有關，故老人無論在其生理、社會、心理狀況上，均有個別的獨特性，輔導者必須注意，以便提出個別化的輔導計劃。

(三)注意長期照顧者的調適

老人療養機構工作沉重，此種對長期臥床老人的照顧，勞心勞力，且難見成效，造成工作者的低成就感。社區臥床殘障老人的家屬亦然，輔導者應關照其身心壓力調適，亦協助肯定其工作在老人尊嚴維護、生活品質保障上的貢獻。另外，亦可運用社區志工，甚至機構中功能尙佳者參與照顧，提供長期照顧者休息的機會（respite care），預防老人虐待的發生。

(四)增加老人與環境互動

多項研究均支持老人工作、社會參與、友誼、社會支持等與老人士氣的正相關，老年活動論的觀點亦推翻老人撤退是必需、有助的，故輔導除了心理層面的評估瞭解，亦應增加老人與環境的互動。

(五)運用團隊合作的模式

因爲老年生理、心理、社會健康等三者相互依存的關係，較其他時期更爲明顯，理想的全人照顧（身、心、靈）也必須包含醫、護、社工、心理、復健乃至宗教人士，結合各領域的專才，提供整合性的照護，且透過定期個案討論，邀集團隊的各成員貢獻所長。

(六)團體輔導運作的作爲

嘗試新治療模式有個案管理、藝術、寵物治療、現實引導治療等，其工作程序分爲前期準備、群體形成、溝通協調、達成目標及結束工作等五個階段。

就團體工作實施於老人，可以運用如下的作爲：

1.尋找健康的徵兆。

2.借助教材（如：助聽器、假牙、眼鏡等）補其溝通能力的障礙。善用肢體語言，補其感官之覺得退化遲鈍。

3.傾聽的重要，無須封鎖有關死亡的話題，協助將身後事，或未竟之事有所交代。生命回顧，可借回憶治療（個案或團體），協助老人統整生命中的衝突，找尋意義。

結　語

以往農業社會的平均壽命不高，人們常未達到老年階段即已死亡，故無所謂老人問題的產生。而今日的工業社會中，由於經濟的發展，導致生產規模、生活方式、家庭組織、生存機會的改變，尤其在醫藥衛生與保健方面的進步與發展，不但使死亡率降低，也使平均壽命提高，而且出生率降低，使兒童等低年齡層的人口，占全人口的比率逐漸下降，使老人在全人口的比例中相對提高，造成人口結構急速老化的現象。隨著我國已經邁入老年人口突破10%，並且擠進高齡化社會（aging society）之林，各種相與關聯的預期或非預期性的發展後果，早已藉由不同的形貌樣態而具現在眞實的生活世界裡，特別是扣緊老人單獨個體的、親人家庭集體的以及國人社會整體之動態且連續性的生命歷程，揭示了無論是高齡化社會抑或是老年人口占14%比重的老化型高齡化社會，在在都凸顯出關於「老化」一詞所指的，諸如生理的、心理的與社會的老化，及其所衍生出來包括所得維持、醫療保健、奉養孝親以及安養休閒等福利需求的綜合性思考。

社會工作之所以特別強調價値的作用，是因爲社會工作做爲一個服務於人的專業，在專業服務過程中價値取向直接影響著專業目標的實現。因爲不同的價値取向，就會導致不同的專業行爲，也就進一步導致不同的結果。從社會工作和發展的歷史看，社會工作的產生源於一定的宗教價値和社會福利思想。因此，社會工作早期的價値，深受宗教價値和福利思想的影響。在社會工作專業化和世俗化的過程中，社會工作的價値也從宗教價値逐漸過渡演化爲以科學和知識爲基礎的專業價値，然而不變的是對人的關懷和社會公義的追求。

問題與討論

一、請說明老人團體工作的主要意涵。

二、請說明老人團體工作方法的內涵。

三、請說明老人團體活動的設計的主要重點。

四、請說明老人團體工作的活動設計以及技巧運用必須注意的事項。

五、請說明老人團體工作的過程其內涵。

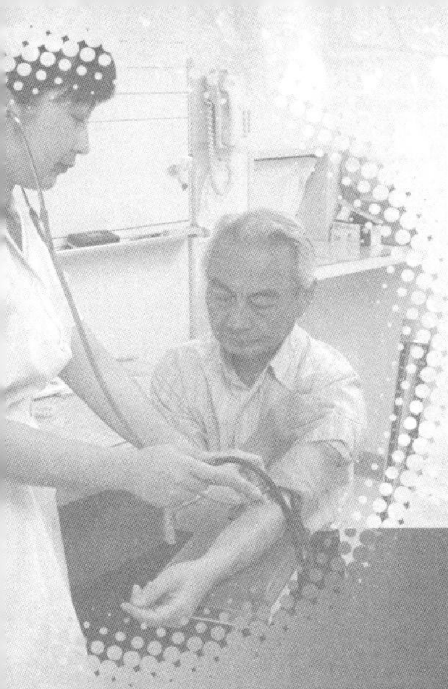

第七章

老人社區工作

在中華民族中早就有「落葉歸根」的傳統，「在地老化」的理想正是「落葉歸根」的現代說法，社區是人們生活的地方，是人們安身立命的所在，是最人性的環境，是居民共同的「根」。社區中最容易見到的就是老人——有各種需要的老人。老人有需求，所以他們所居住的社區很可能有些能滿足他們需求的資源，而社區照顧就是「與生活結合」，又是「扎根在自己土地上」的服務，是很人性化的，是屬於家庭的，是期盼人們共同投入的，是專業人員各自貢獻所長，而需要者各自獲得所需要幫助的現代化服務，社區又是有龐大勞動力的體系，如能將供給與需求結合，對雙方都是美好的。它能適當地修正過去機構照顧的缺失，把人性找回來，又使人性中的愛得以發揮，期待健全社區照護功能，以圓滿因應即將到來的高齡社會。

社區工作包括社區組織與社區發展，它是一種以社區爲基礎的社會工作，由專業社會工作者，本著助人的價值觀念和專業技藝，與其所服務的社區居民一起工作，推動與居民福利有關的社會行動及社區方案的方法，它主要包括地區發展、社會計劃和社會運動等三大模式。社區工作的實施原則，主要包括以人爲本、居民參與、社區自決、協調發展和因地制宜等五大原則。其工作程序可以分爲建立專業關係、收集社區資料、制定行動計劃、開展社區行動和評估工作等五個基本步驟。

第一節　老人社區工作的定義

一、定義

「社區」（community）的定義是指占有一定區域的一群人，因歷史背景、地理環境、社會文化、生活水準、職業聲望或其他方面的差異而造成各種不同的地域，並且形成彼此相互依存的關係。由於社區是一個居民的工作環境（community as a context），該區域與所屬的生活、問題、資源及文化背景息息相關。因此，社會工作者需要瞭解服務對象的全貌，方能達成助人的專業。社區是一個互相照顧的網絡（caring community），一個可滿足成員生理上需要及心理上需要的單位；社工著力發展及加強成員間的互助關係，歸屬感及自助能力，以解決成員的個別或共同問題。

老人社區工作就是指社會工作者運用各種工作方法，改善老人與社區的關係，提高老人的自助、互助能力，促進老人的社區參與，經由老人的集體參與去改善他們生活品質的一種服務活動和服務過程。

二、內容

具體而言，老人的民主參與、能力提升、社區服務、社區康樂、社區教育、社區照顧等，應該都是開展老人社區工作的重要內容。老人社區服務和老人社區照顧的有關內容分述如下。

(一)老人社區服務

所謂老人社區服務就是指政府或非政府團體，透過社區組織和社區所在的福利機構，為解決社區老人的實際困難與滿足各類需求，而有針對性地提供設施與服務的福利性項目的活動。

根據國外社區工作的定義和發展經歷，可以知道社區居民參與社區事務和社區民主建設是社區工作的核心，因此，在老人社區工作中，「充實能力」、「增加機會」等成為重要的概念。在我國開展老人社區工作，除了強調提升老人的民主權利和參與社區公共事務機會之外，還要積極組織老人自助和互助，積極開展各種為老服務和老人文化娛樂活動，以提高老人晚年生活品質。

(二)老人社區照顧

老人社區照顧的概念與老人社區服務的概念有相近的地方，但是嚴格地說，老人社區照顧有兩個基本含義：一是使老人不脫離他所生活和熟悉的社區，在本社區內接受服務；二是動員社區資源，運用社會人際關係資源開展服務。社區照顧做為一種運動起始於一九五〇年代，它是英國推行社會服務的一種方法，也是英國在福利國家政策變化下，倡導的一種社會工作模式。它的含義不僅包括「在社區照顧」，即對那些有需要的、以前由院舍照顧的特殊人群（如：老人），現在儘可能地使他們留在社區接受照顧，而且包括「由社區照顧」，即對這些特殊人群由社區中的各種政府及民間機構、社區自治服務團體及這些人的家庭、親屬照顧。

具體地說，英國的社區服務政策是通過以下服務項目與措施實現的。

1.**社區活動中心**：這是由政府出資興辦的，具有綜合性功能的社區服務機構。它按照社區居民的一定數量規模設置，工作人員爲政府雇員。社區活動中心提供給老人的服務，主要包括爲本社區內居住的老人提供一個娛樂、社交的場所，而那些行動不便的老人，則由中心定期派車接送到中心參加活動。

2.**家庭照顧**：這是政府爲使老人留在社區、留在家庭而採取的一種政策措施。即對在家居住、接受親屬照顧的這些人，政府發給與住院舍同樣的津貼。

3.**長青所**：長青所就是爲解決家庭成員長年累月因護理被照顧者，致使身心交瘁、不堪重負的問題，而設置的一種短期護理服務機構。

4.**居家服務**：這是對居住在自己家裡，尚有部分生活能力，但又不能完全自理的老人，所提供的一種服務，項目包括上門送餐或做飯、洗衣、洗澡、理髮、做清潔衛生、購物、陪同上醫院等。目的是使那些年老體弱、行動不便、家中無人照顧的老人，能繼續生活在自己家裡，生活在自己熟悉的社區環境中。

5.**老人公寓**：這是政府爲社區內有生活自理能力，但身邊無人照顧的老年夫婦或單身老人，所提供的一種服務設施。

6.**老人安養院**：就是那種集中收養生活不能自理、無家庭照顧的老人的院舍。不過，現在英國的老人安養院也不再是早期那種大型集中的院舍，而是分散在社區中的小型院舍，這樣可以使住院的老人不必離開他們熟悉的生活環境。

社區是平等互助合作，在其中較少有強制性權威的共同生活人群關係網。社區工作的對象，其實是社區的居民，這是一種形塑現代社會的運動，是一場社會心靈的革命。主要課題之一，即在於重新思考人與人（人際倫理及群我倫理），人與環境（物質倫理及環境倫理）的關係，發展出相互依賴的人與人或群體間的合作模式，建立起現代人與生態親密關係的生態觀，這種合作模式稱之爲共生（symbioses），也就是我國自古以來所謂「仁民愛物」的倫理觀念。

社區工作是建構理想社區與理想共同生活方式的實踐，共同生活過程的各種面向都是社區工作者關心的，以促成的社會制度、社會組織、社會活動達成優質成長的場域。簡單的說，就是社區的居民大家一起來爲自己的生活環境共同打拚，解決社區最急迫的問題，讓大家彼此更親近，更認同自己的地方，使生意更興旺、環境更舒適、家園更可愛，發展一個對未來充滿希望想像的藍圖，在過程中是要建立一個體系化的社區學習社會和學習共同體。社區發展的目的，爲整合行政體系與社會資源，凝聚社區民衆意識，參與公共事務，以促進社區人、文、地、景、產之永續發展，並建立社區特色，展現社區活力，促成社區永續經營。在促進社區發展的過程中，有賴專業工作者引領社區民衆能回顧社區與社區工作內涵之演變。另外，擇定社區工作議題，導入事宜的途徑與方式，以裨益社區的和諧發展。

第二節　老人社區工作的方式

在社會工作的學理上，社區工作的方法是社會工作者用來協助社區組織起來，並運用自己的力量、資源，去解決社區問題，滿足社區需要的方法。在實務運作上，台灣的社區工作方法則是社會工作者用來協助社區從事社區發展與社區營造，另外，也可在社會工作者從事各種領域的社會服務時運用。台灣在近年來，對於如何加強社區發展和社區照顧，十分關注和重視，而社區工作做爲一種實踐的理論，正好提供所需的知識和技巧。

一、社區工作的特質

社區工作的特質在於其特有的信念與功能。

(一)信念

1.以社區爲對象。
2.採用結構導向（structural orientation）的角度分析問題。
3.介入的層面較廣，包括社會政策與制度。
4.強調居民的集體參與。
5.目標與過程並重。
6.運用社區資源。
7.具政治性。

(二)功能

1.就社會福利工作而言：
(1)福利社區化是政府將社會福利輸送到基層的有效措施。
(2)福利社區化是政府對社會福利資源的充分運用。
(3)福利社區化是政府對社會多元化的因應措施，可以有助於滿足民眾對於社會福利之不同需求。
2.就社區發展而言：
(1)可以促進社區居民對社會福利工作的參與，有助於社區意識的增長。

(2)可促進社區居民對社會福利工作的自助，有助於提升社區自治能力。

(3)可促進社區組織擴大，有助於取得社區內、外的資源。

二、社區工作的內容

1.正式的社區照顧服務有：機構性的社區福利活動和整合性社區服務網絡。

2.非正式的社區照顧服務有：支持性、諮詢性、工具性、合作性等。

三、社區工作的目的

1.增進有組織、有計劃的福利輸送，迅速有效地照顧社區的兒童、少年、婦女、老人、身心障礙者及低收入者之福利。

2.強化家庭及社區功能，運用社會福利體系力量，改善受照顧者之生活品質。

3.結合社會福利體系與社區發展工作，整合社區內、外資源，建立社區福利服務網絡，以確保福利服務落實於基層。

四、社區工作的推動原則

1.福利需求優先化。

2.福利規劃整體化。

3.福利資源效率化。

4.福利參與普及化。

5.福利工作團隊化。

五、社區營造的推動目標

1.推動全面性的社區改造運動，透過產業發展、社福醫療、社區治安、人文教育、環保生態、環境景觀等六大面向的全面提升，打造一個安居樂業的「健康社區」。

2.建立自主運作且永續經營之社區營造模式，強調貼近社區居民生活，在地人提供在地服務，創造在地就業機會，促進地方經濟發展。

3.強化民眾主動參與公共事務之意識，建立由下而上提案機制，厚植族群互信基礎，擴大草根參與層面，營造一個「永續成長、成果共享、責任分擔」的社會環境，讓社區健康發展，安定成長。

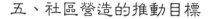

專欄

根據聯合國一九九一年通過「聯合國老人綱領」提出的五項原則，並配合國情，我國老人福利政策應符合以下十項原則：

第一、尊嚴、獨立自主的老年生活。

第二、有參與、選擇的權利：老人有權參與與自身相關之社會事務，並有選擇接受服務之權利。

第三、在地老化：在自己熟悉的環境中老化。

第四、去機構化：老人居住於機構中之集體生活違反一般正常生活原則，因而出現「去機構化」之呼籲：但這階段的「去機構化」並非要排除機構照顧，而是強調機構照顧的社區化和小型化。

第五、社區化：居住在自己熟悉的社區中即可方便取得所需之各種服務。

第六、全人服務：照顧需求多元且複雜，具不可分割性。故須結合衛政與社政之資源，以老人導向，提供連續性的服務，而非行政導向。

第七、老人保護：建構最弱勢老人之保護網絡，做為保障老人人權之最後一道防線。

第八、多元分工：中央及地方分權、公私部門之結合、多元服務之提供。

第九、國家必須對家庭照顧者提供支持：我國文化以家庭式照顧為老人安養第一優先考量，故應對家庭照顧老人之功能予以具體之支持性措施，加強家庭照顧老人之意願及能力。

第十、建構人人共享、不分年齡的社會：以「生命周期」看待老化，而非將老人區隔成一個特殊族群，甚或視其為一個消耗社會資源的族群，深化世代間的衝突及矛盾，也就是說，將老化視為人人必經的生命歷程，政策規劃的焦點是「所有人」，藉以強調世代的獨立與互相扶持。

六、社區照顧服務

目前，提供給老人社區照顧的服務有以下幾種方式：第一，醫療照顧；第二，住屋服務；第三，社區支援服務。而社區支援服

務的目的就是要提供輔助服務，幫助老人留在社區裡生活。這方面的服務包括有：

1.**老人社交中心**：中心定期舉辦學習班、興趣團體及文康娛樂活動，促進老人與社會的緊密接觸和聯繫。

2.**老人綜合性社區服務中心**：除一般性小組及社區活動外，中心更提供多樣化的輔助服務，例如膳食、送餐、洗衣等，協助有困難的老人。此外，更提供個人輔導及推廣老人社區教育，例如出版老人刊物、調查研究老人問題、舉辦老人退休講座、設立護老者組織及義工小組等。

3.**家務護理**：包括替老人送飯、料理家務、個人清潔及護送看病等。

4.**老人日間護理中心**：爲體弱而在日間缺乏家人照料的老人，提供有限度護理服務及社交活動。

5.**老人短暫住院服務**：在現有一些老人院內開設一些宿位，爲老人提供短暫住院照顧，以分擔家人長期照顧的責任，使他們可以處理一些私人事務或稍作休息，然後再負起照顧老人的責任。

6.**老人外展服務**：通過外展接觸，社工人員與一些老弱、獨居及有困難到中心參加活動的老人會面，協助他們申請所需的服務，如公共援助、家務助理，並爲他們提供探訪、社交、康樂活動及輔導服務。

7.**交通及公共娛樂方面的優待**。

社區工作強調是以社區爲對象的社會工作介入方法，透過組織居民參與集體行動，去釐訂社區需要，合力解決社區問題，改善生活環境及素質；在參與的過程中，讓居民建立對社區的歸屬感，培養自助、互助及自決的精神；加強居民的社區參與及影響決策的能力和意識，發揮居民的潛能，培養社區領袖才能，以達到更公平、公義、民主及和諧的社會。

讓老人的照顧符合「全人照顧、在地老化、多元連續服務」的原則。但是，在家老化、社區老化與機構老化，不應該只是一種階段式、即興式的選擇，而是連續性、永續性的相互性關聯，特別是建基在以家庭爲本位的生活模式時，「生於斯、長於斯、老於斯、育於斯，以及死於斯」的傳統觀念，對於老人的照顧，不宜僅賴脆弱的家庭與無力的子女；另外，應考量安養機構老人照護服務的侷限所在。準此，推動老人福利法修法的同時，要檢視當前的家庭照顧政策及其服務輸送網絡的有效運作。也就是說，要將老人的安養、奉養、棄養、療養與扶養等整體性做串聯思考。

第三節　老人社區工作的目標

政府自二〇〇五年五月十八日核定「建立社區照顧關懷據點實施計劃」，以落實「在地老化、健康老化」理念。透過政府部分經費補助，帶動社區中各個民間團體，發揮社區自主參與的精神，在社區中設置關懷據點，就近照顧社區老人，以恢復原有社區鄰里的人際關懷，讓鄰里間的互助網絡逐步地建立起來。鼓勵老人家到關懷據點參加各種健康促進活動，並與生活背景相近的老友相伴，延伸生活的觸角，讓他們的身心更健康。「在地老化」（aging in place）爲我國長期照顧政策發展之目標，以避免過度機構化之缺點，降低照護成本，讓有照護需求的民衆能延長留在家庭與社區中的時間，保有尊嚴而獨立自主的生活。惟支持老人留在社區中生活的相關資源仍有不足，未來的發展應以強化社區中的居家支持服務爲主，結合社區中長期照護服務與醫療服務資源，提供有需要的老

人及其家庭，具整合且持續性的照顧服務，儘量做到在老人居住的地區，就地提供其所需要的一切服務。因此，不論福利體制爲何，其資源發展、服務提供、組織管理、財務支持等策略，多支持社區長期照護體系的建構，希望以「在地」的服務滿足「在地」人的照顧需求，儘可能延長他們留住社區的時間。

因此，我國的老人長期照護政策應全面朝「在地老化」目標發展，需要努力的方向包含：第一、評估地區長期照護需求，設定發展目標；第二、發展多元的「在地」服務，服務當地民眾；第三、連結資源建構社區照顧網絡，提升服務成本效益；第四、優先提供居家支持服務，降低對機構式服務的依賴；第五、建構財務制度，支持社區式長期照護體系之發展。

「在地老化」就是讓老人在自己原來親近的環境裡，享受到「老有所養、老有所樂、老有所終」的生命境界，即是「居家養老」。要做到讓老人能在自己熟悉的環境中老有所養和居地老化，首先要確保無障礙措施，確保對貧困老人採取最低的生活保障，以及對有特殊困難的老人保證生活補助，從社會公義和維護人類尊嚴的角度出發，這是保證高齡者權利的基礎。但做到這幾點，也只能爲社會公義以及老人尊嚴謀得一個起步，這些做法都還是從經濟上和基本建設的方向去解決居地老化的最基本部分。至於，老人們尤其是空巢老人的精神、心理和健康及日常生活等方面都會遇上困難，要解決還是在社區。社區如果能發揮組織的力量，又或者公私單位能把和老人相關的服務以符合大眾化的消費能力在社區落實，社區即能顯示出它本身具備著最合乎老人意願的養老功能。當代的年輕夫妻爲了要減輕生活負擔，多是晚婚少子，已造成家庭「少子化」，這樣一種客觀的情況，會對老人的居家養老帶來嚴重的負面效果。但是，如果能調動社區力量去積極補助、積極參與，使社區的環境、網絡與資源能互相整合，發揮養老功能，將有助於扭轉局面，實現居地老化的養老目標。

隨著老人離開工作回到社區養老，老人的養老基本上若能由社區與家庭共同承擔，一方面既完成了老人不願失去熟悉的社區和親友的意願，另一方面也是社會資源能夠更集中、更低成本而高效的服務。另外，缺少養老機構、缺乏專業的人力，以及高齡人口比例逐年上升，已促使各國政府不能不放棄建設養老院之類的想法，轉變爲在每個原來的社區推行居家養老服務。以居家養老爲基礎，依賴社區服務中心發動義工和志工善用到府服務和日托護理，是支撐安心在地老化的主要服務形式，使老人在家庭即可獲得社會化的養老服務。在居地老化的「居家養老」概念雖然是西方人提出，但是與華人尤其是漢族重視家庭完整、重視「四代同堂」、「五福臨門」、「福壽全歸」的文化思想相契合，所以必然也比安老院的概念更合乎民意，成爲有選擇的情況下的首選。但是，「居家養老」不僅是老人閒著在家，萬一缺少社區支持，家裡可能每天留下面壁的老人。

社區工作者可根據社區老人的不同需求提供服務，社會工作服務的目標應有以下幾個方面：

一、減低老人與社會的疏離，增進老人的社區參與

現在大部分老人普遍對社區周圍發生的事情很少關注，他們很少參與社區內的活動，也極少運用社區的資源，但社區對老人十分重要又有密切的關係。老人是逗留在社區內時間最長的群體，他們具有以下的優越性：(1)社區內空閒時間最多的群體；(2)對社區歸屬感很強；(3)多年的社區生活經驗，使他們掌握了很多社區資源及建立不少社區聯絡網；(4)人生經驗豐富。

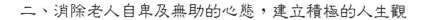

二、消除老人自卑及無助的心態，建立積極的人生觀

老人不應該與社區疏離，他們極有潛能去關心社區，對社區貢獻。採用社區工作方法，可以消除老人對社區的疏離感。由於強調以社區爲介入點，老人與社區的關係會較爲重視，而社區工作手法更會強調發掘老人的潛能，鼓勵老人參與社區事務，改善社區生活。

三、積極改變社會大衆對於老人服務所採取的刻板方式

宜因應在地老化的發展，增訂社區式服務措施，增強家庭照顧老人之意願及能力，提升老人在社區生活的自主性，政府應結合民間資源提供多元社區式服務，以強調全人照顧、在地老化、多元連續服務爲政策導向，讓民衆不同的需要可獲得滿足。

四、爭取及鞏固老人的權益，改善老人的生活素養

根據聯合國頒布的「老人宣言」，老人應受到各種基本人權的保障。但是，在實際的生活中，老人的權益卻經常受到各種各樣的侵犯，例如街道設施不完善，使老人難以通過交通擁擠的路段或社區等、地方老生活服務設施不完善等。要維護老人權益，社區工作除了強調權益及資源的爭取外，更強調在過程中讓服務對象改變其無權、無利的感覺。

五、發揮老人潛能，以自助人助方式參與改善社區生活

在現在的社會，普遍認爲老人都有較消極、負面的形象，例如身體衰弱、保守、喜歡獨處等，而老人不由得也對自己擁有低微的自我印象。要改變社會對老人的負面形象，有效的方法是通過促進老人與社會接觸，並加強老人的社區參與。社區參與可以肯定老人的價值，而老人更可在參與過程中發掘自己的潛能及能力，減低孤獨感，建立積極的人生觀，並且確立積極晚年的新形象。

六、提高老人的政治意識，加強老人的政治影響力

我們通常會認爲老人退休是由於老人健康衰竭，而很少指出這整個工作環境的限制及退休制度的問題，將老人問題個人化，或者從其他角度去看待老人問題。要改變現在老人服務傾向，社區工作手法是一個適合的重點。社區工作多以社會制度，服務對象所處的環境因素爲介入重點。個人轉變、環境改善、政策改變及制度的轉變，都是社區工作手法所強調的。

人口快速老化，自然應將現有的體制與政策進一步充實，否則不但未來老人安養會出問題，青壯人口的負擔也會更加沉重。長期來看，如何妥善照顧老人，確實是一個應當未雨綢繆的課題。老人的安養並不限於身體的照護，老人心理的發展與尊嚴的維護更不容忽視，因此老人力的運用也有助於老人對自我價值的肯定。

第四節　老人社區工作的服務

根據格羅斯（M. Gross）的說法，社區工作是一種解決社區問題的方法與過程，即先認定問題，排定問題的優先順序，發展解決問題的意願與自信，發掘並運用社區的資源，解決社區的問題及培養社區的民衆合作的態度。社區工作的內容爲：分析社區問題、發覺社區資源、建立並組織社區關係、規劃社區方案、聯合社區內機構等。爲發揮社區工作的功能，往往與里民中心、社區協會、基金會、廟宇、教會、老人會、里辦公室等相結合，以利工作目標的落實。

社區工作是一個過程；是運用集體行動的方法；培養社區歸屬感和認同感，達致社區整合，改善社區生活素質；甚而具備一些更宏觀及更結構的目標，如改變社會制度、改變權力分配、減低居民的無能感、增強自信及權力感（empowerment）。

雖然，對於社區工作實務中使用的步驟有很多不同的分類和描述，但是下面呈現的是最常被討論的。

一、研究

社會研究是獲取有關社會現象、社會問題及其解決辦法的事實的過程。科學研究被視爲社區工作的基礎，例如一個社區認識到存在失智老人照護的問題，那麼社區可以做什麼呢？它又做了什麼？那個地方專業服務需求有多高？受過適當訓練並有能力的人，能夠查出事實並去研究整體情況，從而回答上述問題和其他問題。社區工作實務可以運用很多研究方法，常用的有統計研究、調查和個案研究。其中隱含的觀念就是一個清楚和聰明地行動的社區，應該瞭解現實是什麼，以及顯示出來的事實是什麼。

二、規劃

規劃就是有目的地去制定未來的行動以及執行的方法。這一方法在社區工作中被廣泛應用。通常，不同社區團體的代表聚在一起，並且做出有關社會困難及其解決辦法的決定。

三、協調

協調是一起工作以避免不必要的重複、努力和衝突的過程。從積極方面來看，它是個人、機構和別的力量互相支持和加強，從而使比單獨操作來得有效的服務成為可能。這一過程很容易藉由財務上的聯合努力來證明，就像聯合募捐所達到的那樣。社區福利委員會的活動也可以證明這一點，它們基本的目標之一，就是要避免社區社會服務不必要的重複，並且消除服務不足。協調不僅僅是合作，合作是一起工作以達成期待中的結果，通常它會積極地帶來有效的行動。一般來說，合作涉及到特定的單一目標。從整體上來說，協調包含了很多目標，而且會影響到不止一個人或者團體。在社區組織中，協調意味著社區內不同的個人和機構攜手互相支持，互相幫助以達到個人和共享的目標。

四、組織

組織是建立達到特定目標的結構的過程。在社區社會工作中，它是一種方法，以建立結構去考慮社區需要、資源以及利用這

些資源滿足上述需要。在這一領域，存在不同種類的組織，以理解社會問題並幫助應對它們。正式的組織通常會給一個社會運動以物質支持。如果沒有它們，就算其中的一些活動非常重要，也只是隨意發生。爲了有效處理社區問題，由具有代表性的個人共同組織協會，逐漸熟悉社區的社會問題，進而研究這些問題，並且試圖提出明確的建議給立法機構，要求爲此採取行動。這個協會被組織成一個行動團體，它有助於爲這個社區帶來許多有意義的改變。這一組織成爲一個工具，它爲達成社會目標開放了一條大路。

五、財務

財務是收集、預算，並花費在與社區需要和資源有關的資金的過程。籌集資金通常是由專業人士和志願者一起完成。大多數聯合募捐、福利委員會和其他社區社會工作實體都設有預算委員會，這些委員會努力研究相關需要，並且做出合適的分配，以最好的服務於社區整體福利。社區組織中最具有挑戰性的是要求奉獻、仔細的考慮和判斷，這一過程中所花費的部分資金是由特定的機構來完成，其中絕大多數也是有財務委員會。這些委員會根據資金情況來準備預算，以獲得年度資金分配方案後，再制訂出最佳運用上述資金的詳細計劃。通常受過訓練的社會工作者，最能幫助財務委員會制訂一個合適的預算開支明細。

六、行政

社會工作行政可以被定義爲，把社會政策轉化爲社會服務的過程，它是實施計劃、執行已經做出決定的過程，在社區組織中，它是一個特別重要的過程。有效的行政管理涉及所有的員工及志工，他們一起提出建議並對總體努力做出自己的貢獻，並產生出最好的效果。

七、行動

委員會運行是社區工作實務的基礎。通過委員會，大多數計劃和行動被執行，並做出決定，主張和感覺得以公開，隨之而來的適當行動也成爲可能。當委員會的功能是建立在民主基礎上時，社會工作社區運行就會是有效的。對於合適的委員會運行來講，它需要所有對有關項目感興趣並涉及到團體足夠的代表性。

委員會制訂大多數社區活動的計劃。通常委員會規模不宜過於龐大，否則運作會陷入泥淖，從而變得沒有效率。專家認十至十五人的小組，才能一起有效的工作。在委員會裡工作，社區組織者必須通過協商來解決衝突。必須有良好的記錄，委員會才能提醒過去的思考和計劃，也才是打開現在以及未來合適行動大門的工具。

八、倡議

社區工作中重要的發展之一，是對案主倡導的日益強調。過去，只有少數社會工作者走出去支持和維護他們的案主和弱勢群體，努力引發社會行動和行動變革，以幫助滿足他們的需要並提升社會。而今，社區組織的倡導和社會行動模式，是社會工作實務中被廣泛接受的一部分。

結　語

隨著醫藥科技的進步，人類的壽命大大提高了，老人自六十五歲到他的人生盡頭，往往還有長達二十至三十年的光景，若不將他的能力做有效的運用，對整個國家社會而言是莫大的損失。長壽是爲了更幸福，如果「活著只能等死」，人們活得愈長心理上卻愈痛苦，這豈不是一大諷刺？社會工作實務和教育中的倡導和社會行動日益獲得支持，許多社區機構和設施的社會工作者正在幫助他們的案主，向他們提供支持和指導以面對社會問題，並努力改變極其脆弱的環境和模式。在人類生活發展的歷程中，家庭是人們生活最重要的領域，而社區則是民衆公共生活中最基本的單元。社會的發展必須扎根於社區，才能開花結果；民衆也必須建立社區共同體意識，關心自己的家園，協力經營，社區才能永續發展。

現代國家無不積極以提高國民生活水準，促進國民生活幸福爲主要目的，一般學者將之稱爲「福利國家」，並認爲透過社會福利制度的實施，不僅能解決人類所面臨的貧、愚、懶、髒、病等問題，同時也能有效達到社會安全，增進福祉的功能。因此，今天各先進國家均以福利政策爲施政重心，更在憲法中規定福利綱目，用以保障民衆的權益。而政府的角色亦由「權力國家」的觀念，轉爲「福利國家」。老人的生活應不是意味著孤單、失落、悲傷或被忽略、被遺棄，即使是完全癱瘓、無意識的老人，都應享有「被愛」與「被尊重」的生活。當我們社會中的老人安養與照護問題日益受到重視之際，健全的老人政策亦將是推動社會福利工作的具體體現；就此，政府不僅應保障老人經濟安全、醫療保健、住所、就業、社會參與、持續性照顧等權益，更重要的是，所有的服務要能維持個人的自立、增進社會參與、促進自我實現、獲得公平對待和維護尊嚴，以達社會福利的目標。

問題與討論

一、請說明老人社區工作的主要意涵。

二、請說明老人社區工作方法的內涵。

三、根據聯合國1991年通過「聯合國老人綱領」提出的原則，於配合國情我國老人福利政策的原則為何？

四、請說明老人社區工作的活動設計以及技巧運用必須注意事項為何？

五、請說明老人社區工作的過程其內涵為何？

第三篇

實務篇

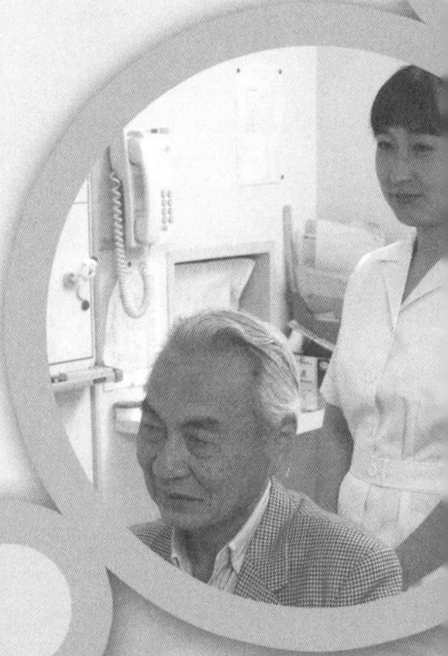

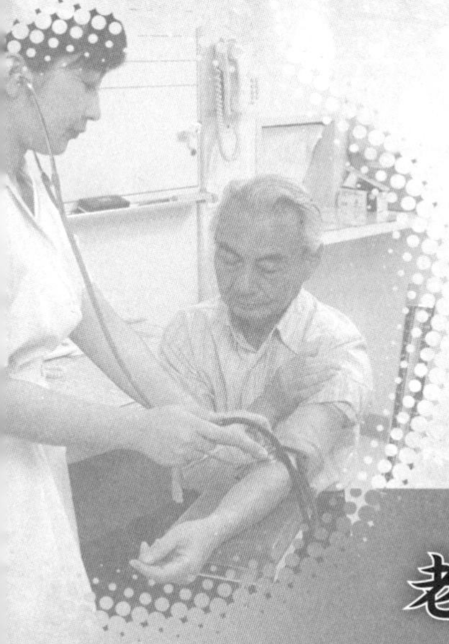

第八章

老人福利政策與立法

依據行政院經建會委員會議所公布的「中華民國台灣二〇〇八年至二〇五六年人口推估統計」，六十五歲以上人口比率將自二〇〇八年的10.4%，於二〇一八年增至14.7%後即快速上升，至二〇五六年增至37.5%。尤其七十五歲以上「老老年人口」，將自二〇〇八年的一百零三萬人，至二〇五六年增至四百五十五萬人；其占六十五歲以上人口比率，則自43.1%增至59.7%。依聯合國定義，六十五歲以上人口比率達7%、14%、20%，分別代表進入「高齡化」、「高齡社會」、「超高齡社會」。台灣已於一九九三年進入「高齡化」社會，經建會推估進入後兩階段的時間，分別在二〇一七年、二〇二五年。二〇二五年我國人口中將有五分之一是老人，歐美國家自「高齡化」至「高齡社會」，期間長達五十至一百年；惟台灣推估期間的時間，僅二十四年，高齡人口趨勢較先進國家過去發展情況更為明顯。工作年齡人口對高齡人口的扶養比，將自目前的7.0：1，也就是平均七個工作人口養一個高齡人口，至二〇二六年、二〇五六年，分別降至3.2：1、1.4：1。

台灣的高齡人口迅速增加，其過程所伴隨而來的老人生活、安養、醫療、照護、育樂等的需求，政府必須有因應的策略和措施來調節，以建構足以符合老人日益增長的福利服務需求。對於高齡化現象及其相關議題的政策思考，除了安養型態、補助機制等工具層次的技術興革外，應該也要向上延伸至倫理觀念的價值廓清、照護政策的角色定位以及福利政策和社會立法的有效運作，以達到讓高齡者樂於、安於並且有尊嚴地迎接這一個新的生命階段！

第一節　老人福利政策的意涵

一、老人福利政策

因應快速高齡化的社會發展型態，已使得台灣老人福利政策必須從基礎性和發展性兩種策略傾向做政策性的規劃，才能有效順應高齡化社會和少子化的社會型態。政府已從老人福利政策的方向建制高齡者的社會保障制度，以有效維護老人的基本生活保障，在老人基本生存權確保的型態下，才能從更積極的角度來規劃爲發展性的老人福利政策。當然，在建制老人福利制度，亦必須思考到制度的適切性、公平性、周密性，以及基本生活需求和所得再分配之功能，不僅可以確保高齡者的基本生存權，並足以消弭人口老化所衍生的社會問題。

尤有進者，緊扣著包括性別、年齡、老化程度、婚姻狀況、家庭結構、社經地位以及支持網絡等的不同屬性特徵，指陳出關於「老人」實則是一項頗爲深邃又複雜的概念。至於，「老人」背後所糾結而成的高齡化社會（aging society），更是直指著包括醫療復健、生活照顧、居家服務、長期照護、經濟安全、休閒社交、保護安置、年金保障及心理適應等在內之各種老人議題，皆屬老人福利政策立法所關切。從宏觀上來看，老人社會福利事業可分爲老人的經濟保障和福利服務兩個方面，傳統農業社會中的家庭養老，就是指老人的經濟保障和福利服務均是依靠家庭來提供，而工業化社會的養老方式，則主要依靠老人的社會保障體系和老人的社會服務體系。社會保障制度是解決老人經濟保障的方式，主要透過社會保險和財政撥款等方式來保障老人的經濟供給，例如退休金、醫療保險等；而社會服務體系是提供老人服務保障的方法，如老人的衛生保健服務、生活照料服務和文化教育服務等。

二、連續照顧體系

先進福利國家的老人社會福利服務體系，應該由多種性質、多種類型和多種層次的服務網絡組成。一個老人從「完全健康、獨立」到「完全依賴他人照顧」，必須有一個完整的連續性照顧的概念，使服務完整化而非零碎化、切割化，這個「連續性照顧體系」可分爲四大類：

(一)居家服務

爲順應台灣社會急速高齡化和少子化，建立多元性老人福利政策有其必要性，老人福利政策之規劃要滿足不同社經地位和健康狀況及老人本身生涯規劃的需求，對於那些高社經地位以及本身生涯規劃十分良好的老人，老人社會福利政策亦可以走向投資性的，甚至於是營利性的，一種高經營價值的老人安養、療養和醫療體系的老人福利政策，使老人成爲高經濟價值的產業，就像在美國佛羅里達州以其地理和氣候因素成爲美國高社經地位老人退休聖地，州政府以其老人產業和老人安養、療養、醫療設施，以及周全的醫療照顧和退休生涯規劃，使佛州高比率之老人人口，不僅不是州政府的財政負擔，反而是一種高經濟價值的投資。而台灣在最近幾年來，由於老人的需求，以及滿足不同健康狀況，妥善生涯規劃之老人，以其高社經地位，已有相當數量的大企業投資高水準的老人安養、療養和醫療機構，以及以養生、長壽爲名的造鎮計劃，這種多元化老人福利體制的建立，對於滿足不同老人的需求，有實質上的價值。

(二)協助生活

高齡化社會和少子化社會現象必然造成依賴人口的增加，但從另外一個角度來分析，由於平均壽命的增加，以及醫療體系建制和全民健康保險體制之執行，使得國人健康狀況提高、生命餘年增加、女性五十五歲和男性六十歲退出勞工職場，以及一般六十五歲退休年齡，造成很多身體健康、工作成熟的人士提早退休，退出工作場所，毫無疑問是一種人力資源的浪費，甚至於是一種年齡歧視的社會現象，而男女性別不同的退休年齡，更是一種性別歧視，實在應該從個人的意願、個別健康狀況，以及個人的生涯規劃來確定每一個人最適當的退休年齡，甚至於像在大學教學或是特殊研究和諮詢機構，更應該沒有任何年齡的限制，自然沒有任何退休後的負擔和年金制度之問題，也有相當數量的工業先進國家開始規劃制定反年齡歧視法，不以年齡做爲退休之必要和唯一條件，當然台灣社會還是在工業新興國家之林，人力資源的新陳代謝仍有其重要性，但是面臨高齡化社會的快速成長，以及依賴人口的持續擴充，也應及時從反年齡歧視的政策做爲思維，避免人力資源的浪費。尤其對那些有工作能力的老人持續工作和再就業輔導方案的有效設計，應該可以減輕高齡人口增加對於家庭、社會和國家所產生之壓力。

(三)社區服務

老人眞正需要的是各式各樣的服務設施，而目前政府或民間所能提供的服務相當不足。例如，實際提供食衣住行服務和老人問題諮詢的機構，就相當缺乏。此外，政府也應鼓勵民間以企業化的

經營方式提供各式各樣的服務，供老人購買，使服務的類型更多元化。目前的老人福利法中並未特別制定法規明定，老人處於不當生活環境的任何保護措施，對於那些行動不便或精神狀況衰退的老人，我們似乎不能只仰賴傳統的孝道來保護那些受虐或是被忽視的老人，因此老年福利法中宜加入老人在宅服務，以加強社區照護的發展。

(四)機構服務

根據世界衛生組織所做的推估，人類因老邁或失能而依賴長期照護的潛在需求期程約在七至九年之間，而台灣民衆的長照需求平均約爲七．三年，其人力需求更達二十五萬人以上，可見長期照護服務的需求與產業規模已相當可觀；而長照體系的建立宜朝向：(1)整合原分散於內政部、衛生署等機構的老人福利資源；(2)重症醫療與長期照護機制的銜接和服務體系的建置；(3)除現階段福利措施外，應建立「使用者付費」的原則，以達成永續經營的長照服務網絡；(4)長期照護相關人力資源於質於量的充實。

第二節　老人福利政策的重點

在工商社會裡，夫妻多爲雙薪家庭，老人日間乏人照顧的問題日益凸顯，逐漸使社區照護觀念受到重視，社區照護的落實必須和其他福利措施相結合，才能發揮福利的功能。

一、經濟保障——年金化

高齡化社會來臨的主要原因是生命餘年的持續延伸，自然亦顯示年齡愈大的老人其風險愈大，而傳統的人壽保險已無法滿足一般老人實質的需求，尤其老人對於長期照護的需求風險更大，建構老人長期照護保險體系，使高齡社會長期照顧的風險透過保險體制分擔，對於順應高齡社會長期照護，有實質的助益。這種高齡社會特殊保險體制必須由政府、業者和長期照護體制共同配合貫徹執行，才能發揮實效。

當然在地老化的老人福利政策，必須藉由大量老人機構式安養、療養和醫療體系來提供，不僅花費大量的照顧成本，如需要有昂貴的硬體設施的投資，也需要有大量專業人力資源的軟體設施，而中上或中等社經地位的老人負擔此種龐大的經費應是十分困難的，而中下社經地位老人更有其困難，如必須有巨額社會福利經費的支援，必然成為政府社會福利的負擔，也會對其他社會福利經費造成排擠，更成為政府財政的重大負擔。

在地老化的積極性老人福利政策，首先要健全家庭功能，使家庭具有使老人在家庭中老化的功能，除了建構基礎性的國民年金制度，使所有老人在年老及退出工作場所後，均能維護其基本的生存權，在建構周全性國民年金制度前，政府亦必須透過老人生活津貼的方式，來滿足老人基本生活的需求，勞工保險退休新制以及勞工保險採年金制，亦具有確保退休後基本生活之需求。透過積極宣導，使老人在未退休前做好生涯規劃，養成儲蓄習慣，準備好退休後生活的預備金，均是在地老化的必要條件，當然建構三代同堂或鄰近居住的住宅政策，並健全三代間家庭關係，使在家老化成為具有高度可行性的老人福利政策。

快速高齡化社會已實質衝擊到台灣的老人福利政策，政府不但仍應扮演老人福利政策主導的角色，並結合民間資源，以更多元化老人福利政策，來滿足不同社經地位老人的實質需求，並以更周延地規劃基礎性和發展性老人福利政策，貫徹執行國民年金制度以確保整體國民之生存權，並建立多元老人福利體制，並以在地老化的策略，使老人在家庭和在社區中老化，維護其尊嚴以及獨立自主的生活。並透過家庭政策健全家庭功能，透過社區發展策略健全社區功能，使老人在家庭和社區中老化，但是經濟力較低的低收入和中低收入老人，則必須有政府公權力介入，以公費的方式有效解決此一類型老人的生存權和健康權。爰此，高齡產業分爲八個領域，涉及了至少三十種行業的經營：

1.衛生保健服務，如中西藥品、醫療器具、延緩衰老的器材和營養品、氣功培訓和保健食品等；
2.家政服務，如家庭護理、家具修理、家務幫傭、居室修繕、臨終關懷等；
3.日常用品製造，如老人日用品、服裝、防盜、防滑器具、老人交通工具等；
4.保險業，如人身保險、健康保險、養老投資、殯葬保險、股票及產業信託與投資，以及各種特定的保險；
5.旅遊娛樂，如旅遊服務、老年運動、卡拉OK、嗜好培養、戲曲藝術等；
6.房地產業，如老年公寓、國際銀髮村、俱樂部會員、托老所、專科護理機構等；
7.老年教育產業，如老年學校、老年職業培訓、老年職業介紹等；
8.諮詢服務業，如心理輔導、親子關係諮商、婚姻諮詢。

二、福利服務——在地化

從國際經驗可知，世界主要國家的老人照護政策，均以在地老化（aging in place）爲重要的原則，認爲老人應在其生活的社區中自然老化，以維持老人自主、自尊、隱私的生活品質。因此不論國家體制爲何，其資源發展、服務提供、組織管理、財務支持等策略，均支持社區長期照護體系的建構，希望以「在地」的服務滿足「在地」人的照顧需求，儘可能延長他們留住社區的時間。因此，我國的老人長期照護政策應全面朝「在地老化」目標發展，需要努力的方向包含：評估地區長期照護需求，設定發展目標；發展多元的「在地」服務，服務當地民衆；連結資源建構社區照顧網絡，提升服務成本效益；優先提供居家支持服務，降低對機構式服務的依賴；建構財務制度，支持社區式長期照護體系之發展。

依循在地老化政策原則重新檢討現行推動之老人福利服務措施，在經濟安全上已做了較普及性的照顧，不過就在地老化原則所需的服務提供之連續性、服務輸送體系之可近性等方面，仍存有改善及檢討之空間。茲就現階段之工作重點及方向說明如下：

(一)理念法制化

從國際間的發展經驗及我國的民情需要，均顯示出我國推展在地老化政策的必要性，從二〇〇四年二月十三日行政院修正核定之「社會福利政策綱領」訂定原則之一，即明訂「落實在地服務」，強調兒少、身障及老人均以在家庭中受到照顧與保護爲優先原則，機構式的照顧乃是考量上述人口群的最佳利益之下的補救措施；各項服務之提供應以在地化、社區化、人性化、切合被服務者之個別需求為原則。此外，並於福利服務項下指出，政府與民間應積極維護老人尊嚴與自主，形塑友善老人的生活環境；以居家式服務和社區式服務做為照顧老人及身心障礙者的主要方式，再輔以機構式服務。

(二)服務系統化

建立居家式、社區式、機構式長期照顧服務的連續性網絡，以因應老人照護的多元需求，使長期照顧服務需求者獲得有效的服務連結、確保服務的連續性。為增強家庭照顧老人之意願及能力，提升老人在社區生活之自主性，政府應自行或結合民間資源提供下列社區式服務：保健服務、醫護服務、復健服務、輔具服務、心理諮商服務、日間照顧服務、餐飲服務、教育服務、法律服務、交通服務、退休準備服務、休閒服務、資訊提供及轉介服務、其他相關之社區式服務。

(三)體系親便性

建立服務輸送體系之可近性，開發照顧資源，積極推動「建立社區照顧關懷據點實施計劃」。在地老化政策的主要精神，在於服務輸送的近便性。現行雖已有居家、社區及機構式等服務提供，並設置長期照顧管理中心、居家服務支援中心、老人福利服務中心等服務窗口，惟考量人口老化速度急遽，現行之服務窗口普及性仍有不足，民眾使用之可近性仍不高；再者，初級預防照顧服務仍較為缺乏。由於老人年歲增長將伴隨著身體機能的退化，對健康維護之需求自然較高，透過在地化之社區照顧，將可使失能老人留在社區生活，延緩老化及進入機構的時間，同時減輕家庭照顧者的負擔，營造健康、福利、互助的溫暖社區。

落實在地老化政策，是老人福利政策的新導向，也是順應高齡化社會主軸性的老人福利政策。在地老化（aging in place）就是讓老人在家庭中或社區中老化，一般不必在成爲老人後，爲接受照顧必須離開老人原本熟悉的家庭，原本能夠順應的社區，而遷移到另外一個社區或是機構接受照顧，這種面對年老的衝擊還要重新適應新的生活、新的環境、新的朋友，以及與過去熟悉的親友們隔離，應是一件十分痛苦之事，在地老化的老人福利政策，更爲人性化。在地老化的老人福利政策的新導向，有其實質需求的必要性。在地老化的老人福利政策的新導向必須有完善家庭政策的配合、社區政策的配合、社會保險政策之配合以及醫療體系之配合，才能使在地老化眞正落實執行，而不是一項口號，或是政府將老人福利推給家庭負責，推給社區負責的一種消極政策。

第三節　老人福利服務的立法

政府可以透過立法或是針對老人需要長期照顧的前瞻發展，將人壽保險「活得愈久，領得愈多」的基本理念充分發揮，促成人壽保險體系與老人社區、老人住宅和老人安養、療養、醫療體系相結合，使更多老人透過長期照顧保險體制的協助，做好本身生涯規劃，這種積極經營老人福利政策之規劃，實有賴於政府的推動和政策的支持，以及企業界、職場、人壽保險業者共同的支持和發展。

一、老人福利法

對照步入「高齡化社會」（aging society）的老人國度，就此而言，老邁、老弱與老年已經蛻變成一項超乎個體層次的社會

事實（holistic social fact），而有必要進一步涵括文化觀念、政策立法、制度行政，以及福利服務等配套性擘劃，例如「老人福利法」，對於高齡長者的人身照顧有居家式、社區式以及機構式等不同的服務模式，「老人福利法」係一九八〇年公布實施，歷經多次修正，最近於二〇〇九年七月八日修正通過，該法計七章五十五條，其主要內容分述如下：

(一)法條要點

1.明訂主管機關與目的事業主管機關：中央與地方政府的權責，遴用專業人員，加強服務。

2.釐清主管機關各目的事業主管機關權責。

3.明訂中央與地方政府主管機關掌理事項與範圍。

4.提供原住民老人服務及照顧者，應優先遴用原住民或熟諳原住民文化之人。

5.主管機關應邀集老人代表、專家學者、民間相關機構團體代表及各目的事業主管機關代表參與老人福利業務，其中民間機構團體代表由轄區內民間機構團體互推後由主管機關遴聘之。

6.加強經濟安全保障措施。

7.對於心神喪失或精神耗弱老人，主管機關得向法院聲請禁治產宣告，維護老人財產。

8.主管機關應鼓勵老人將其財產信託，以保護其財產安全。

9.對於有必要接受長期照顧服務之老人，應依其失能程度與家庭經濟狀況提供經費補助。

10.應依全人照顧、在地老化及多元連續服務原則規劃辦理老人照顧服務措施，並促進其社會參與。

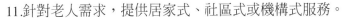

11.針對老人需求，提供居家式、社區式或機構式服務。

12.爲辦理老人輔具評估、諮詢及資訊，並協助其取得生活輔具，獎勵研發各項輔具、用品及生活設施設備。

13.鼓勵民間製播老人相關廣電節目，研發學習教材，提供社會教育學習活動及退休準備教育。

14.推動老人休閒、體育活動，鼓勵老人參與志願服務，以充實老人生活，促進社會適應。

15.訂定雇主對於老人員工不得就業歧視規定，以維護在職場服務老人之權益。

16.協助失能老人之家庭照顧者，提供其訓練研習、喘息服務、資訊、諮商、協助支援等服務。

17.推動適合老人安居之住宅，並協助中低收入老人修繕無住屋或提供租屋補助。

18.加強老人福利機構管理，保障入住機構老人的權益。

19.老人福利機構類型爲長期照顧機構、安養機構及其他等三種類型，各類型機構可單獨或綜合辦理。

20.私立老人福利機構應冠以私立名稱，並標明業務性質；公設民營機構應於名稱前冠以所屬行政區域名稱，不冠以公立或私立。

21.老人福利機構應與入住者或其家屬訂定書面契約，主管機關應公告規定其定型化契約應記載或不得記載之事項，以確保入住老人之權益。

22.明訂老人福利機構應投保公共意外責任保險及具有履行營運、擔保能力，以保障老人權益。

23.訂定相關人員知悉老人受虐、遺棄、疏忽或生命、身體有危難時應通報主管機關之責任。

24.結合警政、衛生、民政、社政及民間力量建立老人保護體系，定期召開老人保護聯繫會報。

25.增加依法令或契約有扶養照顧義務者，留置老人於機構後置之不理，經通知限期處理，不處理者，課以罰緩，公告姓名，涉及刑責者，移送司法機關交辦。

(二)法案內涵

◆經濟安全

相較於生命階段的人口群，老年是屬於較貧窮的一個階段。從職場上退休後，代表著收入停止，若無其他資源介入，生活則可能面臨危機，因此對於老年人口的經濟生活安全需求，是需要介入與關注的。其內容爲：

1.**中低收入老人生活津貼**：爲保障中低收入老人的基本生活水準，特別針對年滿六十五歲以上，生活困苦無依或子女無力扶養之老人，並且未接受政府收容安置者，直接提供每月三千元到六千元津貼，自一九九三年開辦。

2.**中低收入老人特別照顧津貼**：依據「老人福利法」第十六條第一項規定：「老人經濟生活保障，採生活津貼、特別照顧津貼、年金保險制度方式，逐步規劃實施。」及同法施行細則第十一條規定：「本法第十六條第一項所稱特別照顧津貼，指對於罹患長期慢性病且生活自理能力缺損，需專人照顧之中低收入戶老人所給予之津貼」，每月發給五千元，自二〇〇〇年試辦，二〇〇二年正式開辦。

3.**敬老福利生活津貼**：爲落實加強照顧老人生活之政策方向，協助維持經濟弱勢老人之生活安全，於國民年金尚未實施前，衡量國家財政負擔並基於福利資源不重複配置與社會公平原則，發放敬老福利生活津貼，做爲國民年金規劃完成以前之過渡措施，每月發給三千元，自二〇〇二年開辦。

◆健康維護

健康保健的需求，對身體機能漸退化的老年人口是一項重要的議題，爲了維持老人的身體健康，各項健康維護的措施有：

1. *老人預防保健服務*：依據「老人福利法」第二十條規定：「老人得依意願接受地方主管機關定期舉辦之老人健康檢查及提供之保健服務。前項健康檢查及保健服務之項目及方式，由中央主管機關會同中央衛生主管機關定之。」依此規定，各縣市政府配合全民健康保險成人預防保健服務項目，辦理老人健康檢查。
2. *中低收入老人重病住院看護補助*：爲使居住在機構內老人或一般老人因重病住院無專人看護期間，能獲得妥善照顧並減輕其經濟負擔，特別提供補助。低收入戶老人每人每日補助一千八百元，每年最高補助二十一萬六千元，中低收入老人每人每日補助九百元，每年最高補助十萬八千元。

◆生活照顧

老人生活之長期照顧及安養問題，近幾年來非常受到大家的關注，在福利措施的推動上，亦有多種形式出現。在「社區化」「在地老化」的推動上，老年生活照顧的方式，即分成居家照顧、社區照顧、機構式照顧等三種類型。

1. *居家照顧*：因應老人居家安養的需求，減低家庭照顧者的負擔，針對中低收入失能老人提供居家服務，居家服務補助的標準依失能程度分別有：輕度失能者、中重度失能者、極重度失能者。補助對象不再限於低收入戶及中低收入戶，自二

○○二年擴大至一般戶，並至二○○四年增列極重度之補助。此外，提升照顧服務的品質亦十分重要，因此居家服務專業訓練、照顧服務員的培訓等工作，也是居家照顧重要的一環。

2.社區照顧：

(1)日間照顧：日間照顧主要是提供沒有接受居家照顧或機構安養之獨居老人，或是子女平日無法提供家庭照顧之老人，在社區中設立日間照顧中心，提供老人於白天活動的時間，可至日間照顧中心接受照顧與休閒服務，以紓解家庭照顧者的負擔，並增進老人參與社會的機會。補助養護型民間照顧，低收入戶每人每月最高五千元，中低收入戶每人每月最高三千元，交通費每人每月最高一千五百元，並自二○○四年補助辦理團體專業人力及辦公室設備。

(2)營養餐飲：由於個人生活自理能力隨著年紀增長或健康影響而退化，對於營養的需求更須注意，並且減少生活中爲了餐食所造成之危險及不便。因此提供有此需求之老人營養餐食之服務，以兩個方式供應，一爲行動自如之老人，選定適當地點提供餐飲集中用餐；一爲行動困難者則以送餐到家的方式。補助低收入戶及中低收入戶每人每餐五十元。

(3)社區照顧關懷據點：自二○○五年開辦，結合社會團體參與社區照顧關懷據點之設置，由社區民衆擔任志工，提供關懷訪視、電話問安諮詢及轉介服務、餐飲服務、辦理健康促進活動等，透過社區照顧的模式，使老人留在熟悉的社區中生活，同時亦提供家庭照顧者適當之喘息服務，延緩長者老化速度，發揮社區自助互助的照顧功能。

3.**機構式照顧**：許多老人因日常生活活動能力的喪失，以至無法自理生活，需要提供機構式的長期照護，給予全天候的養護照顧。隨著社會發展結構的改變，機構式的照顧形成另一種照顧的類型，以補充現代社會中缺少的家庭照顧功能。補助低收入戶公費安置，並鼓勵機構開辦外展服務。

4.**老人保護**：推動老人保護專線，設立單一窗口，用以掌握相關資訊及資源連結，辦理老人保護之工作。

5.**強化獨居老人之關懷服務**：透過緊急醫療救護系統，例如：生命救援連線，由縣市政府、消防局、警察局或民間團體等協助緊急支援服務；結合民間單位、志工、社區資源等，提供獨居老人之關懷與協助。

6.**成立失蹤老人協尋中心**：內政部透過預防走失宣導、協尋通報、後續比對、追蹤服務及社會福利諮詢等整體措施，提供預防走失手鍊，結合警政、社政、醫療衛生單位以及傳播媒體的協尋網絡，利用資源連結的力量協尋失蹤之老人。

◆教育與休閒

1.**辦理長青學苑**：重視老人的精神生活之充實，提供具有益智性、教育性、運動性、才藝性等課程活動，以豐富老人生活。

2.**設置老人文康活動中心**：提供正當的休閒聯誼、推動老人福利服務工作，以老人文康活動中心提供老人休閒、康樂、文藝、技藝進修及聯誼活動。

3.**推動老人休閒育樂活動**：鼓勵老人參與各項教育研習活動、社會服務活動以充實生活，並於老人參與戶外活動的同時，提供交通工具、育樂場所、文教機構等費用的減免與優待，弘揚敬老美德。

二、長期照顧

鑑於長照服務係人口老化速度冠於全球的台灣不得不嚴肅面對的課題，除應積極排除民間參與長期照護產業的阻礙，推動各項有效的照護產業扶植措施；整合衛生與福利等部門的照護服務，並透過教育體系及證照制度充實與運用相關人力外，允宜考量目前台灣主要的福利保障制度係以社會「保險」方式爲主，且稅收占國內生產毛額（GDP）的比率較之先進國家明顯偏低，執行「稅收制」長照服務模式有其困難等特性，積極規劃以服務爲主、現金爲輔；機構式、居家式與社區式多元服務；以及被保險人、雇主與政府稅收共同分擔保費之財源籌措方式的長照保險制度，以利未來與全民健保及國民年金等社會保險制度相容與整合，建構一套更趨完善的社會福利制度。二○○七年三月所公布的我國長期照顧制度具體內容如下：

(一)服務對象

計劃服務對象以日常生活需要他人協助者爲主（經由ADL、IADL評估），包含下列四類失能者：(1)六十五歲以上老人。(2)五十五歲以上山地原住民。(3)五十歲以上之身心障礙者。(4)僅工具性日常生活活動功能（IADL）失能且獨居之老人。有關服務對象失能程度界定爲輕、中、重度三級；規劃原則以實物補助（服務提供）爲主，現金補助爲輔，以補助服務使用爲原則，並依失能者家庭經濟狀況提供不同補助：家庭總收入未達社會救助法規定最低生活費用一．五倍者全額補助，家庭總收入符合社會救助法規定最低生活費用一．五倍至二．五倍者補助90%，一般戶補助60%。超過政府補助額度者，由民眾全額自行負擔。

(二)服務內容

計劃之服務內容，包括照顧服務（含居家服務、日間照顧、家庭托顧）、居家護理、社區及居家復健，輔具購買、租借及居家無障礙環境改善服務，老人營養餐飲服務，喘息服務，交通接送服務，以及長期照顧機構服務等八大項目，有需求之民眾經各縣市長期照顧管理中心綜合評估後，將依核定結果連結相關資源提供正式服務。

第四節　老人福利服務的借鑑

人口高齡化是一個全球的趨勢。高齡化社會的來臨，可以說是現代國家的成就，代表著生活福祉與醫療科技的進步；但相對而言，高齡化社會也帶來了許多挑戰，這些挑戰，簡單而言，就是高齡人口社會福利需求的增加，包括經濟安全需求、健康醫療需求、休閒與教育需求、居住安養需求，以及心理及社會適應需求等。因此，社會如何回應這些需求就成了一個很重要的議題。

一、日本經驗

日本是亞洲地區最典型的高齡化國家，目前超過40%的全國醫療支出花費在老人人口。由於它是先進國行列，又受敬老和重視老人的儒家文化薰陶，所以在一九九五年訂定了「老齡社會基本對策法」。日本政府把老齡工作納入社會經濟發展規劃，並以立法做保證。一九六三年制定了「老人福利法」。厚生省一九七〇年定爲「調適高齡化社會年」，並召開討論老齡問題的國民會議。一九七三年由政府有關省、局組成「老人對策計劃小組」，一九八三年制定的「老人保健法」在一九八五年正式生效，一九八六年日本內閣頒布「長壽社會對策大綱」，一九八八年公布「實現老齡福利社會措施的原則與目標」，一九八九年制定「促進老人健康與福利服務十年戰略規劃」。老齡社會對策基本法在一九九五年實行後，已成爲日本老齡者措施的基本框架。政府於一九九六年根據這一法律，制訂了老齡社會對策大綱，以建立「每一位國民都能衷心感到長壽是件好事」的社會目標，並指明了在就業與收入、健康與福利、學習與參與社會、生活環境、調查研究等五個領域，應該有實施的措施和方針。

(一)就業與收入

確保老齡者的就業機會、支持老齡者通過自助方式，努力去確保收入。具體措施包括整建職業經驗利用中心，並通過老齡人才中心提供臨時或短期的就業機會。

(二)健康與福利

整體推動老齡者健康事業、充實醫療業和保險業以及福利服務、支持看護工作等。具體措施包括整建健康中心和辦理老人療養院，並促進福利用品的普及。日本經濟產業省和地方政府爲了幫助銀髮族維持身體健康，鼓勵高齡者參加健身班，遂於老人居多的社區開設所謂的公立「十坪健身房」，並推出銀髮族私立健康俱樂部學費減額優惠措施，積極設定誘因鼓勵老人運動保健。

(三)學習與參與

建設終身學習的社會、支援老齡者參與社會並參加志願者活動等。具體措施包括整建都道府縣的終身學習中心以及志願者中心，推動大學推廣教育等。許多老人也是各種宗教、文化、社會事業的義工及志工。

(四)生活環境

確保舒適的居住條件，在街道建設中也考慮到老齡者的生理及心理的需要，包括各種無障礙措施。具體措施包括了向家有老齡者的家庭提供更多貸款，協助他們購買房子。另外，政府通過提供補助，鼓勵交通企業購買無台階巴士以及超低踏板有軌電車。

(五)調查研究

針對老齡者特有的疾病、福利用具研究開發。

日本的高齡政策首要在從政府行為到民間傳統都認識到妥適照護老人的機構相當重要，並同意年長者的生活要過得尊嚴、健康、幸福和有用。日本人也把每年九月十五日訂為日本的敬老日，全國放假，以便子孫與父祖團聚。以廣泛促使國民對老人福利深切關心與認識，並努力推行各種讓老人提高生活意願的行事。

二、芬蘭經驗

芬蘭是歐洲福利社會的典範社會，社會福利已是先進社會所推崇的體制，其中關於老人社會照護措施具體明確。

(一)經濟保障

「終生福利」制度，國民平均要繳45%的高稅額。在養老保險方面，芬蘭一九三七年頒布了「國家養老金法」，一九五六年對「國家養老金法」進行了重新修訂，一九六一年頒布了「職工養老金法」，一九七〇年發布了「個體從業人員養老金法」、「農場主養老金法」，二〇〇五年又對職工養老金方案進行了改革。芬蘭職工養老金和失業金的收取，有一部分是強制性的。一個理念依據是每一個有勞動能力的人都應該參加工作，賺取養老金，以保證退休以後的生活水平不降低。芬蘭養老金的繳納標準是平均工資的22%左右，其中4.5%由個人支付，其餘大部分由雇主繳納。養老金的發放是一個統一標準，不論你在工作時是政府部門的部長還是普通工人。過去的發放標準是職工平均工資的60%，由於工資是各種扣除之後的所得，現在改爲平均總收入的60%。芬蘭國家財政建立有國家養老金，主要是補助那些低收入家庭。退休老人月領一千歐元。芬蘭養老金的投資運作是多樣化的，可以交由保險公司，也可以由企業自己設立養老基金，根據保險公司條例自己進行運作。企業的就業人數超過一千人，就可以自行成立養老基金，也可以幾個企業主聯合成立基金。儘速開辦國民年金保險制度，保障老人經濟生活，爲當務之急。目前提供老人經濟安全保障之制度，有社會救助、社會保險、社會津貼、退休保險給付等方式，不同制度間的衝突或不足，以致老人經濟安全出現漏洞，整合現行保險、救助、津貼模式的國民年金保險制度，實則需要儘速開辦執行，以保障老年生活之經濟安全。

(二)健康增進

由芬蘭社區健康中心居家照護護士到老人家裡訪視。這裡的社福政策認爲，維持人最大限度獨立自主生活到老是核心目標。配套措施就是把經費不要優先用來發現金討好選民，而是投資在促進獨立自主的基礎建設，而且確保執行品質。因此，對慢性病老人，不等人來醫院，就定時主動排列名單到府訪視做基本健康監測。芬蘭老人照護，主要是讓還健康的老人及早預防失智失能。把大量經費投資在預防，發展出一套嘉惠所有民衆的公共運動俱樂部制度，落實健康促進政策。芬蘭、日本和台灣均是人口快速老化的國家，但是用在老人健康維護經費的做法卻是十分不同。以芬蘭中部一個人口僅八萬人的大學城——佑華斯克拉（Jyväskylä）爲例，每年編列市政預算的2%（二億五千萬元）專用以推動老人運動保健，一年聘請十三位運動教練、四十位物理治療師及七十位按時計薪的休閒運動科系工讀生，幫助老人做適當的運動，使老人更健康，花在醫療上的經費自然減少，該地所標榜——「持續運動直到臨終前兩周才躺在床上」的措施，已被譽爲世界頂尖的公共政策之一。

(三)學習延伸

芬蘭是老人學習活動開發的發源地，已經超過四十年了。而老人靈性關懷的專業人才培訓，是老人照顧領域很重視的議題。這裡很看重運用老人的生命經驗，來設計人們年輕時的活動。過去外界對世界頂尖的芬蘭中小學教育比較有印象，其實他們老人教材也是非常精密嚴謹。芬蘭人很愛閱讀，甚至也考慮到對失智者的閱讀權利。

(四)生活擴展

多規劃此類積極性之福利服務，提供具有正向教育、休閒意義之活動與措施，鼓勵老人參與社會，並且落實各項老人教育與休閒育樂之福利服務，以充實老人的精神生活。讓老人能有較多機會參與到社會之中，避免老人受到某種形式的社會排擠，並且使老人能持續在社會中，保有社會角色。鼓勵老人擔任志願服務人員參與社會，貢獻其寶貴之經驗與智慧，傳承具有文化價值之技藝，並有效運用老人的人力資源。芬蘭正全面爲老人建造這樣的機會，要讓更多老人覺得，老年歲月，可以比想像的更有意義。例如芬蘭退伍軍人，也許不再強壯如昔，但找尋自己還可做的事，組成樂團，老人不只服務老朋友，也服務小朋友。

芬蘭地處北歐，三分之一國土位在北極圈內。但氣候苦寒，卻沒有讓芬蘭人低頭認輸。在國際經濟賽局中，芬蘭人讓「芬蘭模式」成爲全球社會的經濟新典範。但究竟是什麼秘方，讓一個最貧窮、最遙遠的國度，搖身一變成爲全球競爭力冠軍？芬蘭學者依卡．泰帕爾（Ilkka Taipale）強調是「社會創新，一種永遠保持開放的態度，學習新事務」。

三、法國經驗

法國受到人口結構的影響，面臨人口老化現象較其他歐洲國家爲早，因此提出「完全養老模式」。其特點爲：(1)增加用於老人的支出；(2)鼓勵開發利用老人人力資源；(3)鼓勵生育，減緩人口高齡化進程；(4)設法吸收外國年輕工人入境，彌補國內勞動力的不足；(5)建立和完善老人社會保障制度，爲老人提供方便的福

利設施。此外，對於低收入的老人，國家還給予福利費補貼，將一些老人福利設施設在社區，儘量使老人不脫離社會。老人照護政策強調社區經驗，社區的英文是community，字首co的意思就是共同、靠近、相近，是人人都需要的。照顧的英文字也是c開頭的，也有靠近的意思。社區是人們生活的地方，大家在此享受，也在此運動、休閒、交友，分享人與人之間的愛。早在有各種社區工作方法之前，人們已經參與社區、服務社區，也從社區獲得所需要的資源。

四、瑞典經驗

瑞典是北歐福利型模式的創始者，瑞典的福利型養老模式有六個原則：(1)普遍性的福利原則；(2)有一個強大的公共執行部門；(3)以國家稅收做為福利基金的來源；(4)公民和居民享受福利的權利受法律保護；(5)待遇人人平等；(6)有較高的社會津貼水平。瑞典的老人福利政策的目標，就是讓所有老人都有可靠的經濟收入、良好的住房條件和必要的社會服務，並有機會參加各種有意義的社會活動。正如CARE組織原本的意義是「團結起來，為了協助，也為了減輕人們的痛苦」（cooperative for assistance and relief everywhere）。「社區照顧」的工作，也是團結許多人，以具體的行動幫助有需要的人，而且是針對附近的人多些協助。「社區照顧」的精神和內涵包括：

C（creative communication）——創造性的溝通：專業服務人員針對他人的需求提供建設性的意見。

A（atmosphere）——良好的氣氛：使服務者在和善的環境中推動工作。

R（appreciation for all）——感謝所有參與服務的人：也感謝被服務者的配合。

E（empathy）——同理心：傾聽他人的心聲，以心來互動而不只以腦來討論。

結　語

由於人口老化（demographic ageing）、全球化（globalization processes），以及傳統家庭結構（traditional family structures）的劇烈變遷等因素的影響，現有的各種社會安全制度，勢將在未來長壽社會（long life society）中遭遇到更大的挑戰。針對老人生命權這基本需求，最簡單的處理是「國」與「家」各自負起責任。政府如果能運用公權力幫老人家處理「老本」，讓老人無須憂心經濟問題，而家庭這私領域的小單位則負起老友、老伴等感情爲基礎的責任。至於居住，則看老人身體、經濟狀況、子女工作等來安排。長期照護問題，確定癥結有二：一是，政府能否確實解決「安老需求」，無論是居家服務、安養、養護，都需穩定的政策；二是，人們觀念的改變，老人與子女都得面對「家庭功能已經式微」的現實，根本無法因應長期照護的工作，要某個人來負責，實在是奢望。「家有一老如有一寶」的時代早就過去了，除非政府先看重老人是寶，在乎每一位長輩昔日的貢獻，才能眞正使高齡者獲得必要的尊敬。而所謂高齡化社會的來臨係意味著高齡人口占總人口數的比例大幅增加，同時也代表著勞動人口扶養老年依賴人口的負擔更加沉重，其所造成的危機，除了醫療需求急遽增加之外，還包括平均餘命的不斷延長、新的生活方式與家庭關係的重組，以及工作與休閒時間均衡協調等問題。因此，對於傳統社會福利的功能而言，顯然目前的各種老年經濟安全保障政策與老人安、療養政策等，不僅已面臨了新的挑戰，同時也是必須進行改革的新契機。

問題與討論

一、一個老人從「完全健康、獨立」到「完全依賴他人照顧」，必須有一個完整的概念，這個「連續性照顧體系」可分為四大類，請說明其內涵。

二、請說明老人福利政策的重點。

三、請說明我國長期照顧制度具體內容。

四、請說明我國可資借鑑日本老人福利服務的經驗為何。

五、請說明我國可資借鑑芬蘭老人福利服務的經驗為何。

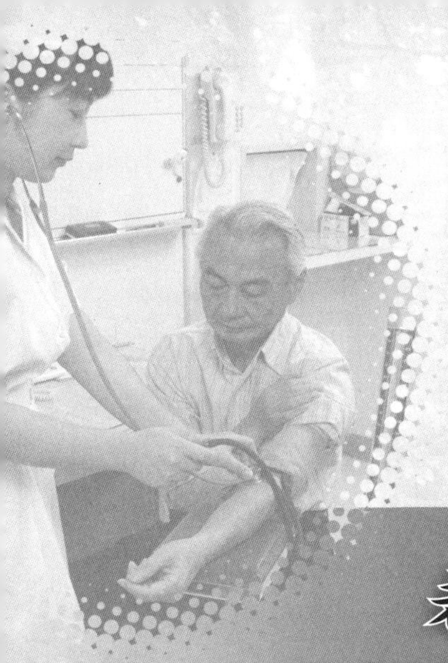

第九章

老人經濟生活保障

人口老化的浪潮，正席捲全球，隨著生活水準和醫療技術的進步，無論是已開發國家或開發中國家均面臨「高齡社會」——一個以高齡人口爲主要結構的人口老化社會的來臨。人口老化對社會的衝擊與影響是全面性的，包括政治、經濟、財政、文化、教育及家庭等均受到波及，如何回應挑戰，正是各國要面對的嚴肅課題。在老年學研究範圍內，老年與經濟所包括的研究範圍很廣，從人口增長、人口老化、法定退休年齡、退休問題、退休保障、社會保險、安養儲蓄、經濟來源、醫療開支、撫養比率、消費模式、居住安排、安老政策、到日常生活所需等等有關問題，都納入老年與經濟的研究範圍內。老人福利服務是老人政策的重心，自然包括老人經濟保障的議題。

第一節　老人經濟安全需求

由於人口老化，以及傳統家庭結構變遷的影響，現有的社會安全制度，勢將在未來長壽社會（long life society）中遭遇到更大的挑戰。因此，傳統社會安全制度的功能角色，必須進行改革，以資因應。同時，國民對其所得的分配規劃朝向多元選擇，其中具有儲蓄保障功能的可攜式退休金型態的設計，將成爲未來老人經濟保障制度中的主要選擇類型。

一、多層式保障模式

有鑑於多數工業化國家因人口結構的改變，人口老化的加速、衛生保健的改善、平均壽命的延長，以及少子化現象等諸因素的影響，導致全球性退休危機與年金財務的日趨惡化，促使老

人經濟保障體系的建構與勞工退休規劃的需求益形重要及急迫。世界銀行（The World Bank）於一九九四年提出一份「避免老年危機」（averting the old age crisis）的研究報告，提出多層式保障的建構模式，透過再分配（redistribution）、儲蓄（saving）或保險（insurance）等三個功能的發揮，來解決老人經濟的問題，避免因通貨膨脹、景氣蕭條，以及低投資報酬等風險所導致的所得損失，以達成老人經濟保障的目標。

世界銀行提出新的多層次「老人經濟保障模式」，這個新的模式具有兩大特色，即一是將被保障的適用對象從職業部門的勞工，擴大至社會大衆，以及非正式部門的勞工（informal sector workers）等均納入保障範圍。第二個特色是擴大至多層式的年金架構，以多元化的模式來補充所有年長者的老人經濟生活所需，其建構內容包含的保障模式如後：

(一)第一層或稱基層保障（zero or basic pillar）

這是一種「殘補性」的全民式補助（demogrant）或是社會年金（social pension）。國家基於「人性尊嚴」，負責提供人民維持基本生存的保障，在作爲上應達成維護國民基本生存條件的目標；即對於社會中的弱勢族群，提供必要的社會福利給付，以保障國民基本生存的維護，避免因社會風險，陷於無法生存的困境。這層模式建構主要係在有效保障終身貧窮者以及資源不足，或不適用任何法定年金制度的年老勞工。惟在一國國民所得提高與經濟穩定化後，這一層的保障範圍應該會愈來愈小。簡單而言，這一層就是一般所謂的非納費性社會救助制度，其目的在提供老人的最低生活保障。這是國家基於社會公平，因應社會經濟的變遷，克服國民生活貧富的差距，改善弱勢族群社會結構的障礙，促使國民均得以在公

平環境中競爭，以提供改善生活保障的基礎。

(二)第二層保障（the first pillar）

這是一種「強制性」的社會保險年金制度，亦屬最傳統的公共年金制度，由社會保險保險費做爲其主要的保險財源，依隨收隨付式的確定給付制度型態來運作，其主要特色係透過社會連帶責任的再分配功能發揮，藉世代間所得移轉作用來提供老年退休者最低生活水準的終身保障（a minimum level of longevity insurance）。

(三)第三層保障（the second pillar)

這是一種「任意性」的員工退休金制度。不論是職業年金（occupational）或個人年金（personal plans），其主要特色係採確定提撥制爲主的完全提存處理方式運作。惟制度實施一定期間後，提供終身年金（lifetime annuity）的方法。

(四)第四層保障（the third pillar）

這是一種「自願性」的個人商業保險儲蓄制度。這類年金制度是職業年金制度，採自願性的事前提存準備制度（prefunded pension plans）。採行的退休金給付型態均透過私部門的保險機構來承保，用以提供長期的保障。

(五)第五層保障（the forth pillar）

這是一種「倫理性」的家庭供養制度（family and inter-generational support for elderly）。這層保障係對無工作的家庭成員提供其晚年生活照顧。至於將這一層保障納入建構考量，主要係導入了開發中國家固有傳統社會的家庭重視孝道的倫理道德思想，以

及疾病相扶持的共濟觀念。蓋因有部分人的退休資源及其消費支出所需，並非來自正規制度的年金給付，亦有部分來自子女的供養、自有住宅、家庭間移轉或個人儲蓄等方面。

二、各國福利的重點

國家應基於「社會正義」，改善對社會結構中，因工作、性別、年齡、經濟而產生貧窮與富有之歧視與不公平。爲消弭社會結構歧異與衝突，國家應維護國民權利與義務的平衡、基本生存權利之保障，其作爲上對於社會結構中，社會地位、社會經濟需求供給明顯處於劣勢者，由國家直接提供各項福利服務，包括國民健康檢查、國民教育推展、志願工作服務，以改善弱勢族群生活；藉由節制私人經濟、推展社會活動，以保障弱勢族群免受排擠，保障其應有的社會地位及基本權利。人口老化爲個人、家庭和社會在經濟方面帶來巨大的衝擊，老人撫養比率愈大，社會所要付出的費用愈多，這是一個不爭的事實。不同的福利政策，造就不同老人生活保護。因此，各國不同傳統制度、不同養老政策，演變爲不同老人照護政策，但事實上，彼此並不相互排斥，僅其福利給付的重點發展有所不同。

(一)瑞典

在瑞典，政府除興建老人住宅外，並請社工員進行在宅服務，實施訪視、服務在家居住老人，以落實在地老化政策。由於採取「高稅收、高福利、高保障」，受雇者須負擔40%以上的各種稅收，以利推動各項福利服務。由於須有大量的專業服務人口，是以公共部門就業人口占全體就業人口35%以上，以至高比例的公共支出常有效率性的質疑，但該政策仍受瑞典國民的支持，其原因主要在於國民的「社會連帶感」，政府在透明的財政規劃下，利用賦稅所得再分配的過程，與民眾充分溝通，因此獲得國民的瞭解與支持，這也使得瑞典能夠遂行高福利政策的推展。

(二)英國

在英國，政府獎勵志願服務的組織和人員，以照顧在家居住老人。英國自二次世界大戰以來所建立的福利國家目標，向來以提供從搖籃到墳墓的照顧而馳名於世，各種不同的福利服務或給付交織成一張社會安全網（safety net），保障國民生活無虞、安居樂業。然而，在人口結構快速變遷的情形下，福利國家逐漸面臨危機，因此改革社會福利制度遂成為英國政府的重要課題。工黨自一九九七年執政以來，積極推動各項制度的改革，然而考量年金及退休政策的改革，加上不斷升高的賦稅和公共支出，已經造成英國廉價福利時代的結束（the end of welfare bargain)。未來福利國家將無法提供完整的福利措施，而個人也必須承擔部分責任，為其退休生活預先準備，以彌補國民保險年金給付之不足。有鑑於「高福利、高保障」，是需要「高稅收」以為支應，英國的福利政策思維，認為國家的責任不在整體國民生活福祉一定水準的維持與增進，而在於援助無法自立維持生存的弱勢族群，所以英國節制公共支出，運用私部門的力量，促進民間參與社會福利，透過稅收優惠措施，結合民間參與老人照顧，以利社會福利工作的推動。

(三)日本

受到傳統文化的影響，在日本照顧老人的負擔多落在家庭，與我國老人照顧情況相當類似；社會強調責任、義務、階層及團體認同，促使社會運用終身雇用制及職業福利制度，提供員工家庭生活安全保障，經由企業員工家庭生活的保障，達到老人在家庭中獲得完整照顧。近年因日本經濟衰退，終身雇用制度日益式微，過去企業提供老年家庭的照顧責任逐漸由社會保險制度所取代。使日本面臨老人經濟安全究係採「個人責任制——自力負擔社會風險與責任」的獨立自主老人生活，或「社會連帶制——強調義務，自助、互助共用」的安定老人生活，兩種截然不同政策的抉擇；在個人責任制中老人經濟安全的保障，僅限於最低限度的社會給付，給付條件嚴格但保費低廉，留給個人較大的生涯規劃空間，較少的經濟安全保障；社會連帶制則由周全社會安全網絡，滿足老人安全生活，但龐大的社會預算與高額保險費，壓縮個人自由支配的收支。不同社會安全政策，造就不同的老人經濟安全保障。

(四)德國

當德國十九世紀初推行養老保險體制時，法定的退休年齡是七十歲，而那時的平均壽命只有四十五歲。一九五六年德國政府進行養老金改革時，把退休年齡定爲六十五歲。這幾年，德國人的平均退休年齡實際上是六十歲，但平均壽命則已達到八十歲。在德國，退休保險體制所實行的「轉攤法」或所謂的「代際支援」，就是由目前正在工作的一代人籌錢養活上一代人，從工作人口繳納的退休保險金籌錢去支付已退休人員的退休金。按照理想，合理和有效的比例應該是每三個工作人口養活一個退休人員。而德國目前的人口狀況已發展到每一百個工作人口承擔四十四個退休者。按現在人口生育率和人口高齡化的進程，再過二十年，一百名工作人口就須養活七十八個退休者。到那時，想要依靠那些在職員工繳納保險金來保障退休者的基本生活，已愈來愈不可能了。德國聯邦統計局近年發布主要在柏林、漢堡、慕尼黑和科隆這四個百萬以上人口的城市進行的最新人口發展調查，預測了未來五十年的德國將面臨人口數量下降和嚴重的人口高齡化，帶來養老金短缺等一系列社會問題。現在每個德國家庭平均只有一．四個孩子，能擁有這樣一個家庭人口比例的統計，還要歸功於德國境內擁有三百萬土耳其人和眾多前南斯拉夫人等外國移民。德國要避免五十年後陷入全面危機，就要積極鼓勵生育或大量引進外國移民減速人口高齡化，或者對現行養老體制進行徹底改革。但增加外國移民也就意味著外國人搶占大量就業機會，這是目前擁有四百多萬失業人口的德國人難以接受的。因此德國政府首先打算從二〇一一年開始，把退休年齡提高到六十七歲；另一個措施是改革現行退休保險制度，擴大私人養老保險，具體做法是所有工作人口每年投保一個附加養老金，投保額逐年增加。同時，凡是投保附加養老金的人可從政府得到相應數額的補貼，政府還另外把已提高的生態稅收也加入補貼之中。不過，德國有關專家認為，這些措施都不足以對治危機。

(五)美國

美國本土也有他們自己的問題。美國目前的社會保障體系屬「現收現付」制的社保金制度。當納稅人工作時，雇主和員工各支付6.2%的社保稅，以支付退休時的退休金，以及做為社會提供保障其他人民的殘疾金、遺屬遺孤撫恤金。目前社保稅的支出情況是72%用於社保金，剩下用於儲蓄，但預計到二〇一八年，這部分稅收已不足以支付社保金。美政府為了解決問題，已多次調整職工退休年齡；二〇〇四年之前的規定已經是六十五歲四個月，以後每年延長兩個月，直延到六十七歲為止。美國政府鼓勵人們儘可能延長工作年限，如果職工到了退休年歲還想繼續，可以邊領取退休金邊

工作，或不領取退休金而工作到七十歲；在這種情況下，每多工作一年，正式退休時可以領取比正常退休高出約7%的退休金。儘管美國採取了很多措施鼓勵人們多工作，不過，還是有很多一九六〇年代嬰兒潮出生的人苦惱，他們現在是因爲即將退休而面臨破產。

(六)大陸

在大陸爲對應老年人口的快速增加，曾於二〇〇〇年公布「養老保險基金測算與管理」，建議「應儘快確定推遲退休年齡方案」，以解決人口高齡化帶來養老金支付危機，以因應目前六十歲以上的人口占總人口的比重已超過10%，開始步入高齡化社會的挑戰。從城鎮的養老保險計劃來看，現在的比例是三個在職人養一個退休人。這個高齡化的過程還在持續，有鑑於世界上「大多數國家都選擇了提高退休年齡的做法」，爲此，建議將原本六十歲左右的法定退休年齡，逐漸推遲到六十五歲或六十七歲。同時，參酌美國聯合戰略與國際問題研究中心二〇〇四年四月出版的《中國養老政策的人口和經濟分析》的報告，闡述了大陸未來的人口轉型和經濟、社會發展的潛在問題，將大陸高齡化負面效應歸納爲三點：首先，工作人口會因高齡化問題而下降，到二十一世紀中葉，大陸將失去18%至35%的工作人口；其次，大陸老年人口的增長速度會加快，兒童對老人的比例將從三十五年前的6：1，扭轉爲今後再過三十五年後的1：2。最後，高齡保障體系不完善，四分之三的工人根本沒有正式退休金。如果大陸不充分準備在這方面改革，那麼未來在本世紀後半葉將面臨民生挑戰，成百上千萬老人和他們的家庭將會面對貧困交逼的苦難（鄭秉文，2008）。

(七)韓國

在韓國，企業的規模及產業不同，退休年齡規定也各有不同。目前企業所採行的退休年齡平均為五十六．七歲。韓國勞工部二〇〇四年聲明，到二〇一九年時，六十五歲以上的韓國人將由於生育率下降及壽命延長，占總人口的14.4%，遠高於二〇〇三年底的8.3%；韓國政府在二〇〇八年將大型及中型企業的法定退休年齡定為六十歲，強制三百名員工以上的企業實行六十歲退休，以應付逐漸老化的人口結構。促使多數人保有其工作更長一段時間，以利舒緩老人安養的經濟壓力。

(八)拉丁美洲

二〇〇三年六月二十日在智利首都聖地牙哥召開的「拉美和加勒比高齡化問題地區會議」中強調：拉丁美洲和加勒比地區年齡超過六十歲的人口共有四千五百萬，其中44%的人生活在貧困線以下，貧困線以下的人中又有四分之一處於極度貧困狀態。在部分國家，70%以上老人為貧困人口。這一區域六十歲以上的老人，每三個人中只有一人能領取固定退休金或養老保險，其中大部分為老年婦女。然而，在「聖地牙哥宣言」中指出，多數拉美和加勒比國家的政府對制訂推動保護老人的法規缺乏關心，導致本地區愈來愈多的老人受到歧視、虐待和遺棄。

在現時世界各國，不論政策、法制面如何變革，面對政府財政負擔及老年人口急遽增加現象，在福利政策逐漸採行：「縮減公共支出增加的幅度」、「公共服務的收費增加」、「給付的條件從嚴審核」、「公共服務業朝向結合民營化」、「政府是福利的生產者（producer）而不是提供者（provider），並朝向福利混合經濟的方向發展」、「增加受助者的資產調查」等具體措施。避免福利給付僅是消極性的消費，而非爲積極性促進產業發展作用，藉由福利支出，創造福利產業發展。是以，福利政策必須兼顧政府財政負擔、經濟制度、風俗民情等因素，而有不同的規劃。

第二節　老人生活的財源

長壽社會的挑戰是多元的，質言之，所謂長壽社會的來臨係意味著老年人口占總人口數的比例大幅增加，同時也代表著勞動人口扶養老年依賴人口的負擔更加沉重，其所造成的危機，除了醫療需求急遽增加之外，還包括平均餘命的不斷延長、新的生活方式與家庭關係的重組，以及工作與休閒時間均衡協調等問題。回顧二十世紀的歷程，我們可以看到人類在壽命上（longevity）的一大貢獻，認爲壽命的延長是人類的最大勝利；但是這種人口老化現象（population ageing）卻是未來社會中的最大挑戰與主要風險。事實上，老化現象的確挑戰了現有社會安全制度的內涵與作爲。

從人口的變遷過程上觀察，在二十一世紀中期，老人與年輕人階層將各占全球人口的半數。據估計，到二○五○年時，五個人中就有一個人是六十歲以上者，到二一五○年時，則變成三個人中就有一個六十歲以上的老人。老化現象不論是在已開發國家或開發中國家，都是一個很大的爭議課題。時至今日，大多數的老年人口都生活在開發中國家裡，到二○三○年時，其比例將超過70%，其中有半數的老人都在亞洲地區。

惟人口老化對已開發國家與開發中國家的挑戰方式卻各有所不同，前者將面臨老化、失業與年金制度所導致的永續性挑戰，而後者則面臨經濟持續發展、對抗貧窮與人口老化等挑戰。然而已開發國家的國民在變成老人之前，已有相當的財富，但開發中國家卻在增加財富之前將屆齡老年。二者面臨挑戰的情形各有不同。尤其開發中國家的人口老化速度在二〇〇〇年至二〇五〇年間較已開發國家為迅速，其老年依賴比在多數已開發地區成倍數的增加，而開發中地區則呈三倍的成長。這種差異性促使各國政府須採行不同的決策模式，以因應其所面臨老化衝擊的挑戰。

《禮運·大同篇》中有言：「老有所終，壯有所用，幼有所長，鰥寡孤獨廢疾者，皆有所養。」是我國傳統經濟安全的思想。財產的多寡關係著一個人的生活品質、家庭環境、社會地位，理財專家習慣建議年輕工作人口，為保持老年生活品質，應及早規劃退休、養老金。

老人經濟來源有：工作周期的移轉、家族內的移轉、社會安全保障等三大支柱。此三大項維持老人尊嚴生活，穩定社會發展，保障老年生活。社會安全制度係為鼓勵年輕工作人口對未來老年保障做必要規劃，建議工作人口準備、累積老年財產，規劃未來老年生活的概念。同時強調老人生活需求，絕非完全取決於物質與金錢，尚需親情的關懷與呵護，完全以金錢決定老年生活品質，是對老年生活的誤解，老年生活財源提供，絕非僅止於個人責任，尚有家族扶養與社會安全的保障；再者個人養老的財產準備，不應僅限於現金，尚包括必要的福利服務；老年生活的保障，應以老人「人性尊嚴」為中心。同時，老人經濟安全不宜完全以租稅與保險為給付，否則易衍生之風險有「國民對政府福利給付的過度依賴，導致自我責任淡化」、「國民對政府福利給付的依賴增加，阻礙政府財政的健全運作」、「個人責任感的減退，導致社會資源的濫用與浪費」、「老人安養完全視為社會保險責任，將導致家庭功能失衡，老人尊嚴蕩然」。國家僅提供老人基本生活的保障，家族負責提供老人舒適安定的生活；老人欲享有繁榮、優渥生活，則須依年輕工作時期的累積，始符合「社會族群的平衡」及「機會均等的促進」、「滿足基本生存所需」、「自我責任的生活」，如此，才能達到老人經濟權保障的宗旨。

第三節　老人的生活保障

老人的生活安全保障依保障型態，可分「溫飽型」、「安定型」、「優質型」三種。「溫飽型」，其給付來源為老年津貼、老年社會救助、國民年金，此保障型態旨在滿足老人生活的基本需求。「安定型」，其給付來源主要是來自軍公教退撫保險給付或農、勞保的退休老年給付等社會保險，其給付旨在滿足老人安定生活的基本保障。「優質型」，其給付來源主要是來自個人理財，如儲蓄、商業保險、信託基金等，其給付以使老人生活享有與退休前同等的保障。

依目前台灣地區的經濟成長與財政負擔，基本生活的保障可能無法完全滿足老人生活需求，尤其對非工作人口之家庭照顧者，無社會保險給付，單依每月敬老生活津貼或社會救助，不易維持基本生活所需；「安定型」，其退休給付、老年給付等社會保險，因政府財政負擔、經濟政策之變動、基金不當管理所造成嚴重虧損，仍有極大風險。工作人口惟有預先以穩定收益又兼顧風險的完善理財計劃，始得享有優質老人生活。老人生活保障所得來源，可分類如後：

一、工作周期的移轉

年輕時的工作所得累積資產，及投資理財規劃之盈餘，運用於老年生活，是屬工作周期的移轉。理想的退休生活費所需，依據世界銀行或國際勞工組織多建議爲退休前月薪的60%爲適當。其方案則是於工作時便有遞延薪資的觀念，仿照新加坡的強制公積金方式，以利退休後的餘年生活。

二、家族內的移轉

傳統老人經濟安全的保障，依賴家族內世代間之所得移轉，此種去商品化的給付，屬於集體分擔風險的方式，建立於農業社會家族共同生產，分擔養老風險。傳統大家庭社會對父母、尊親的孝敬，基於社會規範與倫理傳統，將子女奉養父母、孝敬尊親視爲天經地義。然而，台灣地區家庭結構趨向核心化、多元化，隨著家庭生活結構的變遷，傳統家族支援功能已逐漸喪失，家庭趨向孤立，承擔風險能力隨之降低，老人愈來愈難從家族扶養，獲得完整照護。老人的安養、照護，需國家提供完整的照護體系，始得適應現代化環境。

三、社會安全保障

「社會安全」是指「社會成員因遭受疾病、生育、職災、失業、殘廢、老年及死亡等社會風險，以至發生所得中斷或減少，於個人或家庭發生經濟困境，所採取公共措施、醫療給付、家庭津貼」。社會安全是「透過國家社會的集體力量所建立社會防護體系，以保障國民經濟安全爲目的，預防、解決因生、老、病、死、傷、殘、失業、職業災害等社會事故所造成非個人、家庭所得承擔的危險，提供公共性支助」。就此，社會安全實施時可分爲社會保險、社會救助、社會津貼、其他福利給付四大類型：

(一)社會保險機制

有鑑於人口老化的加速、衛生保健的改善、平均壽命的延長，以及少子化現象等諸因素的影響，導致全球性退休危機與年金財務的日趨惡化，促使老人經濟保障體系建構的急迫性。社會保險係考量人類社會是一個互助的社會，主要方式有互助組織（含商業保險）、社會救助與社會保險三種型態，社會救助與社會保險二者共同組合成社會福利，是政府積極介入的項目，以達成老人經濟保障的目標。社會保險建立的目的是取代社會救助，將事後的救濟轉變爲事前的預防，其內容不僅包括弱勢成員，也含括全體民衆。

(二)社會救助機制

在自由競爭的社會中，固然有利於激起勞動意念，然而也帶來貧窮，貧窮是一種財產資源的缺少，貧窮的問題同時存在於窮困的未開發國家及富裕已開發的工業國家；爲因應貧窮流弊，社會救助成爲多數國家對應之道，社會救助係以國家和社會集體的力量，以提供維護人民基本生活水準的任務。目的在維持國民最低生活水準的基本需求，屬於單方救助行爲，通常接受救助者，須具備一定資格的條件限制，資格的審查透過財產調查或所得調查篩選，救助金額依受救濟者之各別需求而做決定。社會救助之給付內容有：生活扶助、醫療補助、急難救助、災害救助、其他救助。社會救助以濟貧爲出發，以脫貧爲目的，因應不同貧困原因，而爲不同脫貧計劃與救助，例如推展福利社區化，以因應老人社會救助機制的建構。

(三)社會津貼機制

社會津貼是受益人無須支付經費，但是國家每月或定時、或發生重大意外事件時，發給的現金，基本上是社會提供的財貨。社會津貼有「普及性津貼」與「結構性津貼」兩種，「普及性津貼」是緣於社會的公民權，其津貼給付無需財產調查，國民接受程度高，但須以高額稅負支應，容易產生財政過度負擔，普及式津貼因給付支出負擔極重，較少國家採用。「結構型的津貼」，源於「資源合理分配」及「社會機會均等」的考量；因應社會結構所造成特定弱勢族群生活的保障，須額外的照顧始得維持基本生活，基於公平正義給予津貼協助，以彌補先天性或結構性的差異，例如老人年金。

(四)其他福利提供

老人經濟安全，除上列已完整歸類的社會保險、社會救助、社會津貼，尚有以福利服務、賠償、補償、撫恤爲規範，或以特定對象爲資源提供，落實社會自助、互助的社會連帶責任爲概念，例如老人送餐服務。

第四節　老人經濟安全保障

老人的生活支柱，有老本、老伴、老友等三項。目前，我國老人社會安全是以社會保險、社會救助、社會津貼及其他福利服務，以提供老人基本生活之安全保障。老本不只是退休金與財富的累積，還泛指各種支援的取得，包括身體與起居的照顧，心理的支

持與尊重，老人經濟安全保障，而應由家庭、個人自給自足爲始點，發揮社區照顧與守望相助的機能，藉由個人、家庭、社會、國家整體提供安全服務網，以期解決老人經濟及生活需求。

一、給予保障

依據世界銀行的研究報告（1994）中的建議認爲，各國政府可透過多層保障的年金制度來解決老年危機問題，意即藉由第一層保障的強制性社會安全制度（mandatory publicly managed pillar），包括社會保險、社會救助或社會津貼等方式辦理；第二層保障的任意性員工退休金制度（mandatory privately managed pillar），以及第三層保障的自願性商業保險儲蓄制度（voluntary saving pillar）等三大支柱，來解決老人的經濟風險，用以保障老人經濟安全。概言之，以上多層式的保障制度，若依其預期的目標區分，第一層保障的公共年金主要係著重於社會財富的再分配功能爲他助型保障；至於第二層保障的職業年金的互助型保障，與第三層保障的個人保險儲蓄制度的自助型保障，兩者均強調儲蓄或保險的功能。惟三種層次的保障制度均具有共同保險的功能，尤其對於不確定的風險領域更屬最佳的運用方式。另就責任歸屬上言，第一層保障所強調的是政府的責任，而第二層強調企業雇主或個人的責任，及第三層則強調個人的責任。

換言之，對於勞工未來的老年生活所需，政府的責任只提供最低的基本生活保障，至於較高的消費水準或者維持過去一定的生活水準，則著重於個人的責任範疇。其次，就型態（form）上言，第一層的公共年金大致有三種可能的型態，一爲政府透過資產調查（means-tested）方式，提供貧窮者的社會救助，另一種爲提供最低年金保證（minimum pension guarantee）的法定儲蓄

制度，第三種方式爲提供普遍性或特定職業取向（employment-related）的定額給付（flat benefit）。第二層的法定私人年金包括了個人儲蓄帳戶制度（personal saving accounts）與企業退休金制度（occupational plans）。至於第三層的個人商業保險年金，可透過購買商業儲蓄保險或自行儲蓄等方式，以提高未來老年生活的適當保障。在世界銀行的規劃中，這多層保障的財源及其處理方式，亦有所不同。首先是第一層的公共年金，大部分係透過強制性的稅收移轉方式進行所得的再分配，以保障貧窮老人的最低生活水準；或者透過強制性的社會保險方式，採隨收隨付式（pay-as-you-go）的確定給付制（defined benefit），提供最低的年金保障。而第二層的私人年金與第三層的個人商業保險，則強調完全提存（fully funded）的財務處理，並以確定提撥制（defined contribution）爲主導的退休金給付型態。

二、福利服務

老人經濟的來源，諸多以金錢爲供給，但福利服務並非以現金爲限，尤其老人福利法中有關老人經濟生活的保障、未受收容安置之中低收入老人津貼之發給、居家服務的提供、喪葬費用之負擔、健檢之舉辦，對無資力負擔未涵蓋醫療費用的補助、搭乘交通工具的優待、參與社會服務之協助、社教活動之鼓勵參與、短期保護與安置、無人扶養之適當安置等，均屬老人經濟安全保障的供給。目前實施普及社會安全措施的福利國家，爲維持老人福利給付，避免財政負擔危及經濟安全，已大量減少現金給付的福利，藉擴大安養服務給付，將經濟安全保險與政府勞動政策相結合。同時，藉由福利服務產業化，促進政府與民間機構合作提供老人福利服務，以減輕政府財政負擔，提高老人福利服務。

我國老人經濟安全政策，多以現金給付爲首要，採取津貼、補助的臨時性措施，做爲老人社會安全的保障。考量先進諸國逐步縮減現金的公共支出，擴大提供公共照顧服務的發展方向，顯然於福利保障上仍有許多借鑑和改善的空間。老人社會安全制度有賴建立專業政策，始可達成累積資本、穩定財政、發展經濟、落實社會公平正義的功效。照護老人的養老措施，絕非給錢了事，而需關懷與尊嚴，台灣地區老人社會安全機制的建立，應由健全老人財產權保障爲出發，以自助、互助、他助的社會保險爲核心，減少不符社會公平、正義的措施，脫離純屬消費性津貼給付，建立合理分配社會資源，均等福利給付，結合民間資源運用福利服務產業化，以完整保障老人尊嚴生活。

顯然，長壽社會所引起社會、經濟及政治上的挑戰，勢必得在其社會與經濟結構上調整因應人口老化問題，方克有濟。因此，各國政府必須提供適當的老人經濟保障，使其國民不僅活得久也活得健康，同時能確保更長的社會及經濟持續力，以滿足老人的需要。職是之故，強制性社會安全制度仍在未來長壽社會中扮演著基本經濟保障的主要角色。不可否認地，在各種對策中，社會安全將更能發揮所得再分配的功能機制，俾使在一個包容社會裡能確保一個美好的生活。

結　語

福利國家政府施政與人民權利之保護，爲維護國民基本生活需求，國家應實行社會安全政策；爲保障弱勢基本權益，國家應實行社會救助，社會津貼；爲實踐社會正義，故經濟安全以社會保險爲核心，運用社會連帶責任以承擔社會風險。老人與經濟是一個大課題，所涉及的研究範圍相當廣。從整體人口數目、人口老化，到老人社會保障等各式各樣的問題，均包括在內。社會福利的演進是由私人的慈善互助，逐漸轉變爲政府的福利制度；由恩惠的給付，演變爲基本權利的保障。滿足老年生活基本需求，係政府的責任，在「資源有限，需求無窮」的情況下，政府的福利給付必須藉由租稅、保險費、特別課稅之收取編爲預算，後再爲福利給付，其過程均影響國民所得及政府資源的發展，過度的福利給付將減損家庭功能，增加國家負擔。隨著高齡化社會的趨勢，老人經濟安全保障，宜以強化自我責任，國家照顧列爲基石，當老人無法維持基本生活時，國家的福利給付方適時提供基本保障，相輔相成以爲縝密社會福利體系，以此落實老人福利的社會保障。

現在的青壯工作人口在未來必將步入退休年齡，進入老人行列；在世代交替中，「莫笑他人老，終須還到老；但能依本分，終身無煩惱。」老人經濟安全，是社會大眾共同重視的現象；老人福利亦非僅止於現金給付，而是眞心的關懷，眞實的尊嚴生活。現在的工作人口也是未來的老人，宜自助人助，相互協助，爲自己未雨綢繆，共同完成老人經濟安全的建構。

問題與討論

一、請說明世界銀行為解決老人所得保障問題，提出所謂多層式保障的內涵。

二、請說明老人經濟的主要來源。

三、老人的生活安全保障依型態可分「溫飽型」、「安定型」、「優質型」三種，請說明其內涵。

四、請說明老人生活保障所得來源。

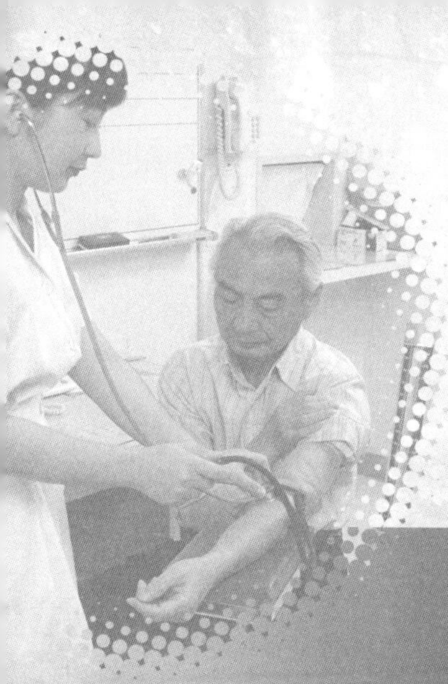

第十章

高齡人口教育

對人類社會而言，老人人口的比率是衡量一個國家或社會發展的指標之一，人口結構的老化是社會發展成就，亦是另一種挑戰。國內人口結構已呈現高齡少子女化現象，無疑會帶給社會在經濟、醫療及家庭上極大的衝擊，如財政負擔加重、經濟成長下降、消費行為改變及家庭結構窄化等。為了因應這些無可避免的衝擊，學者們提出相關的對策，包括延後退休、鼓勵生育、加強老人健康照顧、加強老人休閒活動、促進老人社會參與及學習等措施。

在這些相關的對策中，我們更重視以教育的方式使國人準備好面對社會高齡化的嚴峻挑戰，是為老人教育的主要目的。而想要達到此一目的，終身教育的配合推動更具重要關鍵，因為隨著全球化時代的來臨，終身學習已成為現代人民生活重要的一環。終身學習除了重視社會中每一分子的教育平等權的實現之外，也重視公民社會中公民素養的培養，社會生態責任的實現。為了因應我國即將邁入高齡社會這股無可避免的趨勢，基於社會關懷和全面發展，宜讓老人瞭解他們同樣具有參與學習的權利和需要，激發老人參與學習活動，以協助老年國民成功及健康老化。

第一節　高齡人口教育的意義

知識社會已成為今日社會的發展型態，教育所扮演的角色正如同學者所言：「經濟決定今日社會的發展，科技影響明日社會的進步，教育引導未來社會的興衰。」現代人不僅因為工作的需求有隨時隨地學習的需要，為適應現在的生活，也必須隨時勤加學習。工作生涯所需的新智能，如果能透過正規的學校學習固然很好，但因受限於受教的機會及個人的時間，很多時候必須藉由非正規或非正式的教育機會來達成。非正規的學習機會是由民間或由工作的場

所自行提供，例如社區大學、企業內的職業訓練等；至於非正式訓練指的是非正式安排而可以學習的機會，例如自行閱讀，上網學習、工作崗位的學習等。不管是非正規或非正式學習，由於不是經由專業的教育機構安排，個人學習的技巧就特別重要。

老人教育的施行揭示四大願景為：終身學習、健康快樂、自主尊嚴、社會參與。其最重要的施行意義在於：第一、終身學習：保障老人學習權益，提升老人生理及心理健康，促進成功老化。第二、健康快樂：提升老人退休後家庭生活及社會的調適能力，並減少老化速度。第三、自主尊嚴：提供老人再教育及再社會參與的機會，降低老人被社會排斥與隔離的處境。第四、社會參與：建立一個對老人親善及無年齡歧視的社會環境。因此，老人教育之施行應透過社教網絡及家庭網絡全面推動。同時透過教育資源的整合，配合研發專業教材與教案，以推動老人教育。人口結構高齡化，是我們社會無可避免的趨勢。冀望藉由確保老人教育權的落實，並促使高齡者成功適應老化，讓社會大眾瞭解老化的正面意義，建構一個對老人親善的生活環境及無年齡歧視、世代之間和樂共處的融合社會。

近年來國際組織與先進國家為因應高齡社會的來臨，相繼將老人教育政策列為國家發展的重點策略之一，對老人教育投入許多心力與資源。聯合國於一九七四年所進行的老年問題因應會議，建議重視老人的差異性，採取不同的教育方式，同時建議所有國家應制訂提高老人生活品質的國家政策。英國於一九八一年成立「老人教育權力論壇」，持續推動並促進英國老人教育的發展。日本則在一九九五年頒布「高齡社會基本法」，重視有關老人的相關措施，老人教育成為整體長壽社會對策的重要一環；一九九〇年歐盟執委會也明確指出，老人教育與學習是促進歐洲統合的一項前提，在歐洲需要發展與保障老人的繼續教育型態事宜。聯合國亦於一九九一年通過「聯合國老人綱領」，並發表「老化宣言」。一九九六年國際老人會議重提「老人人權宣言」，可見國際上對老人問題的重視。因應這股高齡化的國際潮流，聯合國將一九九九年訂爲「國際老人年」，希望各國同心協力共同創造一個「不分年齡、人人共享的社會」；在各項統合性計畫中，加強老人教育即爲其重點工作之一，主要強調的是：第一、知識和互動的群體學習產生的鼓勵作用，可以幫助老人擁有更好的身心訓練、更好的營養和健康的生活風格。第二、教育以及繼續社會化的過程，支持與幫助每個人對自己的角色變化（如：退休和寡居）做出準備，也能確保老人在轉變中增進福祉。

第二節　高齡者教育的必要性

終身學習的世代已經來臨了，生活在這樣世代的人，隨時要學習、處處要學習，學習不再是學生的專利，是每個人無可避免的責任。因此，學習的技巧比學習的內容更重要，學習如何學習（learn how to learn）是現代人必備的技能。爲適應學習型社會的需求，一個結合家庭教育、學校教育、社會教育的終身學習的理念和需求因應而起。過去在規劃終身教育體制時，大都以一個人一生成長的過程做爲規劃的主軸，然而全方位的終身教育體制除重視一個人一生發展的歷程外，更重視家庭、學校、社會教育的結合。各國在因應高齡社會來臨之際，其重要的對策之一就是學習的提供，例如日本二〇〇一年訂頒的「高齡社會對策大綱」的五大對策中，就包括了「學習及社會參與」一項，可見老人教育在高齡社會中的重要。

以下就高齡社會中，以老人爲主體，針對老人的個體發展、

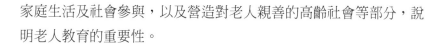

家庭生活及社會參與，以及營造對老人親善的高齡社會等部分，說明老人教育的重要性。

一、以個體而言，增進身心發展

過去農業社會無所謂的退休，而且社會變動不大，所以老人的生活經驗仍然可充分地適用。但是在當代工商業社會快速變動之下，老人的經驗不能符應社會的變遷，因而老人退休後，仍然要再學習。人口的老化帶來社會的衝擊，其影響是整體的，身爲老人，本身若要因應高齡社會的改變，就必須透過教育與學習的管道。

(一)退休前學習

退休是充滿了自由，退休初期個體將因充分的自在而高興不已，但隨著時間流逝，個體將會失去生活重心而困擾不已。因此退休前教育實施的最重要目的，就是要協助退休者預先建立好退休後的生活架構。

(二)退休後學習

老年期發展任務的重點，包括：(1)適應退休與收入的減少；(2)適應健康和體力的衰退；(3)與自己的年齡群建立親近的關係；(4)適應配偶的死亡；(5)負起社會和公民的責任；(6)建立滿意的生活安排，考慮自己的經濟和家庭狀況，重新安排居住環境。這些都是退休後必須立即適應與學習的重要課題。

(三)參與式學習

個人在老年期如何做好身心的保健，是老年生涯中最重要、也是最根本的一項。對於老人的照顧，不能僅思考身體的層面，更應該兼顧到心理的層面，因爲心理若是不健康，則身體的保健亦將是枉然。促進老人的心理健康，可透過鼓勵老人更多的社會參與，或是直接增權賦能（empower）給老人。

(四)全生涯學習

個體的生存大都在於生命的意義、智慧和靈性等三種不同層次的追求，老人在生活中有著許多經歷，因而較能夠進入智慧的層次。因此，老人教育工作者應該要設計良好的方案，以便讓老人充分發展其智慧。靈性的追求是最高的層次，因爲當個體漸老而喪失身體的某些功能，和失去所愛的人時，便需要內在心理的昇華，沉思其生命的意義，進而超越身體的有限性，達到心理靈性的充實。

(五)終生的學習

這時期的學習有三種狀況，首先是針對僅身體缺陷而心理健全的老人而言，可透過到府學習、遠距學習，和生活史與回憶學習的方式來進行。其次，對認知有缺陷與癡呆的老人，則須有教育的介入，以減緩老人認知衰退的速度，其中儘量維持老人的人際互動是十分重要的。最後，即是臨終的關懷，讓老人有尊嚴地度過人生的最後一個階段是重要的，因而死亡教育的推行有其必要性。

二、以社區而言，拓展社會參與

豐富的社會支持網絡及良好的人際關係，對延長壽命及生活品質有很密切的關聯，它不僅提供情感上的支持，也可建立老人的自信心與價值感，讓心靈保持活躍狀態，在社會上扮演更積極有意

義的角色。老人仍然可以對社會有所貢獻，並從中獲得成就感，因而應多鼓勵長者參與和學習新的工作角色。老人可以有四種新的工作角色：

(一)持續工作

老人可以再就業，使自己感到有存在的價值，生活有重心，因而促進身心的健康。有些工作可以由老人來做，其工作效率可能比年輕人更好。少子女化的現象使生產力減少，影響經濟發展，如能開發老人的人力，應該是最立即、直接而有效的方法。老人再投入勞動市場，應充實再工作或再就業所需要的新知能，才能順利在職場上再發揮所長。

(二)良師益友

老人可在社會的各階段擔任其新進者的良師益友，將其經驗傳遞給年輕人。透過世代間的經驗交流與傳承，可促進世代間的瞭解與相融。

(三)志工參與

依據先進國家老人的生活經驗，很多老人均願意投入志工的行列，為社會善盡其個人的力量，發揮餘光餘熱。但志工的投入，需要予以觀念的引導，以及志工知能的培養。

(四)投入研究

有些老人在以往的工作崗位上各有專長，有很多是各行各業的專家，甚至有很多就是教師，如於退休後繼續深入研究本學科和學習本科以外的知識技能，做一個眞正的終身學習者，對於學習社會的發展必有所助益。

三、以社會而言，開創高齡學習

我們社會一向崇尙「敬老尊賢」的觀念，每年農曆九月九日訂爲「敬老重陽節」，是一般歐美國家所沒有的節日，但在工商業發達的今天，社會大衆對「敬老尊賢」的觀念已逐漸淡薄，一般人大都只注意到老化的負面，將老人視爲不事生產的社會負擔，忽視其正面的價值。早在一九七五年美國就有「年齡歧視」的概念，認爲年齡歧視和種族與性別歧視一樣，是屬於對某一群體的偏見，而且歧視得沒有道理。「老化」主要並不是一種生理過程，而是一種社會過程或文化過程。要改變大部分人的想法，掃除迷思，替代以有科學根據的論斷，並非易事，因爲必須先把過去深植人心的想法連根拔起，就像學習新的事物，必須先拋棄過往陳舊、甚至根深柢固的東西。因此，必須從小培養對老化的正確觀念，透過正規教育與社會教育，摒除對老人的年齡歧視，重新喚起全民「敬老尊賢」的觀念，提倡代間瞭解，促進不同世代的人相互溝通與交融，營造對老人親善的普世價值。

第三節　老人教育發展的借鑑

二○○二年世界衛生組織提出「活躍老化」（active ageing）觀念，成爲各國際組織對於老年健康政策擬定的主要參考架構。讓退休者繼續在各領域貢獻，是處理老年社會的一個方案，也能提升老人的尊嚴與價值。爲了使老化成爲正面的經驗，長壽必須具備持續的健康、參與和安全的機會，因此活躍老化的定義即為：使健康、參與和安全達到最適化機會的過程，以便促進民眾老年時的生活品質。此一主張正呼應世衛組織對健康的定義：身體、心理、社會三面向的安寧美好狀態。因此，政策或計劃促進心理健康和社會連結，是與促進身體健康同等重要，並且使老人維持自主與獨立，乃是政策目標之一。完善的社會安全福利措施協助老人建立無虞的生活環境；然而，只有多樣的學習與教育活動，才能眞正滿足老人身、心、靈的需求。為了確保老人教育權的落實，促使高齡者成功適應老化，也讓社會大眾瞭解老化的正面價值，老人教育政策必須兼顧社會文化及老人角色轉變的雙重需求，讓台灣社會整體均能順利邁向高齡社會的發展。

先進國家如英國、美國及日本等，為因應高齡化的社會，政府已將老人教育納入國家政策，以下簡要說明其老人教育政策之特色。

一、英國的老人教育政策

英國在一九八三年老人教育權利論壇所發表的「老人教育論壇宣言」，是促使老人教育發展更為普遍的關鍵。另有「老人教育憲章」及「老人教育工作手冊」，揭示老人教育工作之執行方針，以配合全國性發展的老人教育，提供全國性機構及地方性質的機構與組織，促使老人教育政策得以落實執行，因此，英國的老人教育政策主要是以聲明和宣言的方式呈現。英國老人教育政策的重要特色包括：彈性靈活、對學習資源不利及弱勢族群的特別重視，如獨居者、偏遠者，或退休前後的學習資源之提供等，同時重視老人人力資源的再開發與運用，以及落實教育平權的觀念。

二、美國的老人教育政策

美國早在一九七〇年代初即已邁入高齡化社會，隨著高齡社會的來臨，政府對老人教育與福利益趨重視。由於美國是聯邦制國家，採行地方分權制度，並沒有統一的老人教育政策，呈現多元發展的狀況。聯邦的老人教育政策自一九六一年開始，每隔十年左右，即舉辦全國性老人會議，共同探討老人教育相關問題，對美國的老人教育政策產生引導作用。美國老人政策的特色為：維持收入、健康與長期照顧、法定的保障、社會服務等四類。老人教育政策則包含在社會服務項下，以免除老人學費政策最重要。此外，在每一州皆設置有關老人業務辦公室，綜理老人的相關事務，獲得極高的評價。美國的老人教育政策特色，包括多元化、依法行政保障老人教育權，諸如成人教育法、禁止歧視老人法、老人教育法等，以及訂定如職業教育法、綜合就業訓練法等，提高老人人力開發與運用。借鑑美國推動第三學齡人口教育，老人寄宿所以美國的規模最大，也是國際上參與人數最多的老人學習型態，不僅美國五十個州都設有老人寄宿所學習組織，全球有九十個以上的國家加入，每年註冊的學生人數超過十六萬人。

三、日本的老人教育政策

日本老人教育政策係以立法為主軸，並做為推動政策的依據。一九九五年制定「老齡社會對策基本法」，讓國民能安心度過老年期的生活並享受高齡社會。一九九六年公布「老齡社會對策大綱」，該大綱係依據老齡社會對策基本法而訂。旨在承繼長壽社會對策大綱的精神，以創造高齡者的生命意義做為支柱。由於二○○○年時，日本老年人口達到世界最高水準，因而政府重修一九九六年的老齡社會對策大綱，並提出推動高齡社會政策的基本態度，包括重新評估對老人的刻板印象、重視預防與準備措施、促進社區活動的發展、重視兩性的觀點、鼓勵應用科技在醫療、福利及提供資訊等五項。日本高齡者教育的施行，係由福利行政部門、教育行政部門、高等教育與民間組織合力推動，而其高齡教育政策特色包括：針對時代變遷與高齡者需求研訂法案、中央政府設置中央教育審議會，負責高齡者教育政策的審議與決策，提供高齡者多元學習與社會參與的機會，並特別重視高齡學習與社區發展的結合。

四、其他國家相關老人教育政策

以瑞典爲例，瑞典是全球最典型的福利國家，在最近發展的老人政策中，強調尊重老人的獨立、參與、尊嚴、適當照顧與自我實現，並以提高生活品質爲最終目標。同樣的，香港也以提高生活品質爲老人政策的最終目標，並鼓勵老人透過繼續教育與志工活動，參與社區各類型活動。

老人教育工作是透對高齡人口進行知識和技能的傳授，使老人以健康的態度進入高齡生活秩序，跟上社會和時代的步伐，豐富高齡智識，增進生活技能，提高身心素養，增強自我服務和續爲社會服務的能力。是以，我國老人教育的目標是一種社會文化和生活教育的提升，以積極體現個人的價值和社會的文明與進步。落實聯合國教科文組織在一九六五年國際成人教育促進委員會關於終身教育的構想：「教育應當貫穿於人的一生，從嬰兒出生一直到生命終止」；及一九九四年在首屆世界終身學習會議上所提倡的：「終身學習是二十一世紀的生存概念，如果沒有終身學習的意識和能力，就難以在二十一世紀生存」的理念。

我國自一九九三年起正式邁入高齡化社會，人口老化速度居全球前列，但是高齡教育自一九八二年成立長青學苑迄今，並無太大改變，這一套爲中低教育程度者設計的學習型態，已經無法滿足新銀髮族的學習需求，需要引進新的學習形式。「上大學」是許多長者一輩子的夢，如何讓長者一圓大學夢，成就「老有所學」，進而「老有所用」、「老有所爲」，享受充滿活力，快樂學習，並能將老人力資源的再開發與運用，成爲社會資產，貢獻社會，體制的建置固然必要，但觀念的建立更爲重要，自學前教育階段，「時時學習、處處學習」的觀念就應建立，而除了觀念的宣導外，身體力行也不可或缺，早期也許可以教師指定作業的方式慢慢引導；但隨著年歲增長，終身學習的觀念應更穩固的縈繞於腦海之中，並且身體力行，而身體力行所依賴的就是學習的技能。

第四節　老人教育政策的推動

終身教育即是一種活到老、學到老的開放性社會教育。每個人在學的時間有限，若只依賴學校教育將無法提供或更新的知識需求，爲了適應生涯發展所需，就必須針對自己的需求經由再學習的方式獲得。終身教育在使每個人於學習的過程中，享受學習的興趣和自我充實的成功經驗，而逐漸養成自我成長不斷學習的習慣與態度。因此學習的方式、種類、內容皆應多元化，以符合每個人的需求，進而提供生活所需的各種學習，並增進其知能。終身學習之旨趣是在使每一個人在人生的每一個階段，都有適合其需要的教育機會，在縱向而言，包括家庭教育、學校教育與社會教育的銜接，在橫向而言，是正規教育、在職教育與社區教育的協調。終身學習的

社會強調全人發展、重視個人自由、使學習成爲一種生活，擴展人生的意義與目標。

對退休者而言，「社會化」是指一個人繼續其生命中持續作爲社會成員的生命的提升過程，所學習的是如何與所處社會的潮流型態及行爲模式相適應。如何灌輸退休者有關社會角色與價值之新認知，可以說是以老齡者教育將老齡人士再社會化之過程，使他們有能力再出發。過去傳統的多代家庭，以老人或家長做爲後輩的模範，他們也是家庭教育的指標和個人社會化的樣板。

催速社會流動的最主要因素是教育（education）的功能，也只有教育的普及，才足以提升人口素質和穩定社會流動。美國芝加哥大學教授海維格史特說：「在現代社會中，純粹的社會流動日漸減少，向上及向下流動的機會日漸平衡。才能優異且受過良好教育，有助向上流動；才能平庸而且欠缺教育素養與抱負，則向下流動。在二○○○年的工業及民主社會，必定比現在高度工業化的社會更開放，因而教育將成爲向上流動的主要工具，而缺乏教育或教育程度低者，則成爲個人向下流動的主因。」（Havighurst, 1972）由此可見，社會流動是促使個人、家庭或團體的社會階級的成員成分變化的動因。改變的現象有二：一是向上移動，即居於較低層次的社會階級移向較高層次的社會階級；二是向下移動，即居於較高層次的社會階級移向較低層次的社會階級。社會流動現象已成爲一種社會制度。老人生活於現代社會裡，循著現代社會制度，應以向上流動爲目標，建立個人生活自信，營造自己的社會文化和提升社會地位，才能扮演一個受尊敬的社會角色。

一、推動原則

1.社會正義與公平原則：基於社會資源公平共享的原則，每個人都有共享教育資源的權利，不因年齡不同而有所差異，老人教育不可居於附屬地位，而老人教育活動應同時兼顧所有的老人，以達到社會正義與關懷倫理的原則。

2.**多元調適與增能原則**：老人教育的施行，須重視老人生理、心理與社會調適能力，並促進老人增權賦能原則。

3.**資源整合與分享原則**：由於教育資源有限，爲了讓每位老人都能享有學習的權利，教育資源的整合是一項重要的工作。老人教育必須具備多元的輸送管道，其推動體系應包含教育、社會福利、衛生等公私部門與第三部門（非營利組織）共同合作，讓資源相互整合與分享。

4.**本土化與社區化原則**：基於老人生理及心理狀況，老人教育應以社區爲學習活動的場域，並兼顧在地性及本土性，以實現「在地老化」的社區教育原則。

5.**社會參與及自主原則**：老人教育的推動須兼顧所有老人的學習需求，並須運用不同的策略，讓老人願意且樂於主動參與學習活動，以提升其自主參與社會的動機。

6.**強調專業化引導原則**：老人教育的工作者必須具備教師專業素養，因爲不同年齡層的受教者，具備不同的學習特性與型態，必須採用不同方式的教學。專業化的教學品質及多元的課程設計，能提升受教者對於課程的滿意度。

秉持上述原則，老人教育即以終身學習體系爲整體架構，以老人爲學習主體，並轉化社會大衆對於老人的刻板觀念，不僅銜接教育部歷年的政策發展，回應老人教育發展現況面臨的問題，更重視社會整體的未來發展趨勢所需。

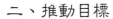

二、推動目標

1.倡導老人的終身學習權益。
2.促進老人的身心整體健康。
3.維護老人的自主性與尊嚴。
4.鼓勵老人的積極社會參與。
5.強化老人的家庭人際關係。
6.營造世代間相融合的社會。

三、推動策略

高齡人口教育是基於人人都有受教育的權利，不因種族、性別、年齡、階級而有不同待遇，積極開拓老人的受教權利與機會，建立一個以終身學習爲願景，提供老人健康快樂、自主自尊與社會參與的理想社會。爲達成目標，並配合國家整體發展，爰提出老人教育政策的具體策略如下：

(一)建構老人終身學習體系，整合教育資源

台灣已邁入高齡化社會，全面推動老人教育並使國人具備瞭解老化之知能已刻不容緩，對高齡者而言，老人終身教育制度提供了晚年充實生活的機會；同時，這是利用自己思想最成熟穩定的時代，以最節省的時間，彌補少年時代的失學遺憾。另外，則促使了新視野的開拓，學自己喜歡的學科，有助從事自己的志業。

(二)創新老人教育方式，提供多元學習內容

對一個人來說，進入老年時間亦即角色的轉變，個人重要的目標是如何維持生活美滿的感覺，完成個人生命繼續發展的任務，其中包括解決以前生活所產生的各種問題。從維持生存和增進生活的品質出發。正由於進入老年時間的角色轉變大，老人彼此之間的差異也大，爲期維護與實踐圓滿生活的權益，通過學習，學習如何面對自己人生的新階段，也是最有效的應付老年的方法。第三人生大學（University of the Third Age）最初是由皮勒．烏伊拉（Pierre Vellas）於一九七二年在法國提出設想，目的是要通過增進健康和社會文化活動來提高老人的生活標準，一九七三年被多倫斯大學（The University of Toulouse）董事會所接受。大學的首要任務是引導老人擺脫隔膜，進入大學校園那種積極的氣氛。同時，大學也爲當地的老人提供了一個接受繼續教育的集中地。另外，它也可以通過對法律、經濟以及相關課題的跨學科（multidisciplinary）研究，改善老人的生活條件，並依靠會議、院校以及訊息傳播，透過訓練、訊息和應用研究上的合作，幫助私人的或公共的服務機構或公司回應各自內部面對的老齡課題。爲適應高齡化社會，老人及全民所需學習的內涵如下：

1.**知性、休閒、養生並重的學習**：此類學習活動的對象以老人爲主，著重於提升老人的精神生活層面，並充實其知能，可藉由地方政府、民間團體規劃休閒式的學習活動或資訊科技的研習，讓老人能走出家庭，接觸社區與社會，以拓展其人際關係，減少與社會的隔閡。另外，爲讓老人有再貢獻社會的機會，因此提供志願服務及再就業的知識與技能，使健康的老人有能力再服務社會，也是老人拓展人生價值的主要學

習內涵。

2. **完備的退休前準備教育活動**：一九七五年在美國大學開始了老年寄宿生（elderhostel）制度，以運用校園資源招收高齡者，其概念是將高等教育良好的設施與終身學習方式相結合，推動老人的智力刺激和體力增進的活力。老年寄宿不是長期在一處上學，它的原始特徵是網狀接觸（the network approach），所以常是由各地區不同的學院和大學各自主辦不同的課程，又互相協力和接受學生遊學；參加者按所選的課程從一個校園移到另一個校園，每個校園均居住一小段時間，通常是一周。老年寄宿的網絡已廣及英國、美國、加拿大、丹麥、瑞典、芬蘭和挪威等國，學生到當地的大學、民間高中和其他機構遊學上課。此類學習活動的對象以中老人爲主，鼓勵各機關、團體與公司行號提供退休前準備教育，課程內容則可包括理財、退休生涯規劃、老人身心保健及老人家庭生活適應等內容。
3. **家人及代間相處學習活動**：此類學習活動的對象係以各級學校學生爲主，可於學校、社區中推動，以認識老化教育、祖孫活動、家人關係及經驗傳承或實際體驗教學等學習爲主，有助於年輕世代對老化的認識並培養正確之態度，同時也提供高齡者貢獻智慧與傳承文化的機會，促進代間的交流。

(三)強化弱勢老人教育機會

聯合國關懷老人原則之一，即爲無論年齡、性別、種族、能力、經濟貢獻或其他狀態的差別，一律平等對待。老人教育是老人的基本人權之一，在推展老人教育的同時，除了爲身心健全、高知識、高社經地位的老人提供適當的教育型態外，也應該關注身心障

礙、原住民、獨居老人、貧窮老人及偏遠地區、鄉村地區等弱勢老人的教育權利，如此方爲眞正落實老人教育權的實現。

爲瞭解弱勢老人教育的需求，應定期辦理需求調查，並透過社區、鄰里或福利機構等各種管道，增設或改進現有的學習環境、資源與設施，並成立相關的教育服務團體，提供諮詢與輔導服務，以提升他們的能力與自信心，有尊嚴且樂觀的生活。

(四)促進老人人力再提升與再運用

1.**促進老人再就業及職業發展**：老人擁有數十年豐富的知識、才能及智慧，退休後如果無所事事，等於是浪費人才，因此協助老人再就業及促進老人職業發展，將是未來不可避免的趨勢。在英國、美國及日本等先進國家，對於老人職業發展都訂定相關的政策及施行辦法，日本不僅立法保障高齡者就業環境與繼續雇用的雇用安定法，更結合培訓機構來推動高齡者就業。因此，瞭解老人的再就業需求，規劃適合的相關技能知識，運用他們的知識及智慧再度回饋社會，也能增加老人的自信心與認同感。

2.**培養具有服務的素養與作爲**：國家人口高齡化之後，老年人力的運用亦顯重要，因爲老人在完成家庭與社會責任後，他們擁有更多的時間可以重新服務社會。因此培養老人具有志工服務的態度及素養，是老人教育重要的措施，除了可提高生命的意義及價值感，更由於他們的投入補足了許多基層服務及勞動的缺口，提升社會整體的運作，及樹立服務社會的良好典範。

3.**鼓勵重返職場成爲人生導師**：終身學習的重點就是持續地接受新思想、新知識和新的行爲方式，以維持生存和圓滿生活

的需要，保持生理和精神的功能健全。終身學習的概念原本就是爲了給老人提供一個目標和結構，使其能保持足夠的能量去生產、學習和創造。要達到這一目標，就要給予老人他們所需要的幫助，從而消除年齡的歧視和刻板印象，確保老人重新獲得高度的自我價値。

目前我國公教人員退休平均年齡爲五十四．九歲，根據二○○八年統計，國人男性平均壽命爲七十五．一歲、女性爲八十一．九歲，這些高教育水準之退休人力，如能重返校園協助學校推動認輔等工作，可提升弱勢學生學習成就。此外，學校或可延請社區中的耆老及傳統技藝師傅至學校，以社團活動的方式帶領學生認識傳統藝術，除了讓老人覺得有成就感外，更能增進代間的接觸機會，另外學校亦可辦理世代交流活動或體驗學習活動，藉由活動的進行讓學童更尊重老人。在企業職場方面，經營者亦可借重退休員工的專業知能，延請其重返企業職場，擔任顧問、講師或新進員工輔導員等職務，除可協助企業傳遞工作經驗，並可藉此將豐富的人生閱歷傳遞給新進員工，有助於提升企業的形象及員工向心力。

(五)開創適應老年的家庭與社會生活

以家庭生命歷程來看，老年期是人生最悠閒的黃金時期，而且與家人的互動最頻繁，提供老年家庭生活教育的活動，可幫助老人經營家庭中的人際關係，提升對於老年家庭生活的滿意度。另可辦理祖孫的代間家庭親子活動，促進家庭三代或二代之間的交流。

(六)於正規教育中融入成功老化觀念

老人教育的施行對象除了老人外，更涵括各級學校學生，爲重新喚起我國「敬老尊賢」的優良美德及建立無年齡歧視的社會，在學校正規教育部分，應落實將老化知識列入課程內容，並因應高齡化的人口結構，調整部分學科或增設相關系所。

(七)積極辦理世代間教育及交流活動

運用地方文物館、圖書館、社教館、博物館、家庭教育中心等社教機構，辦理老化知識宣導活動及代間教育學習活動，可開闢討論空間或成立老人說故事團體，讓老人的豐富經驗與文化能夠傳承給下一代，增進民衆瞭解老人，並可定期辦理老人教育學習成果展、發表會及交流活動等，除增強學習者的成就感外，更可強化老化的正面意義及價值。

(八)增設教育學習場所建立學習據點

爲提倡「在地老化」理念，應鼓勵各有關單位於社區內增設老人教育學習場所，以確保老人學習的便利性。例如：協調地方政府釋出因少子女化造成正規學校閒置的資源，包括：場地、師資、軟硬體設備等，並加設無障礙設施，轉化爲「社區老人教育學習中心」。又如：社教機構、社區大學、老人福利中心、長青學苑、安養機構、農會或廟宇等場所，皆可做爲老人的學習場域。另外，縣市政府、文化中心、地方藝術中心、圖書館等公共場域，可提供老人學習成果的展示空間，有助於老人學習的動力及增進他們學習的成就感。

(九)提升老人教育人員的專業素養

老人教育的教學方式並不同於一般教學，必須瞭解老人的學習需求及配合其生理及心理的狀況，才能設計適性的學習課程。因此，研發適性的教材及培植老人教育專業人力，有助於老人教育專業化。所以，應針對老人相關機構人員，建立適當且專業的培訓及再教育的機制，並將此一專業師資人力進行整合及建置，提供相關機構辦理老人教育活動所需。

(十)建置老人教育學習資訊網站

電腦網路已成爲終身學習的必要工具之一，彙整及分析各機構辦理老人教育活動型態及性質，建置老人教育整合型資料庫，提供教學與教材研發之應用，並建置溝通平台網絡，有效分享、交換及創造老人教育之成果，讓學習者可即時獲得老人教育最新訊息。

(十一)建立教育評鑑及獎勵的機制

爲落實老人教育政策的施行，中央機關及地方政府應研訂相關評鑑辦法及獎勵措施，評估及獎勵各機關、民間團體及個人辦理老人教育之成效，透過評鑑的機制，確保老人教育的適當性與優良性；透過獎勵的方式，使民間團體、企業、非營利組織等共同投入資源經營老人教育工作。

四、推動方式

學習的態度是學習型社會的關鍵因素，也是一個人永不落伍的最佳保證；最近新加坡政府將各級學校的課程內容刪減三分之一，其主要的理念是記憶性的學習在現代的社會中很快就落伍了，強調學習的重心不在記憶性知識，而是教導學生學習的方法，將來能自行學習最時新的知識，永保不落伍。同時，現今的知識社會所需的是創新、思考的能力，調整傳統教學方式，將有助於創新、思考能力的增進。因此，學習如何學習是各教育階段的重要內容，尤其是以下的幾項學習技能是每個人不可或缺的：

1.**有效的學習**：在所有的學習技能中，確定自己最有效的學習方式，並且利用這些方式學習是學習技能中最重要的一部分。所有感官都可以被運用來學習，而不同的知識、技能也可能有不同的學習方式，但每個人最有效的學習方式也不同，有人適合聽講學習，有人喜歡自行閱讀，有人喜好上網學習，有人從自省中可以頓悟，有人從行動中學習的效果最好。從衆多的學習方式中，經過驗證，確定自己最有效的學習方式，並且利用這些方式學習，將使人終身受用無窮。

2.**聽講的能力**：雖然新的學習型態逐漸增多，但傳統的講授（lecture）如課堂上課、演講，仍是最常使用的學習方式，如何聽講、如何捉住重點、如何做筆記，都是必須學習的重點。

3.**視讀的能力**：現代社會是一個媒體多元豐富呈現，廣播、電視、網路、光碟、書本、雜誌、報紙，蓬勃發展，如何從諸多媒體中選擇適合的資訊，是學習的一部分。

4.**網路的學習**：網路的快速與無遠弗屆，使上網學習成為現代社會最時新、最有效率的學習方式，但有些人對電腦有恐懼感、排斥感，如何克服恐懼感、排斥感，進而有效的利用網路學習，是現代社會裡每個人都必須學習的技能。

5.**圖書館使用**：圖書館是知識的寶藏，尤其是現代的圖書館除傳統的收藏圖書資料，視聽媒體、電腦網路都已成為圖書館的基本配備，如何有效利用圖書館中的各種資源，為學習重要的環節。

6.**多元的管道**：除正規的學校教育外，由民間提供的非正規學習機會，如社區大學、職業訓練、補習班、研習會，也日漸增加；另外，社教館所、民間社團也提供了許多學習機會；而非正式的學習機會，如在工作崗位上，休閒活動中，也無時無刻不可學習。在眾多的學習管道中，選擇最適合的管道，並為有效率的學習，也是不可或缺的。

7.**時間的管理**：發掘自己學習最有效率的方式，安排學習時間，是屬終身學習的方式。

結　語

老人參加教育活動，有利本身透過學習進修的途徑，去保持思考和進步，使自己能在變化的社會中，合群的保存既得的尊榮，不致被迫撤離社會。知識的爆發與半衰期的縮短締造了終身學習的社會，知識經濟凸顯了知識更新、創新的重要性，在這兩股力量的擠壓下，個人的學習將不再侷限於學校內的正規學習，生涯發展及生活所需的技能隨時隨地都必須更新。為因應這種趨勢，除了結合家庭、學校、社會教育的全方位終身教育體制必須儘速建置外，也須讓每個人均具備終身教育的理念以及自我學習的能力。唯有每個人均瞭解終身教育的重要性，同時具備自我學習的能力，學習型的社會才能建立，終身學習的時代才會眞正來臨。

相對於世界各國對高齡社會的關注及老人教育所提出的多元因應政策，為了因應高齡社會的來臨，唯有靠教育的力量，才能使民衆瞭解台灣的社會正面臨快速老化的嚴厲考驗，也唯有靠教育的力量，才能使民衆具備正確的態度來看待老化的現象，並具備適應高齡化社會的能力。因此，研擬具前瞻性、務實性的老人教育政策，藉以宣示政府擘劃老人教育政策的藍圖，勾勒終身學習社會的願景，是台灣社會發展上刻不容緩的一項重要政策規劃。因爲，教育正是人類面臨高齡化社會的良方，老人教育的發展是高齡社會對策的核心，老人教育是迎接高齡社會挑戰的不二法門。

問題與討論

一、請說明高齡人口教育的意義。

二、請說明高齡者教育的必要性。

三、請說明日本的老人教育政策其內涵。

四、請說明美國的老人教育政策其內涵。

五、請說明我國老人教育政策推動的內涵。

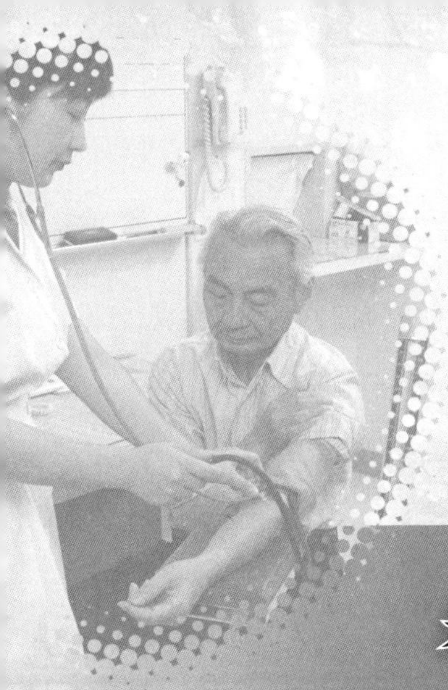

第十一章

老人長期照護議題

隨著老人人口的快速成長，慢性病與功能障礙的盛行率呈現急遽上升的趨勢；而這些功能障礙者或缺乏自我照顧能力者，除健康與醫療服務外，也需要廣泛的長期照顧服務。為滿足日漸增多的老人人口對於健康醫療與長期照顧的需求，已發展國家無不積極推動長期照顧服務。依據統計，台閩地區二〇〇六年全部人口當中具有ADL及IADL失能者人數，合計達五十五萬餘人，預估二〇一六年將達七十二萬餘人，總人數較二〇〇六年成長近30%，顯示長期照顧需求問題不容小覷（行政院，2007）。醫療衛生科技進步，近五十年來，除國民平均壽命的大幅提升外，十大死亡原因，也由四十年時的「急性傳染病」轉變為「惡性腫瘤、腦血管病變、糖尿病」等慢性疾病。至於人口結構的改變，有快速朝向「人口高齡化」的趨勢。因此整個社會的醫療需求，將由往常以治療為取向的服務，逐步邁入以照護為取向的發展方向。職是之故，未來在預防保健體系，疾病照護體系及後續照護體系等工作，將成為醫療福利的重心。

第一節　長期照護作為的需求

一、長照服務的需求

隨著高齡化變遷的社會型態，「活得久」的生命預期再加上「生得少」的生育模式兩者相結合，所呈現出來的客觀事實是：對於年邁父母的侍奉扶養，已經非屬單純的反哺孝思作為，而是涉及個人意願、經濟能力、文化價值以及家庭結構等因素。亦即，傳統社會的「養兒防老」，將受到家庭照顧者的人力短缺，以及社會變遷趨勢的影響，而有所改變。使得獨居甚至於棄養的情形，會是社會變異下的客觀現象。爰此，如何提供給老人一種廣泛性支持的社會照顧體系，而非只是委求於親情支持網絡？這必須政府著手推動「長期照護體系計劃」，以回應台灣的老年人口不斷的攀升。

以失智症的長照需求爲例，失智人口愈來愈多，台灣失智症協會估計，國內失智人口已突破十六萬人，二〇五六年，失智人口將超過六十二萬人，平均每年以逾萬人速度成長。照顧失智老人需要更多人力，需要照護體系扶持，社會再不採取行動，家庭跟社會將面臨癱瘓危機，以目前人口老化與少子現象，老了可能沒人照顧。根據國內調查結果及國外學者發展的模式推估失智人口，發現：年齡愈大，失智症盛行率也愈高，以六十五到六十九歲爲例，失智症盛行率爲1.2%，七十到七十四歲增加到2.2%，八十五到八十九歲高達16.3%，九十歲以上，幾乎每三人就有一人有失智症。據統計，目前國內每百名青壯年要照顧十四名老人，到了二〇五六年，要照顧的老人將增加到七十五人。失智症患者雖會自己穿衣、吃飯、走路，但會到處趴趴走、迷路，甚至會有妄想、幻覺等，更需要人在身邊看著，照護壓力更形沉重。政府推動的長照保險制度，須將失智症列爲近程目標，從輕度開始照顧，延緩惡化速度，才符合成本效益。

二、長照服務的對象

長期照護措施的服務對象，理應是要從六十五歲以上之老年人口的標的群體（target population）延伸到處於損傷（impairment）或失能（disability）狀態，而無自我照顧能力的高危險群體（high-risk population）；連帶地，扣緊在家老化、在地老化以及機構老化不同的生活樣態，點明出來長照措施的施行主體也應該要有「居家照顧」、「社區照顧」與「養護照顧」同時兼備的全面性規劃，畢竟，回應於家庭主義的文化價值觀念，凸顯了長期照護措施的背後，主要還是要進一步搭配維護家庭得以穩健運作的照顧政策，就此而言，長期照護政策理應是要與人口生育政策、健康維護政策、教育養成政策、勞動產業政策、就業促進政策、經濟安全政策以及社會福利政策彼此協調，以成爲相互貫通且串聯的整合性擘劃（如**表11-1**）。

三、長照服務的規劃

台灣已進入高齡化社會，老人照護問題之迫切，不但是許多個別家庭的親身經驗，也成爲普遍可見的一種社會現象。從社區公園到地下街的休憩廣場，常見外傭推著坐在輪椅上、甚至插著鼻胃管的老人群集；醫院的慢性病房裡，多見外籍看護往來穿梭照顧老人病患。姑且不論外傭要有財力的家庭才負擔得起，僅僅就「外傭

表11-1　長期照顧服務總需求人口數推估彙整表

需求人口	2010年		2015年	
	單項人口數	累計	單項人口數	累計
65歲以上ADL一項以上失能	249,607	249,607	301,990	301,990
65歲以上僅IADL失能且獨居	6,670	256,277	8,093	310,083
55歲以上至64歲ADL一項以上失能之原住民	926	257,203	1,154	311,238
50歲以上至64歲ADL一項以上失能之身障者	13,121	270,324	15,947	327,185

資料來源：行政院（2007），《我國長期照顧十年計畫》。

附註：長期照顧需求人口係指日常生活（Activities of Daily Life，簡稱ADLs）功能，或工具性日常生活（Instrumental Activities of Daily Life，簡稱IADLs）功能有障礙之人口數，這其中ADLs在本推估中包含的項目有：進食、移位、室內走動、穿衣、洗澡、上廁所等六項；而IADLs項目則是包含：煮飯、做家事、洗衣、購物、理財、室外行動等六項。

照顧老人」這一景象，已說明問題的嚴重性和偏差性。台灣目前六十五歲以上的老人，已占全體人口的10%以上，但老人照護和安養機構嚴重不足。根據政府資料，在都會區如台北市，每萬名老人平均有5.4個養護機構，但在農業縣市，則平均只有一、二個養護機構。也可見，照護老人的責任，多仍由個別家庭承擔；至臥病程度則託付給醫院，成為健保的一大負擔。儒家倫理多少還強調著由家人照顧使「老有所終」的觀念，但如今青壯人口撫養老幼的所謂「扶養比」快速攀升，再加上景氣影響，對很多家庭都是難以承擔之重。

為應高齡化社會的來臨，長期照護規劃主要反應在社會行政體系方面，人口老化政策係以一九八〇年公布實施的「老人福利法」為始點，其後陸續公布「社會福利政策綱領」（1994）、「加強老人安養服務方案」（1998-2007）、「照顧服務福利及產業發展方案」（2002-2007）等重大政策，並修訂「老人福利法」（1997、2007）及「社會福利政策綱領」（2004）等；而衛政體系亦陸續執行「建立醫療網第三期計劃」（1997）、「老人長期照護三年計劃」（1998）及「醫療網第四期計劃」（新世紀健康照護計劃）（2001-2005），顯示政府部門對人口老化所衍生的健康及長期照顧問題之重視。然而，對照先進工業國家因應人口老化的政策，我國現有的政策卻顯得零散及片段，未能有周延且整合之制度規劃，以因應人口老化之急迫需求。回顧我國長期照顧既有政策與方案，共提出六項檢討：(1)行政體系的分歧；(2)偏重機構照顧，忽略居家支持的設施發展策略；(3)現行法制無法提供居家支持服務的設施發展誘因；(4)人力發展策略不足；(5)全民健保給付和醫療網規劃偏離理想長期照護目標；(6)缺乏完善財務支持機制（行政院，2007）。

長期照護保險制度的構思與推動，是為了建構所謂全方位的

社會安全網；但以「國家社會福利」爲導向，宜周延提供各類照護對象的需求，以爲長期照顧保險制度的遠見藍圖。是以，長期照護措施的服務對象，除了六十五歲以上之老年人口，更應延伸到處於損傷或失能狀態而無自我照顧能力的高危險群體；所以長照措施應該是要有居家照顧、社區照顧與養護照顧兼備的全面性規劃。長期照護措施仍須進一步與人口生育、健康維護、教育養成、勞動產業、經濟安全與社會福利政策做整合性規劃。在遠比台灣更先邁入高齡化社會的其他先進國家，多半很早就藉由社區、公益組織、公私立的營利或非營利機構等，儘量普及老人的照護機制，並依老人自主性或需要照護的程度而區分不同的服務，從簡單的送餐到較全面的居家服務，從短時性的如日間托老到安養和醫療中心。簡單地說，要先把這個照護網絡建立並普及起來。

第二節　國際福利先進的借鑑

以目前全世界提供長期照護服務的國家來說，大致上可以分成三種類型，一是採取稅收制的長期照護服務模式，如：英國、瑞典、奧地利；第二種是採取公共長期照護保險的服務模式，例如：德國（一九九五年實施）、日本（二〇〇〇年實施）；至於第三種則是採取私人長期照護保險的服務模式，例如：美國。爲有效掌握已發展國家之長期照顧政策發展方向，簡述部分先進社會長期照顧政策基本目標及實施策略，並藉由跨國比較研究來深入瞭解已發展國家的策略。

一、日本

日本爲全世界最長壽的國家，二十一世紀時則爲每四人中有一人爲六十五歲以上老人的高齡社會，爲創造此高齡社會成爲每位國民均健康、對人生感到有意義、且能安心生活之長壽福利社會，期能擴增保健福利部門的公共服務基礎措施，日本於一九八九年制定「老人保健福利推動十年計劃（黃金計劃）」（Gold Plan），並於一九九〇年開始實施。

(一)一九九〇年「老人保健福利計劃（黃金計劃）」

黃金計劃共有下列八大重點：

1. **市町村居家福利對策緊急擴整——居家福利推動十年計劃**：譬如培訓十萬名居家服務員、設立五萬床短期照護床位，設置一萬所的日間服務中心及居家照護支援中心等。
2. **零臥床老人戰略計劃**：內容包括建立以全體國民爲對象的腦中風情報系統、充實民衆有關預防腦中風或骨折等健康教育知識、有計劃地在居家照護支持中心配置保健護士等專業人員，目標爲培訓二萬名居家照護指導員（保健護士）及八萬名居家照護諮詢協力人員（如：志工）。
3. **設置「七百億長壽社會福利基金」**：該基金主要用於支援居家服務及居家醫療服務，並補助老人活動所需之各項經費。
4. **緊急設置機構——機構對策推動十年計劃**：目標爲設置特別養護老人之家二十四萬床、老人保健機構床位二十八萬床、護理之家十萬床，以及四百所偏遠地區高齡者生活福利中心。

5.**推動高齡者生活教育**：推動高齡者培養生命意義與維護健康推動示範計劃，並於所有都道府縣設置「長壽社會推動機構」。

6.**推動長壽科學研究十年計劃**：充實研究設置國立長壽科學研究中心，並設立支援長壽科學研究的財團，執行照護及預防治療等綜合性長壽科學計劃研究；再者，亦針對將來高齡化社會主人翁——兒童，規劃健康出生及養育之對策，特別是提升母子保健醫療之品質。

7.**推動社區開發事業**：一方面，鼓勵民間業者設立老年保健及福利綜合機構，積極設立以高齡者生活、照護、健康及生命意義活動爲事業主體的綜合性機構；另一方面，檢討國立醫院及療養所兩者之合組而伴隨來的土地活用問題。

8.**推動黃金計劃之各項支持對策**：黃金計劃實施後，考量福利人才的供給問題，一九九一年特設置福利人才諮詢中心，建構福利服務人才資料庫；一九九二年更設置照顧實習暨推廣中心，提升照護服務品質。

檢視上述計劃重點，可發現其政策目標不僅涵蓋提供健康照護所需的設施及人力供應面向，並重視老人學研究以及老人生活教育之推動，且同步檢討與服務提供密切相關的土地問題。

(二)一九九四年新黃金計劃

在黃金計劃執行三年後，依據所彙整的老人保健福利計劃，發現有必要大幅提高黃金計劃原先設定的老人保健福利服務之目標，且各種老人保健福利措施亦有加強之必要，於一九九四年重修制定「新黃金計劃」。新黃金計劃提出四大基本理念，希望任何需要照護服務的人都能就近獲得服務以自營生活：

1.使用者本位、支援自立：服務提供能尊重老人之個人意思及選擇權，亦即提供以使用者爲本位的高品質服務，並提供支持以促使高齡者持續地自立生活。

2.普遍主義：此計劃強調不僅是針對生活困難者或獨居者等，需要特別援助者所提供的制度，亦涵蓋所有待援助的老人，提供普遍性的服務。

3.提供綜合性服務：爲促使身體功能障礙的老人儘可能地在自己家中持續地生活，該計劃以居家服務爲基礎，提供有效率、綜合性的服務，以滿足高齡者在保健、醫療及福利各方面的需求。

4.社區主義（地域主義）：爲提供居民就近在社區使用所必要的服務，該計劃採行以市、町、村爲中心的體制建構。

(三)二○○○年介護保險制度

爲考量日益增加的照護服務需求，以提供安定適當的照護服務，而制度營運所需的財務必須以公共照護保險爲主，運用社會保險方式規劃公共照護方案。據此，「介護保險法」於二○○○年開辦，以期減輕家屬照護上的負擔，並由社會共同支持照護，降低老年生活之不安與風險，使老人都能老有所養，介護保險制度的政策目標爲：

1.促進介護保險制度的建立，以提供對長期照護的需求。

2.結合明確的保險系統，促使民眾瞭解給付分擔的關係。

3.調整健康、醫療及社會福利分立情形，發展綜合性服務。

4.將長期照護從健康照護保險中分離出來，以降低機構化的現象。

(四)二〇〇六年介護保險制度的修正

日本政府考量老人人口增加速度遠超過預期的快速，罹患失智症的老人人數以倍數不斷增加，以及老人單人家戶持續增加等趨勢，對介護保險制度進行修正，並於二〇〇六年執行新政策：

1. **建立預防性（prevention）的服務體系**：爲預防惡化及減輕照護程度，建立以輕度失能者爲對象之預防給付制度；將有可能接受支持與有介護需要的老人列爲介護預防的服務對象，並將預防照顧納爲介護保險制度之一環。而管理方面由「社區整體支援中心」（comprehensive support center in a community）負責。
2. **重新評估機構給付標準**：有鑑於居家與機構服務使用者的公平性有待商榷，且介護保險與年金給付部分顯有重疊，重新評估住宿費及伙食費給付標準。並且檢討低收入者的補助標準，以爲減輕低收入者使用服務的經濟障礙。
3. **建立新型服務模式**：考量獨居老人及失智症老人持續增加，爲強化居家支持服務體系，研擬預防老人受虐之對策，加強醫療與介護體系之互動，特建立新型服務設施，例如：建立區域密集型的服務模式，以因應各區域的特性，提供彈性且多元的「區域密集型服務模式」，例如小規模多機能型之居家照護、失智症老人團體家屋及失智症老人專用照顧中心，並充實居家型服務模式，以建立具照顧功能的住宅，並重新檢討老人福利機構之定位。
4. **建立區域整體支援中心**：其功能包括綜合性的諮詢機能、照顧預防管理及提供全面性且持續性的管理支援業務。
5. **提升服務品質**：建立資訊公布的標準化程序，以增加使用者

對服務單位的認識與自由選擇。

6.**重新評估負擔方式**：基於以下原則，低收入者的可負擔性、使用者的便利性、地方政府的負擔，以及建立更具主體性的保險經營方式，重新評估保險費設定標準及收費方式，強化鄉鎮市長對服務提供單位的調查權限，並訂定鄉鎮市事務之委外相關規定。

日本自二〇〇〇年開始實施全面性的「介護保險」，以各級政府稅金和被保險人繳納的保費爲共同財源；六十五歲以上由領取的國民年金來扣繳保費，四十到六十五歲的公民則強制在國民健保費中多繳納介護保險的部分。由此可見，老年照護的財務問題非常複雜，是經過了需求調查、財源保證、分配機制設計等步驟，才能逐步規劃實施。

二、英國

(一)「保健福利十年計劃」

英國自一九六二年訂頒「保健福利十年計劃」，促使「社區照護」政策因應展開。主要目標，以防止精神障礙者長期住院、促進精神患者早日出院；老人福利方面，則以老人入居的機構小規模化、整備照護住宅等措施爲重點。同時擴大老人的機構及居家照護給付。

(二)「國民照顧白皮書」

一九八九年發表「國民照顧白皮書」（Care for People:

Community Care in the Next Decade and Beyond），以強化地方社會服務部門在社區照顧服務輸送的角色，強調長期照顧體系轉為地方權限的照顧模式，財務責任由地方政府承擔，經費則由社會安全預算移轉至地方政府，具體策略包括：重視居家照護；透過服務市場化提高服務效率；引進照顧管理制度，以掌握使用者的適當需要，提供以需求為導向的服務模式。

(三)「社區照顧改革白皮書」

一九九一年「社區照顧改革白皮書」（Community Care Reform），目標為「促進選擇與獨立」，確立「在地老化」目標，主張服務的提供是為維持個案之正常化生活。提出「關懷老人：長期照顧——權利與責任」（With Respect to Old Age: Long-term Care—Right and Responsibilities），主張長期照顧支出應與生活支出、住宅支出與個人照顧分開，長期照顧應由一般稅收支付免費服務，其他部分則應視資產狀況設定使用者分擔標準。

(四)「照顧標準法」

英國政府於二〇〇〇年提出「照顧標準法」（Care Standard Acts），主張透過照顧品質的提升及完整服務輸送體系的建立，來維繫全體老人之健康及獨立性，規範全國照顧服務品質，並成立「國家照顧品質監督委員會」（National Care Standards Commission），來監督及確保服務的有效性、可負擔性及品質；透過貸款、協助房屋修繕，或提供居家照顧服務等多元服務，儘可能協助個案留在家中，避免個案過早進入機構等。

(五)「老人之全國性服務架構」

二〇〇一年，英國政府通過「老人之全國性服務架構」（National Service Framework for Older People），期待透過照顧標準的建立，降低健康服務及社會服務提供的差異；確保老人能夠獲得公平、高品質，以及整合性的健康和社會服務。具體策略是希望不論老人身在家中、機構或是醫院，該計劃提供的服務都可達到下列四項目標：

1.徹底排除年齡歧視而遭受到任何不公平的對待。
2.提供個人爲中心的照顧服務，確保老人可獲得適切配套服務。
3.促進老人的健康及獨立性，避免不必要的住院情況，儘可能維持老人獨立生活能力。
4.確保服務可滿足老人需求，強調服務過程中應正視照顧者的需要。

三、已發展國家長期照顧政策之趨勢

二〇〇三年世界衛生組織針對包括澳大利亞、奧地利、加拿大、德國、匈牙利、愛爾蘭、日本、韓國、盧森堡、荷蘭、紐西蘭、挪威、墨西哥、波蘭、西班牙、瑞典、瑞士、英國及美國等，多個國家的長期照顧制度進行比較研究，歸結出部分特點；

(一)照護模式

1.提倡居家及社區式服務取代機構式服務。國家結合相關資源以配置運用於長期照顧作爲，並且調整社區及機構照顧間原有之資源配置，移轉更多資源至社區服務。

2.確保個人可透過公私部門財務的整合對抗長期照顧的高成本。發展長期照顧系統，整合居家及機構照顧、社會及健康服務，以及失能者之生命周期中所需之照顧；提供更多服務類型及服務單位供消費者選擇。

3.提供「以消費者爲導向」的居家照顧方案來促進選擇與獨立。重視家庭於長照上的功能，鼓勵及維繫失能者之家庭支持系統。採取分擔家庭的照顧責任及負荷，以鼓勵家庭持續照顧失能者及老人。

4.提供給付範圍完整的長期照顧服務。並且由中央政府設定長期照顧目標並配置資源給地方政府，避免由地方政府決定資源配置之優先順序。

5.提升慢性醫療照顧與長期照顧服務的聯繫協調。

(二)推動策略

長期照顧制度可概分爲兩類，第一類是提供全面性的長期照顧服務，包括奧地利、德國、日本、盧森堡、荷蘭、挪威及瑞典等七國，回應長期照顧需求的模式，就像過去以社會保障系統回應健康相關的需求一樣，公部門之長期照顧支出占國內生產毛額的比率爲0.8%至2.9%；另一類國家提供長期照顧服務的策略，則是以資產調查方式做爲服務提供之篩選條件，公部門長期照顧支出約占國內生產毛額的比率爲0.2%至1.5%；雖然，各國進行的資產調查程序及標準不一，但上述國家回應長期照顧需求的程度，則顯然與健康照顧需求的回應方式有所不同。綜言之，彙整各國的長期照顧改革策略，大致可歸納爲以下四項：

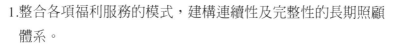

1.整合各項福利服務的模式，建構連續性及完整性的長期照顧體系。

2.推動以「消費者爲導向」及鼓勵「消費者選擇」的長期照顧方案。

3.建立長期照顧服務品質的監督及提升機制，以符合民衆基本需求。

4.結合政府與民間力量，調整財源籌措方式，以因應長照財務壓力。

(三)財源基礎

因應長期照顧財務壓力，調整財源籌措方式。奧地利、德國、日本及盧森堡等四國，在過去十年期間爲長期照顧制度引進普及式財源，其改革可歸納爲五項特色：

1.**基本原則**：長期照顧並非「免費」服務，除了政府財政的支持外，民衆亦需要額外負擔長期照顧之保費。

2.**財源籌措**：有鑑於長期照顧財務負擔十分沉重，因此財務責任的分擔不僅由工作人口及雇主分擔，要求年金領取者必須分擔財務責任。

3.**執行方式**：所有國家都期待透過既有體系的執行經驗，促使長期照顧體系運作更加順利。

4.**服務範圍**：積極發展預防及復健方案，以抑制潛在服務需求人口的增加。

5.**公共長期照護保險與私人保險的銜接**：全面性公共長期照顧保險的開辦，並不意味著私人保險就喪失存在的價值；換言之，公共長期照顧保險涵蓋的僅是基礎部分。

一項完整的長期照顧制度牽涉了財務問題。多半國家都採取私人保險、社會保險、社會救助等多種方式結合，有些從薪資或退休年金中強制扣除保費，有的則針對低收入者提供特別補貼。在福利性質濃厚的如北歐各國，稅收重而福利涵蓋「從搖籃到墳墓」，多由中央和地方政府共同負擔照護老人的福利支出。在高齡化問題特別嚴重的國家，如德國的「長期照護社會保險」，則從當事人仍在工作階段便從薪資中徵收保險費，由雇主和受雇人共同負擔。相對於上述採取社會保險制的國家，過去以一般稅做爲健康與社會服務財源的國家，並不傾向建構社會保險制的長期照顧體系，而是企圖透過稅制可支持的財務架構，建構公平與品質均可維持均衡的長期照顧體系。然而，檢視瑞典、澳大利亞、紐西蘭等三國，以一般稅爲長期照顧財源的國家之改革方向，其改革路途顯然較爲分歧；例如瑞典縮減服務範圍，將服務對象鎖定在更嚴重的失能老人，資產調查程序較以往更加嚴格；澳大利亞則是透過照顧評估及津貼方案，整合過去分立的機構式服務體系，藉以建立連續性的照顧系統（the full continuum of care），並配置特定資源至失智症患者之照顧措施；紐西蘭方面，則是考量過去機構式服務的資產調查標準過於嚴苛，該國政府則宣布自二〇〇五年起逐步淘汰機構式照顧的資產調查程序，並承諾未來投入更多公共資本於長期照顧體系；但相對必須注意的是，紐西蘭爲降低老化社會帶來的財務壓力，宣布將年金的領取年齡從六十歲延後至六十五歲。

檢視上述不同國家於面對高齡人口長期照顧時，所採取的長期照顧政策之發展，吾人可總結歸納出十項重要啓示：

1.確立「在地老化」爲長期照顧政策的主要改革方向。

2.服務項目愈加多元化，但以居家和社區式服務優先。

3.將消費者偏好及選擇納入長照服務規劃的基本原則。

4.積極發展預防保健與復健服務，舒緩長照人口的增加。

5.透過照顧需求評估以符合民衆需求，並整合服務體系。

6.以連續性照顧方式，連結急性醫療和長期照顧服務。

7.增進對家庭照顧者的支持，以維持家庭的照顧作爲。

8.發展品質監督與提升機制，確保長期照護服務品質。

9.協同政府及民衆共同承擔長照功能以舒緩財務責任。

10.結合健康照顧體系及社會服務體系以推動長照工作。

第三節　長期照護制度的規劃

一、長照制度的規劃原則

不論是從當前的經驗或是未來的推估，都已指陳出台灣的人口結構已經加速老化；連帶地，相與因應而來的扶養、奉養與療養等的人身負擔，就不單單只是高齡人口比率增加多少的量化意義，而是要更進一步地思索眼前，以及未來各種老人服務措施的運作限制與可能選擇。

首先，建基在文化價値觀念以及現實生活情境，揭示我國的長期照顧計劃藍圖，企圖推動以居家照顧爲主、社區照顧爲輔，再搭配機構照顧的方案設計，的確是有它政策規劃的正當性，只是，在以高齡長者做爲長照標的服務對象的同時，這些老人背後所實有的家庭、關係與生態系統，亦有其一併考量的必要，畢竟，計劃裡的照顧對象除了涵蓋六十五歲以上老人、五十五歲以上山地原住民、五十歲以上身心障礙者，以及工具性日常生活活動功能失能且獨居的老人等四種不同狀況的服務對象外，這些老人背後所對應之各種非典型的家庭組成及其可能的支持能量，這才是問題的癥結所在。就此而言，論述的重點就不全然在於照顧對象的條件類型，而是關乎提供各種長照項目的補助金額或補助時數，是否可以具體地滿足這些老人家庭本身之逐漸「無能」（incompetent）或「失能」（disability）的眞實需求。

準此，對於「長期照顧」的問題聚焦所在，就不在於照顧型態的環境場域，而是這些長者家屬們經年累月所產生長期性的身心負荷與經濟壓力，因此，如何增權並賦與家庭更多的照顧能力，顯然，如果是被界範爲補充性質的該項長期照顧計劃，理當要將醫療照護、家庭社福、勞動經濟等相關的政策制度做通盤的結構性整合。事實上，在這些包括以居家照顧爲主，所設計出來的服務項目以及扣緊在地老化而來的日間照顧服務，指陳出來所謂的「長期照顧十年計劃」，還是比較側重在現實難題上的殘補性解套，至於，對於當前四、五十歲的近老族群來說，如果是對應於少子化的生育模式，更會加速未來家庭長照身心負荷的惡質發展，因此，如何探究這一群近老族群包括經濟安全、休閒養生、醫療照顧等的需求評估與效益評估，這也是要嚴肅思考的；連帶地，關於機構老化的照顧型態更有它通盤性擘劃的必要。

二、長照制度的規劃重點

以台灣的狀況而言，隨著高齡化、少子化、女性勞動參與率提高，家庭的照護人力與照護功能不斷萎縮，因此政府的積極介入就成爲現在與未來必然的發展趨勢。而因爲台灣的稅收占國內生產毛額的比率較諸先進國家明顯偏低（且在民主體制下加稅不易），再加上目前台灣主要的社會福利保障制度都是以社會保險制度爲主（例如：勞保、公教保、軍保、健保及國民年金保險等），因此，

如果長期照護制度也是採取社會保險服務模式的話，將較有利於未來不同社會保險制度的相容與整合，以建立整合性的社會福利保障制度。爰此，未來長期照護社會保險的規劃重點至少應包括下列各項：

1.**普及化**：以全民爲服務對象，不侷限於低所得家戶；以因應老化所致日常生活活動需要協助之失能者爲對象。

2.**連續性**：發展多元服務之長期照顧，優先發展居家和社區式服務，並整合保健醫療與社會照顧。

3.**自立性**：發展復健服務及居家環境改善服務，以支持失能者自立。在政府積極建構老人福利制度的基礎上，加強社區自身照護體系，使老人獲得親屬、鄰居與朋友的守望相助而在家安養，是有必要的非正式體系。

4.**輔助性**：輔助家庭照顧責任，雖然在家庭照護可提供老人傳統與親情的照護，但因家庭照護者長期獨撐照護責任，承受相當大的壓力；因此透過照顧服務及喘息服務方案，支持家庭照顧持續照顧能量，並增進照顧者之生活品質。

5.**補助性**：在金錢方面，則可能因爲需要照護病人而停止工作，還增加了醫藥等費用。是以依照顧需求者家戶經濟能力及失能程度，提供不同額度補助。

6.**地方性**：爲促使失能者在社區內可獲得所有必要之服務，服務資源開發以縣市爲中心的策略。縣市政府之社政、醫政間應協同合作，透過整合計劃之共同研議、預算統籌運用之做法推動長期照顧。

7.**多元性**：內涵能結合，包括：(1)中央與地方政府，(2)政府與民間單位，(3)政府部門之間，(4)政府、市場、家庭間的伙伴關係，以利落實。

第四節　長照社會保險的內容

我國長期照護保險計劃涵蓋的服務項目，以協助日常生活活動服務爲主，即所謂「照顧服務」，包括：居家服務、日間照顧、家庭托顧服務；另爲維持或改善服務對象之身心功能，也將居家護理、居家復健（物理治療及職能治療）納入；其次，爲增進失能者在家中自主活動的能力，故提供輔具購買、租借及居家無障礙環境改善服務；再其次，以喘息服務支持家庭照顧者。

一、服務對象

至於服務項目及補助方式之規劃原則有二：第一，針對一般社會大衆，補助型態以實物補助（服務提供）爲主，現金補助爲輔，而以補助服務使用爲原則。第二，依老人失能程度及家庭經濟狀況，提供合理的照顧服務補助，失能程度分爲三級：輕度、中度和重度，失能程度愈高者獲得政府補助額度愈高。照顧服務補助對象在補助額度下使用各項服務時，仍須部分負擔費用，部分負擔的費用則與失能者之經濟狀況有關，收入愈高者，部分負擔的費用愈高。其中服務對象失能等級之界定如下：(1)輕度失能：一至二項ADLs失能者；(2)中度失能：三至四項ADLs失能者：(3)重度失能：五項（含）以上ADLs失能者。而有關補助服務時數之規劃爲：輕度失能爲每月二十五小時；中度失能爲每月五十小時；重度失能則是九十小時。

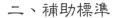

二、補助標準

有關費用部分負擔之設計依經濟狀況設定不同補助標準：(1)家庭總收入未達社會救助法規定最低生活費用一・五倍者：由政府全額補助；(2)家庭總收入符合社會救助法規定最低生活費用一・五倍至二・五倍者：由政府補助90%，民眾自行負擔10%；(3)一般戶：由政府補助60%，民眾自行負擔40%；(4)超過政府補助時數者，則由民眾全額自行負擔。至於每小時的補助經費則是以每小時一百八十元計（隨物價指數調整）。

三、管理機制

有長期照顧服務需求之民眾，如欲獲得長期照顧服務，須透過「需求評估」之核定；回顧我國相關社會福利法規，對個案資格之認定，凡涉及服務補助相關事宜，相關法規均明訂由具公權力之政府部門執行，考量我國現階段照顧管理者的職權涉及政府資源的控制和分配，照顧管理者宜具備行政上的法定權威，爰此，主張以縣市政府的單位來擔任較爲妥適。當我國長期照顧體系財源以公共預算，特別是社政部門爲主時，照顧管理制度應執行多元需求的評估，發揮以下功能：需求評量、服務資格核定、照顧計劃擬訂、連結服務、監督服務品質以及複評等職責，期能確保照顧資源之有效配置；具體言之，我國照顧管理制度應以密集模式爲發展主軸。若採密集式照顧管理模式，則照顧管理者的個案負荷量設定爲一百二十人或二百人；以我國二〇〇七年失能人口二十四萬五千餘人計算，假定服務對象中有20%在第一年會申請服務，應設置二百四十六位照顧管理者（低推估），另以每五至七位照顧管理者設一名督導推算，再考量補助地方政府照管中心設備費及業務費，則二○○七年照顧管理制度所需之費用合計約爲一億五千萬元。

四、服務人力

長期照顧服務之範圍相當廣，需要來自醫學、護理、社工、職能治療、物理治療等專業人力的投入，更需要提供生活照顧最主要人力之照顧服務員的投入。依據前述推估之長期照顧需求人口數、補助規定，以及各專業目前從事長期照顧服務的情形，特別是先前「建構長期照護體系先導計劃」實驗社區的經驗，來估算各類人力之需求量。依推估結果顯示，二○一○年需求之人力有一萬五千零四十七至六萬七千零四十九人，其中照顧服務員之人力需求爲九千六百至五萬二千一百一十七人，又以目前從業人員的現況來看，照顧服務員之缺額最爲嚴重，故宜針對人力不足的培訓及教育及早規劃。

五、服務機構

有關長期照顧服務資源發展之規劃，在機構式服務方面，應將服務匱乏之縣市列爲補助優先對象，而對於資源不虞匱乏之地區，則以提升機構式服務品質爲重點工作。在日間照顧服務方面，目前各縣市日間照顧資源的缺乏情形相當嚴重，現階段中央應針對尚未有日間照顧資源之縣市，優先補助其建立日間照顧服務資源體系，以因應需求。此外，長照計劃針對各類服務設定之使用率估算出需求量，進而與現有之供給量比較，即可獲得資源供需落差之情形，並據以訂定各年資源發展之目標。

六、辦理經費

在發展長期照顧服務資源方面，長照計劃採「引進民間參與」之實施策略來辦理，也就是透過民營化策略中的購買服務（政府採購）方式，鼓勵民間參與；此外，也透過補助方式鼓勵相關資源之建置。依據目前政府補助要點之費用補助標準（單位成本）再乘以未來發展目標（數量），計算出政府爲補助資源發展（補助服務提供單位）所需的經費。除此之外，亦推估政府補助服務使用的經費，若將兩者與地方政府聘任照顧管理者、照顧管理督導及照管中心設備、業務費之費用推估加總，二〇一六年爲一百四十二．八四億元。長期照顧十年計劃之期程來看，則十年政府所需編列的經費總金額推估爲八百一十七．三六億元。

七、配套措施

長期照顧法令之訂（修）定及政府部門（中央和地方）協同合作機制之建立，宜即刻進行規劃；資訊系統之建置提出四項原則：(1)由專職與專業人員管理（資訊組）；(2)釐清長期照顧資訊系統的功能；(3)增加資料庫的可近性；(4)統一各縣市之資訊系統。又爲爭取社會大衆對長期照顧政策的目標及推動原則之瞭解，樂於接受服務、願意部分負擔而付費使用服務，進而增進民間機構團體參與服務提供之意願，在推動長期照顧制度之初期，教育宣導工作也應編列預算積極規劃辦理。

結　語

隨著經濟發展、公共衛生改善以及醫療技術進步，人們的壽命不斷延長。另一方面，社會環境與經濟型態的變遷，也使得生育率不斷下降，於是人口結構進入了一個老人多、年輕人少的時代，也就是高齡化社會的型態，高齡人口照護成爲衆所矚目的焦點，隨著社會文明的進步，如何追求有尊嚴的老年生涯，以及展現老人的存在價值，已是社會大衆的共同認知，長期照護的目標爲「建構完整的長期照顧體系，保障身心功能障礙者能獲得適切的服務，增進獨立生活能力，提升生活品質，以維持尊嚴與自主」。爲求總目標的達成，政府應儘速建立穩健長期照顧財務制度，並建構一個符合多元化、社區化（普及化）、優質化、可負擔及兼顧性別、城鄉、族群、文化、職業、經濟、健康條件差異之老人長期照顧政策。以全人照顧、在地老化、多元連續服務爲長期照顧服務原則，加強照顧服務的發展與普及。期待健全長期照護功能，以建構完善的長期照護體系，朝著大同世界所揭示「老有所終、鰥寡孤獨廢疾者皆有所養」的理想目標邁進，圓滿因應即將到來的高齡社會。

問題與討論

一、請說明我國長期照護制度的規劃內容。

二、請說明英國的長期照顧服務的內容。

三、請說明日本的長期照顧服務的內容。

四、請說明已發展國家長期照顧政策之趨勢。

五、請說明我國長照社會保險規劃的內容。

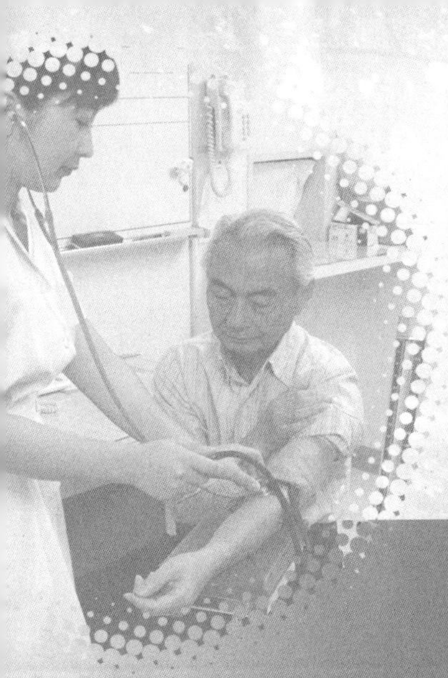

第十二章

高齡人口就業

無論富國窮國，全世界都在老化。養老時間愈來愈長，退休的概念即將終結。未來，我們都會用工作來養老。然而，政府、企業與個人做好因應準備了嗎？一八八九年，德國宰相俾斯麥（P. von Bismarck）為七十歲以上的工人推出了全世界最早的退休金制度，當時德國人平均壽命只有四十五歲。一九三五年，美國推出社會安全制度，領養老金的法定退休年齡是六十五歲，比當時美國人的平均壽命多出了三歲。過去，各國政府的退休金制度，是為了讓少數健朗的老人安享短暫的晚年。如今，人類壽命愈來愈長，百歲人瑞以往很少見，現在光在美國就有十萬人。有些歐洲國家的平均退休養老時間更超過了二十五年。一九五〇年，經濟合作暨發展組織（OECD）國家平均每七個成年人負擔一個六十五歲以上老人，今天這個比例是4：1，預計到了二〇五〇年會變成2：1。各國政府的「隨收隨付」退休金制度，所產生的潛藏負債，未來勢必造成社會財政危機。而且不只工業國家，開發中國家將來也會面臨同樣的老化問題。全世界都在老化，從個人、企業到政府，現在就必須設法因應。養老時間愈來愈長，所產生的衝擊，意味著退休的概念即將終結，人類將重回俾斯麥之前的世界：工作再也沒有正式的停止時間。

隨著社會、經濟急遽變遷，台灣地區人口出生率持續下降，國人平均壽命逐年延長，國內中高齡人口之比率乃逐漸升高。對於高齡者參與工作的解釋，主要有「參與理論」和「撤退理論」兩大觀點。前者認為人生唯有樂觀才可以快樂生活，樂觀的人多參與，參與多的人因為互動的刺激也就更樂觀，腦部的多巴胺（dopamine）便旺盛地分泌。處處撤退的人往往以「等待」為生活重點，習慣於「被動接受」，難免會消極、退縮與無助。

第一節　老年人口的就業困境

時至今日，台灣地區已進入高齡化、全球化，傳統三代同堂、兒孫繞膝景象不再，取而代之者，係以父母及未成年子女相互經濟、情感依附的核心家庭爲主，老人已非核心家庭結構成員；家族支持功能逐漸喪失，老人日益有賴自助他助以承擔風險。老化是一種過程，是身體和心智無可避免的退化過程，老年時期生理與心理狀態退化，經濟來源與工作所得會減少，社會地位與人際關係會變淡，家庭組織成員也會減少。雖然老人因體質衰退而往往要脫離經濟活動，但仍然有不少老人從事直接的生產或服務行業，如清潔或看更等低級工作。因此，老人、老人與退休、老人與工等就形成錯綜複雜的概念。在這個講求生產力的社會裡，一般人到達退休之年便被「請離場」，離開生產機制。但是，工作代表了很多東西，老人還能依靠什麼東西來建立他們的地位或尊嚴呢？無怪乎大多數老人看自己是「愈老愈無用」，或有「年老便只是等死」的態度。另一方面，若有些老人重回生產線，他們卻多會面對不公平的待遇，淪爲「二等勞動市場」（secondary labor market）的勞動力。這些變化的困擾，使老年時期發生難以調適社會生活現象，加上老人缺乏適應驟變環境的能力、身體功能逐漸衰退，暨因喪偶、寡居、退休、感官的失落、疾病、死亡的陰影衝擊著老人，以至現代社會對老人存在「貶值化」、「邊緣化」、「偏見化」、「標準化」四種負面概念。

一、貢獻貶值化

工商社會的價值判斷，習慣依經濟的成本效益爲評斷，將人的存在價值，依成本效益分析；由於老人易呈現退縮、癡呆、身體機能衰退的現象，常被視爲無生產競爭力；老年如同貶值年代，是「四體不勤」者，屬缺乏經濟價值的階段。貶值化的概念，忽略老年是生命周期的一部分，老年人口在過去工作時期的貢獻，及老人經驗的累積，在世代傳承中，有不可磨滅的貢獻。然而隨著時勢的推移，專業智能的快速變化，使企業對於高齡求職者的接受度也普遍偏低。儘管對高齡求職者的接受度低，也有企業坦言，高齡員工的穩定與經驗對於企業有一定的價值，專業經驗、流動率低、抗壓性佳，則被認爲是高齡員工的最大優勢。

二、價值邊緣化

經濟市場常以社會需求、消費趨勢爲導向，社會中的老人已非居於社會的主導地位，亦非社會消費的主流；老年時失去工作，同時失去尊嚴；當商業廣告、消費趨勢、社會需求完全不以老人爲重心，而以創新、時尚、新穎爲特色，老人形同消費市場、社會經濟的邊緣者，易屬價值遞減人口；但事實上老人安養、照顧每年有相當龐大的消費市場，若是能以健康銀髮族服務高齡者，則在高齡化社會，老人便是消費的主流，可扭轉社會邊緣人的偏見。

三、生涯偏見化

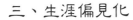

老年是生命發展的最後階段，在此時期，生理方面由於身體器官的老化，多種慢性病逐漸出現；心理方面，智力、記憶力的減退，加上家庭、社會的變遷，多種壓力的累積，容易造成適應不良，易被認爲生活自理功能不佳的人口，表現出無助和依賴。

四、角色標籤化

以年齡爲老年定義，年滿六十五歲即屬老年，標籤化的結果，對六十五歲以上仍於職場者，形成強制退出的壓力，容易造成老人眞實需求與內心感受不受尊重。同時在事物決定過程易遭到忽略，老人的眞實需求遭受漠視。

由於傳統上對老人「貶値化」、「邊緣化」、「偏見化」、「標籤化」的結果，容易使人直覺，老人退出職場失去原有工作收入，又無法避免他費用支出，會形成「貧窮老人」，貧窮老人是全體國民可能面對之風險與危機。

爲了因應未來健康的老齡人口激增以及各年齡層的人口比例不平衡，加上人人親身經歷貨幣一再貶値，銀行利息也一減再減，不必各國政府定策，每個人從生活中也有所體驗，也會設法自救。要不就多把工作年限延長，要不就多做幾份工準備養老。爲了應付長壽歲月的時間和終身消費，下世代的老人消費群終身持續的再培訓再工作也不稀奇。彼得．杜拉克很大部分論著都看到了未來社會的變局；早在一九六九年的《斷裂的時代》（*The Age of Discontinuity*），已經深入探討資訊與資本全球化、知識社會、科技、人口變化等問題。到了二〇〇三年的《下一個社會》則提及：「新社會的主導因素是老年人口的快速成長，年輕人口迅速萎縮，政治人物仍然承諾要挽救現有的退休金制度，但他們和選民都非常清楚，只要健康許可，以後大家都必須工作到七十五歲左右。」

第二節　高齡社會的就業對策

一、老人就業的需要

老人福利工作需要充分結合政府與社會團體的共同力量，例如：健康照護問題，需要衛生醫療單位的配合；老人的保護工作，需要司法單位介入；唯有各部門之間相互協調整合，才能發揮整體性的最大效果。老人的安養並不限於身體的照護，老人心理的發展與尊嚴的維護更不容忽視，因此老人力的運用也有助於老人對自我價值的肯定。隨著人類社會的變遷，在「後工作社會」的概念中，工作並沒有一定形式與標準，一些目前已成形的工作型態，如個人工作室、電傳勞動、在家工作、網路營銷等，視爲「後工作社會」來臨的體現，也以此爲後工作型態存在的依據。工作再也沒有一定形式與標準，但工作是一個人表現價值與交換價值事物的過程，是故，進入「後工作社會」後，一個人透過終身學習，爲下一個工作做準備。「後工作社會」的概念對高齡者是個新的嘗試。其中受知識經濟影響的後工作社會將更強調個人自主性，管理方式趨於智能化而且超成熟的工商業和服務行業，亦已經是來到不完全根據勞力與工作時間獲得薪資的時代，才智和人際、外交與權力、個人知識等，都可能是累積財富的資本。這麼一來，高齡者能終身學習，亦能與青壯年在事業上共同貢獻專業。這也意味著，未來的時代，只要是確保環境友善與個人健康，可預見高齡者能擁有的不一定是退休規定；知識能與年齡成正比例，就代表著高競爭力。其實，參考美國未來學專家舒瓦茲（Peter Schwartz）《未來在發酵》（*Inevitable Surprise*）一書，會發現它早已總結不少前人觀點，論及未來世界將是老齡者當家，使得退休的定義也將重新改寫。因此，在未來，即使是資深員工從職場退下，也不一定像過去和現在的人們面臨劇烈的生涯轉變。屆時，工作與退休的界線將不再涇渭分明。

活動理論針對社會撤離理論所提出的老人因活動能力下降和生活中角色的喪失而願意自動地脫離社會的觀點，認爲：第一、活動水準高的老人比活動水準低的老人更容易感到生活滿意和更能夠適應社會；第二、老人應該儘可能長久地保持中年人的生活方式以否定老年的存在，用新的角色來取代因喪偶或退休而失去的角色，從而把自身與社會的距離縮小到最低限度。活動理論對老人社會工作的意義在於，無論從醫學和生物學的角度，還是從日常生活觀察表明，「用進廢退」是生物界的一個基本規律。因此，社會工作者不僅要在態度和價值取向上鼓勵老人積極參與他們力所能及的一切社會活動，而且更需要爲老人的社會參與提供更多的機會和條件。

二、老人就業的對策

面對高齡社會所帶來的衝擊，不少先進國家提出高齡社會的因應對策，有的以立法方式，有的則是以訂頒對策大綱、研擬計劃，發表宣言、制定白皮書的方式呈現。日本在一九八六年提出「長壽社會對策大綱」，分別對「就學及所得」、「健康及福利」、「學習及社會參與」以及「住宅與生活環境」等四大領域提

出因應之道；一九九五年又訂頒「老齡社會對策基本法」。英國的高齡社會對策，也提出「盎格魯—法蘭西聲明」（Anglo－French Exchange）、「老人教育權利論壇」、「老人教育憲章」等，協助老人再就學、擴充退休前教育活動及推動老人教育等。美國爲因應高齡社會的來臨，也陸續頒布「禁止歧視老人法案」、「綜合就業訓練」、「志願服務法」、「老人教育法」等。綜觀各國及專家學者所提出的因應對策，可以歸納爲以下六點：

(一)延後退休

高齡社會最大的衝擊，來自於財政的負擔，因此，不少國家提出延後退休、津貼延後發給、降低每年的給付數額、縮減福利，以及對當事人進行經濟調查，做爲健康照護重行分配的依據等。七大工業國中的五國都已設定未來延後正常退休年齡的時間表。延後退休，可以降低依賴人口，更能補充勞動力，減少勞動人口日漸下滑的人力不足問題。

(二)鼓勵勞動

鼓勵更多適齡工作者持續工作，或鼓勵適齡工作者的移入，這種做法的好處是立即見效，不像鼓勵生育要數十年後才有成效。要擴張勞動力，可從輔導就業、減少失業或延長工時的方式入手。此外，鼓勵婦女就業，提高就業率，也是增進勞動力的可行方案。

(三)鼓勵生育

鼓勵生育較多的子女，培養更多具生產力的小孩，是面對高齡化社會的一項較長期因應策略。面對少子女化的現象，許多已開發國認爲低生育率將會帶來經濟、福利的威脅，甚至是攸關種族的

存續。畢竟一個經濟體的大小，端視未來工作者的品質及權益而定，因此鼓勵生育，成爲近年來先進國家因應高齡化社會的重要策略之一。

(四)健康照顧

老人是最需要照護的一群。已開發國家每年在老人健康照護上的支出已成爲政府財政上沉重的負擔。面對老年人口的增加，老人病的病患勢必加多，醫療部門須做適當的擴充與調整，例如增加老人病床、醫護人員及照護服務等，從業人員的培養也應及早規劃。另外，重建家庭的倫理觀，培養下一代孝順父母的觀念及照顧父母的責任感，讓照護工作由政府與家庭共同分擔，也是可考慮的政策方向。

(五)休閒規劃

老人已完成家庭和工作的責任，大部分的時間都是自由時間，休閒旅遊成爲高齡者偏好的活動，老人的休閒旅遊成爲一項新興的熱門行業，因此，對高齡者的休閒旅遊應妥爲規劃，回應其需求。

(六)社會參與

不少研究均指出，老人社會活動的參與愈多，其人際關係較佳，生活滿意度較高，而且健康也較爲良好。社會參與是維持老人人際關係脈絡的重要支持體系，包括教育的參與、志工的參與、政治的參與、組織的參與、宗教的參與，以及其他各種社會活動的參與。其中教育的參與及志工的參與，更值得關注。

德國社會政策學者蕭伯納（G. Bernard Shaw）有一句名言：「我們並非因爲年老而停止工作。我們因爲停止工作而變得年老」。他指出當我們自己覺得時不我予，我們便會做出相應的行爲。隨著全人類的壽命愈來愈長，他們不得不多儲蓄、多規劃。但是貨幣的一再貶值說明儲蓄的觀念並不可靠，眼前的最好辦法應該是看出自己是人力資源，盡力投資在自己身上，儲存人力資本；使自己保值事小，讓自己增值事大，提升可僱用價值，才能確保自己隨時可以被僱用。所以保健之外，所謂的終身學習之所以被提出，目標是爲了人的增值。人，尤其是壯年後，要不斷取得新的知識。這是彼得·杜拉克在一九五九年《明日劃時代事件》（*The Landmarks of Tomorrow*）一書中，開始論及的知識經濟問題；在一九九〇年的《未來管理》和一九九三年的《後資本主義社會》（*Post Capitalist Society*）中，他已經提出過不少教育理念的反省。延緩退休、打破退休年齡限制的確已成了趨勢。其中，英國不僅把退休年齡下限定爲六十五歲，還計劃取消限制，以防範雇主以年齡做爲強制員工退休的理由。如此趨勢的知識世紀，不能不由六十歲以上的人群組成龐大的社會生產力，也成爲人多勢眾的消費群，關鍵就在確保他們有能力因應。

第三節　銀髮族重返就業市場

一、銀髮族延緩退休

在倒金字塔人口結構下，國家財政赤字必然日益擴大，政府解決問題的方法，不能停留在工業社會增加預算的思維，因爲，未來沒有足夠工作人口來繳交國家所需龐大費用。自人類發展的歷程中知悉，退休制度是到工業社會後才形成的，由於工業社會大多數

人進入企業或組織工作，造成勞資關係與相關社會問題。爲保障勞工及離開企業後的生活，各國相繼立法訂定福利制度及退休制度。受到人口結構的變化，在現有條件不變下，預計一百年後，台灣人口將只剩下八百萬人。從人口結構快速成爲倒金字塔形狀來看，許多福利保險制度將會崩解。這也是爲什麼我國勞保年金出現龐大的虧損黑洞，健保巨額負債達五百一十一億元。另外，國民年金二○○八年十月才開辦，內政部評估，二○一○年財務會短缺約八十億元，二○一一年則短少超過二百億元。這告訴吾人，未來，政府財政無法承擔這些福利措施。爲應付此一變局，需要新的生涯規劃。我國現在平均壽命約七十八歲，從二○○一至二○○七年平均退休年齡約爲五十五歲。也就是說，退休後要準備好二十三年的生活費用。如果未來勞保、健保不再有保障，那退休後的生活費加上醫療費用更是沉重負擔。準此，高齡者的就業是本著「讓自我生涯獲得保值，更要能追求增值的成長」。因此提出，每個人都要爲自己的一生做準備，好好規劃一生的旅程，不要讓自己成爲兒女或社會的負擔。要如何達成此一目標？這是很簡單的推算，退休後所儲存的金錢，能養自己到人生終點。由於人類壽命持續增長，故必須推動以下兩項方能竟其功。其一，延緩退休時間增長勞動年齡。其二，規劃多項專業，達到「本行能在行，非本行不外行」的多元能力。延緩退休是必然趨勢，延緩退休有兩種情況，一種是在原來的公司或組織繼續工作；另一種是更換工作，不管屬於哪一種，其精神就是繼續工作，亦即是「終身工作」。當下提出的「銀領族」概念就是在此情況下應運而生。然而，不是你要工作就會有工作，所以，要持續培養社會所需的專長，才能找到工作。如果將退休後準備的費用，要夠用到人生終點來看，假如平均壽命達八十歲，那一般收入的人，可能要工作到七十五歲才能退休。不管你喜歡與否，「終身工作」時代已悄然來臨了。

告別退休，其實倒也不是壞事。許多企業不喜歡僱用老人，認為老人動作慢又不會新科技，但熟齡員工不一定得做原來的工作。例如在日本，日立等大企業就找出了方法，重新僱用已經退休的員工，但提供的是不同的工作，薪資也大幅降低。另外包括沃爾瑪、英國B&Q、麥當勞等零售餐飲業者，現在也開始僱用退休老人，因為他們對客人更友善、殷勤。在德國，近年因為工程師不足，也迫使企業必須找回老年員工。工業國家的勞動力將在二〇二〇年開始走下坡，屆時會有更多企業回雇老員工。許多老人都有意願在退休後繼續工作，只要工作不太繁重，老人們的身心都可獲益。許多嬰兒潮世代的人都說，他們從來不想在老年完全不工作，但會希望工作時數少一點。因應老化，各國政府近年已推出不少政策，包括可攜式福利、引入移民、鼓勵私人儲蓄、改革醫療等。有些企業也開始取消強制退休年齡、讓員工分階段逐步退休。最重要的是，政府必須延長領取退休金的法定年齡，光是延到六十八歲還不夠，延到七十歲會更理想。目前只有丹麥政府跨出了前瞻的一步：依據平均壽命的增加，自動延後法定退休年齡。

二、銀髮族重返職場

根據英國國家統計局的統計資料，二〇〇五年半數以上的新就業機會，都是由屆齡退休的銀髮族取得，退休族重返就業市場，除了顯示雇主願意僱用年長員工，從另一個角度來看，主因是許多銀髮族面臨嚴重的財務壓力。因此，隨著人們的壽命愈來愈長，退休的銀髮族如果想要有足夠的財務能力安度晚年，就必須延長工作時間。另外，許多銀髮族也擁有年輕上班族沒有的長期生活歷練與技能，這也使得有些雇主願意僱用有經驗而且穩定性較高的年長員工，包括特易購（Tesco）、Sainsbury等超級市場，都特別指定僱

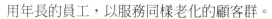

用年長的員工，以服務同樣老化的顧客群。

根據英國國家統計局的統計報告，一九九○年代英國六十五歲以上男性及六十歲以上女性銀髮族，就業率在7.5%及8%之間，但二○○八年就業率提高到10.4%。報告指出，二○○八年，英國達到退休年齡的人數達一百三十萬人，較前一年增加八萬五千人，其中新增十四萬七千人重返就業市場，都是由屆齡退休人口取得，不僅如此，年齡在五十歲到退休年齡仍就業的人數增加五萬七千人。究其原因，除了雇主傾向願意僱用年長員工，許多銀髮族面臨嚴重財務壓力也是重要原因之一。因爲平均壽命提高後，銀髮族爲了有充分的金錢「安養天年」，被迫延長工作時間，滿足「退休」後的生活需求。

隨著老年人口快速增加及生育率下降，高齡社會將衍生許多問題，參酌日本、南韓和新加坡等國，都以延長強制退休年齡來因應高齡社會，未來將扮演更積極的角色，協助中高齡人口就業，台灣如要延後退休年齡，必須提出完整的配套措施。政府對於僱用中高齡者的企業應給予補貼獎勵，並且建議政府積極發展銀髮族產業。韓國六十五歲以上的老人勞動參與率爲31%，遠超過台灣的8%。高齡問題愈晚因應，所付出的成本愈高，因此最好及早正視這個問題。福利先進國家多以漸進式的退休，取代全然的退休制，例如退休者可以從事與老年生活型態結合的工作類型，或以兼職取代全職工作。日韓兩國的中高齡人口就業，很多都是選擇部分工時或人力派遣的工作。是以，台灣應重視非典型僱用型態改變的事實。當然，選擇繼續投入就業市場的年長者，也必須重新適應新的職場倫理，放下身段，接受主管比你年輕的事實。同時，應推動跨世代的交流，將年長者的技術經驗及價值觀傳承下來，同時年長者也要試著欣賞年輕人的優點。同時，身體健康、經濟無虞的年長者，退休後也可以擔任社福團體或公家機關的志工，繼續服務社會。至於有經濟壓力的高齡人口，退休後可以再尋找職業的第二春，但政府必須加強職業訓練與職務再設計，以符合高齡人口的體力、經驗以及期望。

第四節　高齡就業人口的對策

一、高齡就業借鑑

老人的社會地位幾乎等於傳統社會的主權掌控階層，是以有「作之親、作之師、作之君」的說法。然而，老人的社會地位一旦鞏固成受人尊重的控制權，社會的流動（social mobility）無疑也會遲滯不前，老人遂成爲封閉的社會階級（social class）。因而，老齡者也就可以長期高高在上的在各領域當權威。如此演變出的效果，一方面會拉長了人與人之間的距離，另一方面也使社會秩序封閉保守得有條有理。在一般的常態情況下，年輕一代也只能在老齡者跟前謙和恭敬，聽取安排，減少鬥爭。如此的社會型態好處是人事有秩序和各守本分的和諧，壞在容易演變成僵化、頑固、食古不化的思潮與態度占據主流。然而，現代社會的開放，令社會的流動加速了，也縮短了社會差距的幅度。老人不能再高高在上。但是，這一代和未來的老人參加社會的需要比以前的老人多，活著的時間也較長。因此，老人不能不學無術。最近幾十年來，全球退休型態有了重大改變，提早退休人口的比率不斷增高，這種現象在已工業化國家尤其普遍。面對人口快速老化以及提早退休的趨勢，政府及企業有必要爲高齡者提供更好的就業機會。老人對企業、經濟及社會提供具有相當潛力的價值。遺憾的是，他們經常被認爲是未開發

的人力資源，並受到差別待遇，甚至許多公共政策措施或私人工作場所的習性，對於高齡者擔任有給或無給工作均造成嚴重障礙。這些政策或工作習性有許多是過去年代遺留下來的產物，實有必要超脫傳統刻板印象來看待老人，以嘉惠人數逐漸成長的高齡者；況且如有適當的政策或工作，許多老人亦將選擇更長久的工作。有鑑於此，經濟合作暨發展組織於二〇〇一年春天「就業、勞工及社會事務會議」（the OECD Employment, Labour and Social Affairs Committee），決議完成一系列檢視各會員國有關活絡高齡勞動者之供給及需求面勞動市場相關政策的專題報告。

經濟合作暨發展組織選定二十一個會員國家研提「高齡化及就業政策」（Ageing and Employment Policies）的報告，包括對各國造成老年勞工就業主要障礙的調查；對現有處理這些障礙的適當、有效措施的評估；並對各國官方及社會伙伴提供未來行動方案的建議。截至目前爲止，已陸續完成比利時、捷克、芬蘭、法國、義大利、日本、南韓、盧森堡、挪威、西班牙、瑞典、瑞士、英國等國家的報告。

茲將經濟合作暨發展組織對主要會員國如英國、法國及南韓等調查報告所提有關高齡化及就業政策之主要建議內容，說明如下：

(一)活絡勞動市場的移動

1.改革對求職者相關義務的免除規定。爲提高求職者尋職的意願並鼓勵積極求職，有必要對原本求職者一些義務的免除規定，再做檢視或改革。例如英國對求職者補助制裁措施及訂定固定罰金制度等的檢視，將有助於維護權利與義務間的有效平衡，並避免求職者怠於履行相關的求職義務。

2.增加各類積極性勞動市場計劃彼此間的合作，以改善整體實施的成果，尤其高齡者的長期失業問題，更需要各種配套措施。

3.為了使已經領取退休金的人重返勞動市場，經濟合作暨發展組織建議推動一些積極性的措施，例如大規模的復職計劃、認養適當的工作機會提供予退休勞工等。

(二)鼓勵高齡人口持續就業並提供更多退休的選擇

1.讓漸進式的退休制度更吸引人、更為大衆所接受。以法國漸進式退休制度為例，由於條件過於嚴苛，成效不彰。因此建議在漸進式退休制度中增加附加權益，以吸引高齡勞工接受。

2.持續降低提早退休的可能性，例如檢視各類稅制對提早退休制度的影響，考慮是否透過加重徵稅等方式，以減少提早退休的可能。

3.依據人口趨勢統計調整退休年齡，建議提高法定退休年齡，使其與預期平均壽命將提高維持一致性，如此不但可提升高齡者的勞動力參與率，同時亦可協助解決退休金成本上升的問題。

(三)排除高齡者持續就業及再就業的障礙

1.宣導高齡工作者經驗的價值，例如英國試圖排除在公共及職業年金制度設計中阻礙持續工作的因素，透過採取「肯定年齡運動」（age positive campaign）來改變雇主、勞工，甚至一般民衆對高齡者的觀點。

2.增加退休基金財務的穩定及相關收益。唯有確保勞工於選擇延長工作後應得的權益，並能獲得額外的利益，如此才能吸引及鼓勵高齡勞工繼續工作。

3.採取進一步的措施以預防與失能有關的津貼被變相用爲提早退休的管道。依據經濟合作暨發展組織的報告，英國領取失能津貼的比率比其他會員國來得高，因此建議其採取相關措施，如採行更廣泛的復健與職業訓練方案等，以防範這種透過領取失能津貼來達到提早退休目的之現象。

4.檢視按照年齡或服務年資之薪資制度，並建立技能薪資制度。由於薪資普遍隨著年齡明顯上升，生產力最少的高齡勞工易被逐出勞動市場，因此按年齡及服務年資計算之薪資制度，對高齡者就業有負面影響，調整按技能給付薪資乃有其必要性。

(四)增加雇主僱用及持續僱用老人的意願

1.經濟合作暨發展組織鼓勵政府制定反年齡歧視的立法，包括廢止強制退休年齡，除非有客觀的正當理由。同時，必須將不同年齡之勞動相關立法措施周告雇主。例如英國「僱用不同年齡之施行法規」（Code of Practice on Age Diversity in Employment），即企圖改變雇主的態度。

2.限制強制退休之採行。當勞動力萎縮、高齡勞工的經濟效用還可經由繼續就業獲得提升時，提早或強迫在某一固定年齡退休對人力資源是一種浪費。因此建議對強制退休制度予以限制。

3.公部門應鼓勵及實施員工於機關內部及外部的職務輪調，以增加員工的工作歷練，並宜取消僱用年齡的限制，爲民表率。

4.放寬嚴格之就業保護法。太過嚴格的就業保護法將影響雇主僱用高齡勞工的意願，適度的放寬反而可提高雇主僱用高齡勞工的意願。

5.提供合理的高齡勞工工資補貼。對於高齡勞工的就業服務，除包含尋職服務、職業訓練、技能檢定、尋職津貼外，可提供雇主或勞工適度的工資補貼，以提高高齡勞工的就業比率。

(五)提高勞動者的受僱能力

1.加強及擴展老年人口之職業訓練以及其他形式的訓練課程等。

2.降低老年人口之工作時數、改善工作條件及工作安全，使其適合於高齡勞工的身心狀態，以發揮其寶貴的工作經驗及價值。

3.建立對年過四十五歲勞工訓練目標的量化監測，避免訓練資源被閒置或浪費，以確實達成提高高齡者就業能力之目標。

4.爲高齡勞工開拓及積極尋找更多之工作機會，並加強與其他對高齡勞工積極性的就業措施之合作，協助超過五十歲的尋職者返回職場。

5.提供雇主對資遣或離職員工之求職諮詢和再培訓費用免稅之優惠。如彼得．杜拉克所說，在二十一世紀，許多先進國家的社會保險與退休制度都會崩潰，大多數人可能要工作至七十五歲才能退休。如果人人有此體認，國家與企業也調整勞動市場與退休制度，則養老問題即可紓解大半。

二、高齡就業政策

台灣六十至六十四歲高齡者勞動力參與率，在一九九三年爲41.6%，二〇〇三年降爲34%；降幅達7.6個百分點。另外，觀察六十五歲以上的勞動力參與率，二〇〇三年南韓爲30.7%、日本

21.8%、美國13.2%、新加坡11.3%，都比台灣的7.8%高出甚多。基於我國人口結構逐漸老化、平均壽命延長、退休制度長期財務結構之健全，以及勞動倫理等因素之考量，上述經濟合作暨發展組織各項具前瞻性的建議，可提供我國做為改革相關退休制度及研擬促進高齡勞工就業政策之參考：

1.我國現行所實施之勞工退休新制，長期而言，應有活絡勞動市場之效果，但相關單位執行宣導作業時，宜向雇主或一般大眾宣導對高齡者的肯定，對高齡勞工可適度提供工資或職業訓練經費補助，增加雇主僱用高齡勞工的意願。因應政府擴大使用中高齡勞動力，延長法定退休年齡，實施職級年金制，適度修改現有按年資累積的薪資制度，以免增加企業界的勞動成本支出。

2.在公部門的退休制度方面，目前過早的請領月退休金的年齡，五十五歲退休加發五個基數的優退措施，對國家退撫負擔之長期財務產生負面影響，成為鼓勵高齡者持續就業的障礙。除考量組織改造、個人身心障礙等特殊情形外，應延後退休年齡並給予其他附加利益，以吸引高齡勞工持續就業。

3.其他有關增加求職者適當之求職義務、建立技能薪資制度、增加勞動市場彈性等，均應與改革退休制度同步檢討與配套實施。對中高齡勞動政策的建議則有：因應政府加入世界貿易組織（WTO），大量農民必須轉業，參考日本等先進國家的做法，規劃出適合中高齡勞工從事的行業，加強推動這些行業的職業訓練與安全衛生教育訓練，以確保轉業農民的就業安全。

4.對於某些確實不適合高齡者從事的作業，例如視野與視覺敏銳度會影響駕駛作業績效，而兩者都會隨年齡的增加而逐漸遞減，因此應針對飛機駕駛、公車駕駛等行業，訂出適任的年齡上限，供業者與勞工參考，及早進行轉業的規劃與訓練。對於勞心的中高齡勞工應加強教育訓練，實施工作豐富化與工作輪調；對於高齡體力勞動者則應設法改善其工作環境，減少快速度的操作以及不舒適的操作姿勢。

5.政府多以獎勵方式促使企業多僱用高齡勞工，並爲高齡勞工進行職務再設計。雇主依照「勞工健康保護規則」，定期爲高齡勞工進行健康檢查。

6.我國職災個案資料沒有記錄受害者的年齡，因此應改進職災記錄的表單並加強訓練檢查員，明確的記錄與職災發生有關的個人因素（性別、年齡、病歷、其他特殊情況）、意外事故發生前，或發生時所在的位置與進行中的動作、工作環境與使用的工具設備，才能由職災個案資料歸納出具體的職災類型與防範對策。日本人口老化問題比台灣嚴重且較早發生，因此有許多相關的資料值得參考，例如許多大規模的企業所採用的終生僱用制、中高齡勞工身心功能之測定，與針對中高齡所做的工具、設備改善等。

《未來在發酵》一書指出，高齡員工需要受的訓練比年輕人低、五十歲以上者是擴張相當快的網路使用族群，尤其擁有普遍的大專教育程度與主動接受持續教育的高意願；對於倚重員工判斷力而不是體力的企業，高齡員工的效率更佳，因此，在未來，退休在人們眼裡的定義可能只是休生養息的代名詞。高齡管理者、知識工作者皆有機會在第三人生的時期，把工作生涯藉由經驗、學問與才智從心所欲的發揮，在職場出入自如，經濟、社交和健康狀況都會更有活力的提升質量。相反地，退休金和養兒防老都不足以維持，不具專業能力，很容易就成了別人的負擔，致使生活上陷入困頓。

結　語

根據美國勞工統計局於二〇〇七年十一月公布的勞動市場推估結果，由於人口高齡化之因素，美國未來十年勞動力參與率（以下簡稱「勞參率」），將由二〇〇六年的66.2%降爲二〇一六年的65.5%，勞動力成長將較目前趨緩，其中，高齡勞動力成長預估將爲全體勞動力成長之五倍。我國近幾年由於少子女化及國民平均壽命延長，人口高齡化速度明顯較法國、瑞典等先進國家快速，因此在人口結構快速高齡化的趨勢下，我國勞動力之未來發展不容忽視。根據推估，若勞動參與意願不變，未來總勞動力參與率將呈下降趨勢，總勞參率爲各年齡別勞參率的加權平均數，權重爲人口年齡結構。也就是說，若某年齡層勞參率高，而該年齡層人口占總人口比例又大，則總勞參率會較高；反之，則較小。由於人口結構漸趨高齡化，未來我國高齡人口比重將逐漸上升，再加上高齡人口勞參率較青壯年低，因此我國未來總勞參率亦可能如美國的預測趨勢，勞動力成長也將呈趨緩。惟如果能提高勞動參與意願，以抵銷因人口年齡結構造成的負向效果，未來總勞參率仍能維持一定水準。因此，如何提升勞動參與意願，將是影響未來勞動市場人力供給之重要因素。雖然我國高齡人口占總人口比重逐漸增加，但自二〇〇一年以來勞參率反而止降回升，分析主要原因爲二十五至四十九歲女性勞動參與意願提升之影響效果最大，其次爲五十至六十四歲中高齡者之人口效果。主要係因政府自二〇〇二年起陸續辦理各項促進就業措施，包括促進婦女人力資源發展及就業因應對策，及開發中高齡者就業機會，一方面給予婦女及中高齡者誘因繼續留在勞動市場工作，另一方面也吸引更多婦女及中高齡者進入勞動市場，是此期間總勞參率提升之主要因素。

因應人口老化的就業議題，宜有的對策是隨著我國人口結構高齡化，若要提升勞參率，主要針對的對象仍應以婦女及中高齡者爲主，除了持續加強人力培訓以提升勞動生產力之外，同時亦應思考如何創造可兼顧家庭與職場的制度，使有工作能力者均能進入職場。目前政府辦理的相關措施如下：第一、落實保障婦女法令、減除婦女就業障礙、培訓婦女就業技能及強化就業服務，以促進婦女就業並提升婦女就業之穩定性。第二、辦理「縮減高齡者數位落差計劃」，以提升老年人口的就業能力。第三、重新評估退休年齡及退休津貼制度，激發中高齡者就業動機。第四、修正現行鼓勵提早退休制度，提高法定退休年齡，並增加延長工作年資權益政策，以吸引高齡者繼續工作。制定禁止年齡歧視法案，並提供僱用中高齡勞動力之獎勵措施，降低企業主僱用中高齡者就業之負擔。並且宜強化中高齡者職業訓練，提升其技能，促使其能持續就業，並排除中高齡者再就業的障礙。

問題與討論

一、請說明老人仍然需要工作的主要原因。

二、請說明老年人口的就業困境的主要原因。

三、請說明高齡社會的就業對策的內容。

四、請說明銀髮族重返就業市場的方式。

五、請說明我國高齡就業人口對策的內容。

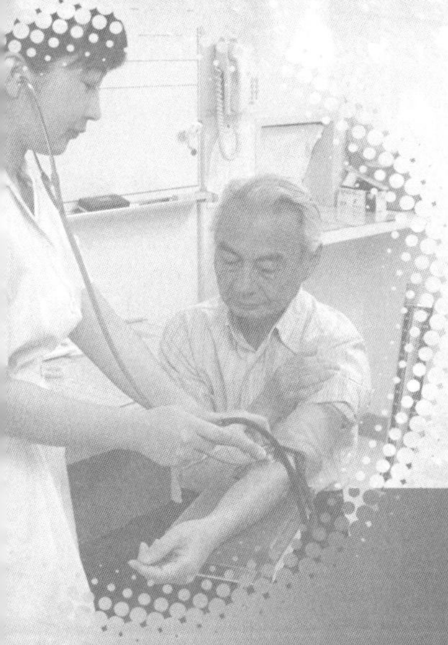

第十三章

老人的健康保健

老化理論對老人保健之影響（the impact of aging theories on elderly care）係多方面的，在個人、家庭、社區、社會、工商企業、政府機關、社會福利政策、醫療保健制度、人口政策與勞動政策以及學術研究等，均會受到巨大影響。對高齡社會的探討是一種科技整合的知識，從生理學的觀點，讓我們瞭解到遺傳性之長壽基因，或先天性之生物時鐘學說，後天之自由基線粒體分子破壞所產生之細胞分子衰老退化現象，均可讓我們更進一步從事基因研究或是優生學研究，來克服或延緩老化過程之現象與問題，並可研究如何限制自由基之破壞，增加抗氧化食物之研究，來維護老人保健，補救先天性長壽基因之不足。在個人方面對於生活方式之選擇、適當之食物營養與身心運動、日常之自然抗氧化物之攝取，由年輕時開始從事於預防性的身心保健工作，就可以減少老年期的許多退化疾病。從營養學的觀點，可提供食物營養與生技藥學之進一步研究。生物學的論述，強調荷爾蒙與免疫系統之彼此關係、葡萄糖焦糖化與蛋白質損害說，或輻射能老化說，均可刺激醫學與藥劑科學之更進一步研究，以利老人保健之實際應用。透過社會學的角度，對於老人族群之社會結構、社會角色、社會功能與社會期待的瞭解，有助於對老人社會活動與社會撤退理論之分析，可以提供老人社會政策、社會福利、醫療保健、社會安全、勞動政策與人口政策之研究分析與實際之操作運用，以提升全體老人族群的生活品質與保健水準。透過心理學的知識，對於老人之自我概念、社會關係與思考過程，以及認知功能之充分瞭解，將有助於設計適合老人族群的心理保健、社會工作、家庭諮商、團體治療、社團活動，以及身心保健之防治工作，對於老人晚期的生活適應與心靈修養將有很大裨益。透過社會心理學的思維，對於瞭解老人社會心理行爲之「學習依賴與學習無助」學說，以及老人之「社會情緒選擇理論」與社會互動的減少，可以幫助醫療保健與社會服務專業人才注意老人的內心感受與心理反應。

綜合學理，將可針對老人保健服務方案有一番重新檢討，且裨益方案設計，以提供適合老人需求之服務措施與老人保健政策與制度。同時，能夠幫助政府的醫療保健與全民健保制度、人口政策與社會福利制度，根據最新與最科學的老化理論與知識來制訂，才能符合時代潮流，滿足人民之需求。

第一節　高齡人口的健康人生

一、高齡人口健康意義

世界衛生組織成立的憲章第一條第一句給健康下的定義是：「一種身體上、精神上和社會上的完滿狀態，而不只是沒有疾病或沒有衰弱現象。」從先秦時代開始，中華民族的祖先用另一種語言和思維方式，表達與世界衛生組織憲章類似的說法。《尚書．洪範》說：「五福，一曰壽、二曰富、三曰康寧、四曰攸好德、五曰老終命。」健康的定義是一種身體、心理、社會的安寧狀態，不僅是指沒有疾病或虛弱現象而已。根據全方位理論的看法，對健康的認定較爲明確。然而，傳統醫藥因爲發展偏重於技術導向之故，只針對身體來考量，所以僅狹隘的把沒有生病視爲健康。進一步說，這一定義當然可解釋爲對沒有任何症狀時就可直覺地認爲是健康，但是在現代醫學的專業觀點，就很難認同疾病只被侷限在狹窄的診療症狀的定義。是以，隨著專業智能的增進，早期健康概念著重在生理層面，慢慢才加入了心理層次以至多元健康概念，並發展出健康概念模式。易言之，以前，人們對於健康的理解就是指身體的無病狀態，只要身體沒有疾病就稱爲健康。一九八〇年代中期，世界衛生組織才對健康重新做出上述定義這一定義，一直沿用到現在。

由社會、精神因素引起疾病的例子很多，例如人在情緒激動時可以引起血壓升高、心臟病發作；較大的精神打擊可以使人的眼睛突然失明；情緒鬱悶可以引起胃部不適等。這些現象都說明人的身體狀況是受社會、精神因素的影響。是以對健康的觀點，強調人是社會的人，醫生在預防、診斷和治療疾病的時候，不僅要考慮到身體的情況，還要考慮到社會、心理、精神、情緒等因素對人體健康的影響。強調命運在自己手中，都以修身養性、延年益壽爲修道的第一要，也是面對老齡的自處之道。由此產生了傳統養生，如東晉煉丹家葛洪在《抱朴子》中強調的思想：「我命在我不在天，還丹成金億萬年」。爲了達到健康的生活，必須結合生理、心理和社會。《論語．爲政》記載孔子自述老年生活的道德過程：「五十而知天命，六十而耳順，七十而從心所欲，不踰矩。」強調無論做什麼事都不刻意和造作，又不違反道德禮數。而醫生則扮演了社會和經濟的角色，醫生們保證他們的醫術是以健康爲出發點而不是以疾病角度來看病。在同時期對抗療法的醫生們就常把醫藥視爲只用在阻止危險狀況產生，而沒有在預防基礎上對健康做任何呵護。身、心、靈和諧的功能無礙才算健康，也就是能自由自在去完成每日生活上的一些活動，如能自主的工作和玩樂，能與他人應對與社交無羈，甚至於能接受宗教壓制性的束縛。以全方位理論而言，在我們之中任何妨礙我們履行與生俱來獨立自主思考和意志的行爲，均視爲生病。

二、健康促進生活型態

健康促進生活型態（promoting health）爲個人爲達成維護或提

升健康層次、安寧程度、自我實現、自我滿足及個人成就的一種自發性的多層面之自我創始行爲與知覺，包含自我實現、發展社會支持系統（人際支持）、健康責任、壓力處理、運動休閒及適當營養等方面。健康科學是研究醫療、生理等等的一個主要概念，然而不同領域的學者對健康，卻沒有一致性的定義，因此時常導致混淆與衝突，研究及知識的發展也因爲文獻中對健康的定義不一致而常受到阻礙；個人、社會對健康的概念也可能會影響健康介入的成效，加上時代變遷，健康的定義亦會隨時間有所變動，因此有必要瞭解人們對健康的概念及看法，以做爲健康介入的基礎。世界衛生組織提出衡量健康的十項標準是：(1)精力充沛，能從容不迫地應付日常生活和工作；(2)處事樂觀，態度積極，樂於承擔任務不挑剔；(3)善於休息，睡眠良好；(4)適應環境，應變能力強；(5)對一般感冒和傳染病有一定抵抗力；(6)體重適當，體態勻稱；(7)眼睛明亮，不發炎，反應敏捷；(8)牙齒清潔，無缺損，無疼痛，牙齦顏色正常，無出血；(9)頭髮有光澤，無皮屑；(10)骨骼健康，肌肉、皮膚有彈性，走路輕鬆。

這樣定義的推論就是所謂疾病乃身體整合功能失調時。因此，所闡述的不僅僅在生理面，而且也在心理和情緒面上。傳統醫學已漸漸認同心理和生理層面的關聯性，也接受了疾病發生時牽涉到形形色色精神上的問題，如腸胃問題、心臟症狀，甚至於肌肉與骨骼不能協調的問題。同樣地，現在對生理的疾病也常伴隨著一些心理症狀，這些症狀也必須加以治療。很不幸地，雖然對心理與生理之關聯性有所注意，但傳統醫學仍然繼續以對抗療法的原理來醫治病人，去抑制病人的症狀或推斷心理原因或兩者皆採用。

生病不單單只是生理因素所造成，一定有內在因素，一些易於生病的狀況，就是導致我們生病的原因。根據全方位理論看法，所謂易於生病並不能完完全全只界定在生理的名詞上，它反應了我們內心的最深處，在那兒非生理因素扮演了重要的角色。全方位理論主要包括了順勢療法，其目的在維護健康，並冀望降低因此易於生病而造成疾病的影響；同樣地，傳統醫學也認為必須推動預防醫學。

第二節　生命歷程的健康因素

當前台灣人口急遽老化及其所衍生出來的影響，使得關於老化（aging）的議題，已經是從單純的個體老化，蛻變成為一項集體客觀事實的高齡社會，甚至於成為關乎發展的社會工程。健康行為包含了幾個層面，拉夫雷（S. C. Laffrey, 1986）認為健康行為包含三方面：預防性健康服務（preventive health services）、疾病預防行為（illness prevention behavior）及健康促進行為（health promotion behavior）。從生命發展的歷程認為，老年為一個整體生命階段，後期的生命發展是受到前期的生命過程所影響。所謂生命過程的研究，係指一個人如何度過有意義生活的模式。生命過程不僅僅描述一些有限的老年特徵，更轉移研究焦點放置在理論架構之建立，包括了所有的生命階段，由兒童期、青少年期、成年期一直到最後之老年期。我們要檢視一個人的年齡，社會身分地位，其同年齡輩群體的影響（cohort effects）以及成長歷史，可採取縱向探討（longitudinal research），即依循個人的生活適應，以形成整體生命觀的分析，強調要使老年活得有意義，就要去瞭解整個生命的發展史。

依據健康的界定，個人的情緒、思考與行為的表現，受社會、心理與生理三個層面的因素所影響。其中，生理因素對個體健康的影響，包括下列各項：

1.肚子餓的時候，因血糖低而造成「大腦低血糖所導致的生理的壓力」，促使血液中的腎上腺素及正腎上腺素量升高，而產生煩躁、易怒。所以，肚子餓的時候，容易心情不悅，等到吃飽飯的時候，血糖升高，心情便轉好。所以，通常做生意也是在飯桌上，因爲談生意較能夠順利。過年過節，吃年糕、湯圓，訂婚結婚，吃喜餅喜糖，生日快樂，吃蛋糕等，就是讓血糖不要太低，而保持心情愉快，維持喜樂的環境氣氛。

2.女性月經前因「黃體素」突然升高，心情容易激動、想哭、敏感、煩躁、沮喪。但過了月經之後，荷爾蒙恢復正常，心情就非常好，看到什麼就覺得是美好的春天。女性每次月經前之二周左右是排卵期，因爲「動情素」升高，心情就特別好，也容易掉入情網。女性的「黃體素」會讓情緒陷入低潮，而「動情素」反而讓情緒提升欣悅感。女性的「動情素」亦有保護心臟血管壁，避免血脂肪及膽固醇、三酸甘油酯升高，減少心臟血管疾病，所以，女性仍有月經的時候患心臟血管疾病的機率小於男性，但更年期之後，因爲女性卵巢萎縮，「動情素」減少，月經停止，患心臟血管疾病的機率就跟男性一樣高。「動情素」亦可以預防骨質疏鬆症，可以在腦內產生類抗精神病的物質而預防精神疾病，亦可以保護腦細胞不被破壞、退化，而預防老年癡呆症。所以，更年期之後的女性，最好補充「動情素」，可以預防許多疾病，還能青春永駐。

3.天氣悶熱：夏天一般人會火氣大，容易吵架，因爲是氣溫升高，使得人體的耗氧量升高，若在密不通風的室內，會因爲缺氧，而造成煩躁、易怒、生氣，即所謂的「火氣大」。這時候，生理的代償恆定機能反應會以流汗吸收體內溫度，蒸發汗水成水蒸氣，而降低體溫之外，若能喝些冰涼飲料，或吃個冰淇淋，亦可以降低體溫，減少耗氧量，而避免火氣大，情緒之不良反應。

4.人體腦內約有三十餘種神經傳導物質，通常是維持平衡狀態。外界的環境刺激，或身心壓力過重，會擾亂此平衡狀態，造成某些神經傳導物質過高或過低，例如光線的刺激會促使腦內分泌正腎上腺素，而使心情開朗。缺乏陽光，會使人心情低沉沮喪，但太多的陽光，反而使心情過分亢奮、狂躁，過猶不及。因此，躁鬱症患者，在夏季的時候，往往心情會高亢興奮，甚至狂躁、誇大起來。除了避免曝曬太多的日光之外，宜請精神科醫師調整藥物劑量。北歐三國雖然沒有戰爭，社會的福利制度很好，但因靠近北極圈，冬天長期陽光不足，導致體內腦神經傳導物質——新腎上腺素的缺乏，容易造成憂鬱症，所以挪威、瑞典、丹麥等國的自殺率是靠近赤道國家的兩倍。中秋以後逐漸晝短夜長，生理所分泌的新腎上腺素也相對減少，而產生了憂愁（秋天的心情）的情緒。所以，憂鬱症患者在冬天陽光稀少的情況下較容易發病。相反的，春分之後逐漸晝短夜長，體內分泌的新腎上腺激素愈來愈多，情緒也跟著「春光明媚，鳥語花香；春風滿面，喜氣洋洋」的抖擻起來了。中國字很有意思，「春」表示春天帶來了陽光，也帶來了喜樂之氣，生命欣欣向榮，秋天的心——「愁」字剛好意思相反。

5.睡眠剝奪：失眠或是睡眠時間不夠的人，會因爲身體欠缺生理的同化作用及異化作用，而形成肉體與精神上的休息，儲存精力不足，而影響到白天的注意力差、健忘、精神恍惚、頭脹、眼睛痠痛、動作遲鈍、煩躁敏感、判斷力弱、疑心、易怒等不良情緒的形成。因此，睡眠要充足才能夠儲存記憶

力，平緩情緒，維持身心的健康。人類的睡眠時間約占人生命的三分之一，可分成下列兩項：

(1)常型睡眠（Non-REM Sleep）：占睡眠的80%時間，每一過程階段分成四等期，由淺睡眠逐漸深眠，剛入睡階段深眠期最長，漸漸地到天亮前深眠期最短，可能只有二或三期。跟夢境有關的只占20%至30%，尤其剛入眠期的夢的內容常跟人體內的刺激，如腹脹、胸痛、心臟壓迫感有關或外界的聲響、光線、冷熱等刺激、干擾有關，較片段、缺乏情感反應、少怪誕奇特，有時候伴有視幻覺的影像。剛剛入睡時，有的人會突然覺得自己從高樓或懸崖上掉下去而被嚇醒，這種跌落感（falling experiences）跟入眠不久時身體部分或全部的突然抽動，及夜間肌肉抽躍發生在第一期，乃是很普遍的現象。至於夜尿（nocturnal-enuresis）、夜遊（俗稱夢遊，sleep walking, somnambulism）、夜驚（night-terror）、夢魘（Nightmares）、打鼾等，則發生在第四期常型睡眠。此型睡眠，腦細胞的活動範圍是從間腦的網狀賦活系統到大腦皮質層。跟人的意識（consciousness）、智能（intellectual function）、知覺（sensorium; perception）、理解力（comprehension）、注意力（attention）、推理、語言、動作等有關。

(2)異型睡眠（REM Sleep; rapid eye-movement）時候，眼球呈現快速運動而命名，約占總睡眠時間的20%，每人需要一百分鐘才夠，此型夢境占有70%至80%，在一個八小時睡眠當中，約每九十分鐘發生一次，總共約有五次，剛開始的第一次REM Sleep最短，僅約五分鐘，且夢境的內容最淡漠，較單調與灰顏色，依次爲十分鐘、十八分鐘、二十七分鐘、四十分鐘……愈接近天亮的時間愈長，夢境內容顏色愈濃、愈鮮豔、愈生動、劇烈或甜美，好像在演彩色電影。假若正在做夢的REM Sleep時被喚醒，則可以在當天記得昨夜做什麼夢，且被喚醒後五至十分鐘內即再入睡，依然可以繼續做夢，完成那暫時被打斷的美夢，否則醒來時間太長之後再入睡，則又要等九十分鐘之後才有REM Sleep。

健康是個人生活的方式，健康生活方式應包含健康保護（healthy protection）和健康促進（healthy promotion）兩種行爲，前者指的是去除危險及預防的行爲，後者指的是個人自發性的行動模式，以維持及增進其自我實現、充實感，心理健康，亦即個人用來維持或增加安寧幸福，以達到自我實現及個人成就所採用的所有行爲，如規律運動、適當的營養、減輕壓力等。預防性與保護性的行爲（preventive and protective behavior）皆屬健康作爲。隨著人生歷程，人們逐漸融入社會生活，因應環境採取行動，選擇適合於他們所承擔的社會角色與功能，例如學生、父母、工人、老師、家庭主婦或退休者等。這些結構性的因素只設定了社會互動的界限範圍，是以，老化對個人而言，可以有不同的詮釋與行爲展現，隨著文化及社會的因素，乃至於性別、身分地位及種族地位的差異，所展現的社會角色亦有所區隔。就悲觀論調上，老化就等於退化，在社會上就產生了「老年歧視」（ageism）的偏差現象。就敬重論調上，老化就等於智慧積累，在社會上就產生了「敬老尊賢」的推崇現象。我們可以瞭解到社群特質、生命歷史、文化制度與社會政策對老化的生命過程有不同的認知。對某些社會的觀點是負面的，但對另一些人的觀點卻是有意義的，可扮演敬重角色及從事創新活動。

第三節　身體保健的應有作爲

孔子就非常注意衣食住行與健康長壽的關係，《孔子家語》中揭示，孔子認爲人無法長壽，乃因自取，「夫寢處不適，飲食不節，勞逸過度」，即由於生活習慣的不良才造成了疾病與夭損，「若夫智士仁人，將身有節，動靜以義，喜怒以時，無害其性，雖得壽焉，不亦宜乎」。一九九三年起，台灣地區六十五歲以上人口超過7%，已達世界衛生組織所定義「老化社會」之門檻，正式邁入「老人國」之林。老人隨年齡增長，除身心健康機能日漸衰老退化，健康風險亦逐漸升高，故老人預防保健需求益顯重要。健康篩檢是老人預防保健服務的重要工作，老人健康檢查的目的在於延長老人最佳之活動力，及減少慢性疾病導致之殘障。根據歷年來台灣地區老人十大死因統計，重要疾病包括惡性腫瘤、心血管疾病、糖尿病、肺部疾病、感染性疾病等。此外，骨骼關節疾病、聽（視）力障礙、失智症等，也是影響老人日常生活功能的主因，以上疾病皆是老人預防保健的重點，同時也是老人健康檢查的重要項目。從醫學文獻來看，提供六十五歲以上老人健康檢查服務，可以達到「早期發現、早期治療」之目標。

老化引起生理上的症狀常有老花引致視力產生模糊，使得看東西非常不方便，這時便須配戴老花眼鏡來矯正視力，淚管閉塞、淚水減少、聽覺減弱而引發嚴重的重聽、觸覺減弱，特別是接近手指或腳趾尖的部位、冷熱感覺衰退，未能清楚感受天氣的變化，所以也較容易感冒、運動時較以前容易氣喘、較容易便秘、夜尿較以前頻密、記憶力和學習能力減弱、關節痛楚，尤其是過重者的膝關節更是明顯、脊柱向前彎等，都是因老化所表現出來的症狀。而常常伴隨著老化而來的疾病有皮膚老化、老人癡呆症、中風、心臟疾病、高血壓、糖尿病、骨質疏鬆、關節炎、白內障、失聰、癌症、大小便失禁、陽痿和肥胖等。所以，認識老化的過程以及預防因老化所帶來的不適與不便，是因應高齡化社會的到來，每個人都應該加以認知的，畢竟每個人都會老，而我們也都希望老而健康、老而快樂。

預防保健與疾病篩檢應依據疾病嚴重性、介入方法可能利益、成本及風險等因素進行評估，目前政府免費老人健康檢查項目是以中央健保局「成人預防保健服務」之內容爲基礎，並增加胸部X光檢查、心電圖、糞便潛血檢查等項目。實際上，除了病史詢問、理學檢查及多種生化檢查外，健康諮商（如：戒菸、運動、飲食）及疾病預防措施（如：每年施打一次流行性感冒疫苗），也是老人預防保健的重要項目。以下是老人健康檢查重要項目及意義：

一、癌症篩檢

根據統計，癌症是老人十大死因之第一位，許多癌症發生率隨年齡增加而增加，老人常見癌症及篩檢方式包括肝癌（腹部超音波、甲型胎兒蛋白）、大腸直腸癌（糞便潛血、大直腸鏡、鋇劑攝影）、乳癌（乳房超音波、乳房攝影）、子宮頸癌（子宮頸抹片）、攝護腺癌（肛門指診、攝護腺特定抗原）等。

二、心血管疾病

腦血管疾病及心臟疾病分別占十大死因之第二、三位，動脈粥狀硬化的危險因子包括高血壓、高血脂、糖尿病、冠心病家族史、吸菸、肥胖、缺乏運動等，欲預防心血管疾病須篩檢及治療以

上危險因子，檢查項目包括血壓、血糖、血脂肪（總膽固醇、高密度膽固醇）、心電圖等，並鼓勵健康生活型態（如：戒菸、減重、適當飲食與運動等）。

三、其他重要檢查項目

1.**骨質密度檢查**：六十五歲以上老年婦女應篩檢骨質疏鬆症，目前常用且準確的檢查方式為雙能量X光吸收儀（DEXA）。

2.**胸部X光檢查**：台灣死於肺結核之病人當中，有八成為老人，六十五歲以上老人應每年做一次胸部X光檢查。

3.**視力檢查**：白內障、青光眼、糖尿病視網膜病變、老年性黃斑部病變等，皆是影響老人視力障礙的主要原因，應每年定期由眼科醫師檢查眼睛。

4.**聽力檢查**：聽力會隨著老化而衰退，但自己經常並未察覺；老人應由醫師詢問有無聽力問題，並定期篩檢聽力。

5.**甲狀腺功能檢查**：老年婦女甲狀腺功能低下盛行率不在少數，且常無典型之臨床症狀與徵候，因此對於六十五歲以上的女性，常規的甲狀腺功能篩檢有其必要性。

6.**認知及情緒障礙檢查**：失智症是造成老人失能、罹病及死亡的重大原因，而老人也同時是憂鬱症的高危險群，且憂鬱症治療效果不錯，可視情況利用各種量表進行篩檢。

事實上，可提供老人做為預防保健的項目相當多，但因社會資源有限，目前政府免費老人健康檢查項目並無法涵蓋所有項目，而且每位老人的健康情況差異頗大，健檢項目應視個別需要而定。六十五歲以上老人可向醫師諮詢，並依罹病風險酌以自費選擇個人所需健檢項目，以達成老人預防保健之目標。

隨著醫學技術的發達，國人的平均壽命逐年增加，慢性病的發生率也漸漸提高，如糖尿病、腎臟病、高血壓等。這些疾病大都是悄悄地來，若沒有定期健康檢查，等到病人感覺不適，往往已經到了必須長期嚴格控制、治療的地步，不僅醫療費用大大提高，也帶來自己與家人的痛苦。事實上，慢性病的發生除了遺傳及其他不可避免的因素外，是可以降低發生率的。而最簡單的方法就是從飲食著手：

1.注意纖維的攝取，蔬菜、水果中含有豐富的纖維，有助於腸道蠕動，改善便秘，降低腸癌發生率，降低血膽固醇等。
2.注意鈣質攝取，人成年以後骨本不再增加，但是當飲食攝取不足時，會從骨本中釋出鈣質維持身體所需，長期的飲食攝取不足就會導致骨質疏鬆症的發生，而牛奶及動物性食品中都含有豐富的鈣質。
3.不要攝取太多鹽分，加工食品中都含有大量鹽分，若不注意，無形中就增加罹患高血壓的危險。
4.小心膽固醇，所有的動物性食品、內臟類及蛋黃都是膽固醇豐富的來源，攝取過多會造成血脂肪過高，也是心血管疾病的危險因子。
5.適量的蛋白質，奶蛋魚肉豆類食物等均是蛋白質的主要來源，國人的建議攝取量約為每天四份（兩）此類食物，但對於中老人來說，身體會為了代謝過多的蛋白質而加重腎臟的負擔。此外，蛋白質代謝所產生的尿酸則是痛風族的剋星，所以上了年紀的人肉類攝取應適宜。
6.維持理想體重，肥胖是各慢性病的共同危險因子，體重過輕，免疫力也跟著下降，保持適當的體重是擁有健康的首要原則。

7.注意營養補充劑的使用方法，多數人都有使用營養補充劑的經驗，甚至已經養成習慣，一般的營養補充劑劑量不一，若沒有專業人員指示使用，盲目的補充，很容易過量，甚至造成毒性。

老人的保健之道，宜均衡攝取各大類食物，定期做健康檢查，早期發現早，期控制及治療，就能享受健康的人生。

第四節　老年人口的健康生活

據統計，目前，台灣六十五歲以上老年人口已超過二百五十萬人，占總人口比例已達10.5%，事關此逾十分之一的人口之高齡者的生命品質，理應成爲政府施政的重點。由現行高達八成老人罹患一種以上慢性病，而老人自殺死亡率高達25%；質言之，保障及促進老人健康權應成爲政府必須正視、重視的問題。此外，近年來，台灣人的疾病型態隨著飲食與生活型態而轉型，因慢性病導致生理失能人數也有大幅增加的趨勢，估計至二〇二〇年失能人口將逼近四十萬人；又由於家庭結構已明顯改變，傳統家庭的照顧功能業已逐漸式微，無論係失能者或銀髮族的長期照護需求的殷切，自不待言。

都市化的過程，使我們在高度競爭的城市中生活，環境、食物、水的污染在在都增加我們體內自由基的濃度，也加速了老化的速度。所以，預防老化、促進身體健康，必須從年輕開始做起，回歸自然的生活，多食用蔬菜水果，多補充抗氧化物質，相信預防老化，活出年輕且健康的自我，將不再是夢想。

如何活得健康，活得長壽？現代人注重生活品質，誰也不希望下半輩子在病痛中過活，事實上，人生有大半時間是在退休之後才開始，如何活得健康又活得愉快？除了要及早進行退休後的生涯規劃與退休金的籌措外，更重要的是要如何才能夠活得健康，而健康就要從日常生活中的小習慣與營養保健上開始做起。

一、健康的心臟

心血管疾病一直是先進國家的第一號殺手，如果有高血脂、高膽固醇、抽菸、又沒有運動習慣，就要特別注意飲食與運動方面的保健，女性尤其要注意更年期之後的心臟病危險，讓醫師診斷是否必須採行更年期的荷爾蒙補充來保護心臟。

二、運動的習慣

有鑑於國內老人保健運動條件與個人生命素質均普遍不佳，業已造成其個人困擾及國家社會醫療成本沉重的負擔，政府允宜參考芬蘭、日本等國家的做法，設定誘因幫助及鼓勵老人參加運動，俾落實其健康權。這裡所說的是：每周至少三次，每次三十分鐘以上出汗的有氧運動，而不是短期、劇烈、不規律的運動習慣。

三、脂肪的攝取

在飲食方面要營養均衡、避免食用動物脂肪及精製糖，多吃纖維性食品，如水果和蔬菜，以及服用抗氧化劑維他命A、C、E等，以及每天喝一千二百西西到二千西西的開水，也有助延緩老

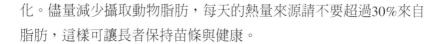

化。儘量減少攝取動物脂肪，每天的熱量來源請不要超過30%來自脂肪，這樣可讓長者保持苗條與健康。

四、定期的檢查

三十歲以上女性最好每年進行一次骨質密度檢查，而鈣片與高鈣食品的補充必須從年輕就開始進行，運動與多接觸陽光可以預防骨質疏鬆。

五、壓力的排解

學習如何正面地接受生活壓力，情緒的控制與人際關係的建立也有益壓力的紓解，不要過度依靠咖啡和茶來提神，當然更不要依賴藥物來幫助入眠。

六、心情的調適

「老化」是任何人都需要接受的事實，是不會逆轉的單方向進行式。身體不僅是「日漸衰老衰退」，更是「分秒都走向死亡」。比較不受到老化所影響的是「心理」，心情可以年輕、心態可以好奇、心胸可以開闊。檢視反省自己的內在，宗教或許對你有幫助，可看清生命的本質與目標，活著的意義。《周易參同契》說：「引內養性，黃老自然，含德之厚，歸根返元，近在我心，不離己身，抱一毋舍，可以長存。」

七、菸酒的戒除

香菸對於健康有百害無一利，是各種癌症的促進劑，適量的酒可以讓動脈年輕，防止心血管方面的疾病，過量的酒則是肝硬化的導火線。

八、均衡的營養

除了人體新陳代謝會持續不斷的產生氧自由基以外，環境中的空氣污染、過度的日曬、環境所產生的輻射線以及人體服用的藥物等，也會使身體產生氧自由基，爲了對抗體內的這些自由基，通常我們體內會自行合成對抗氧自由基的抗氧化酵素，及超氧化物歧化酶（SOD）來對抗體內過多的自由基，但是這樣還是不夠的，除了身體自行合成抗氧化物以外，還要額外補充抗氧化物。當然很重要的抗氧化物的來源就是我們平日所吃的食物，我們從食物中得來的維他命A、E、C、β-胡蘿蔔素及硒等抗氧化物構成的抗氧化系統，也是很重要的抗氧化物，這些食物中所含的營養成分，可以和氧自由基保持一個化學平衡的狀態。然而，這種平衡在體內是很不穩定的，只要自由基突然大量產生或抗氧化系統的量不足，我們的身體就無法完全消除氧自由基。所以，平日多吃蔬果，實有益身體健康。有多少人能夠每天吃五種以上的蔬菜水果？抗氧化物除了在維他命C、E中，更豐富地存在各種天然蔬果之中，各種天然的抗氧化物更有效，更容易吸收補充抗氧化物來消除氧自由基以維護身體健康，減少疾病的發生及預防身體機能的衰退，尤其是皮膚的老化更是必需的。

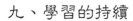

九、學習的持續

對於學習、對於開拓人際關係、對於發展新的興趣，都可以動態、多元、探索。其實到了這把年紀，可放可收、可隨時開始可隨時結束、可以在乎可以馬虎。生活與心理都不是一條單行道，有些像森林小徑，怎麼走都好。

十、信仰的歸屬

在「靈性」上，就要有明確的方向，人們愈接近死亡，就愈需要處理靈魂去處的問題。身體終究是要朽壞，靈魂卻要有永遠的平安喜樂。

結　語

台灣人口迅速老化已是無法改變的現況，爰此，增進或維持老人的健康顯然是政府必須致力的方向，畢竟健康的老人愈多，社會所需負擔的醫療成本及福利開支就愈少。人類老化的過程因人而異，在不同的個體裡因體質的不同，老化的速率也是不同的，而不同的器官在任何一個生物體中老化的速度也不會相同。因此，老化過程的差異有著許多層面的影響，可能是基因上、社會學上、心理學上、經濟學上的因素不同，所導致老化程度及老化速度的不同。綜合健康概念（healthy conception）的穩定性與實現性特質，將健康概念定義爲是先天與後天獲得的自我潛能實現，藉由實行目標導向行爲、勝任的自我照顧及滿意於自己與別人的關係，以調整適應外界環境，維持其結構的完整及和諧。

問題與討論

一、請說明如何達到高齡人口的健康人生。

二、請說明老年人口的健康人生應包括的內涵。

三、請說明高齡者於飲食上宜注意的事項。

四、請說明銀髮族身體保健的應有方式。

五、請說明老年人口的健康生活之道。

第四篇

願景篇

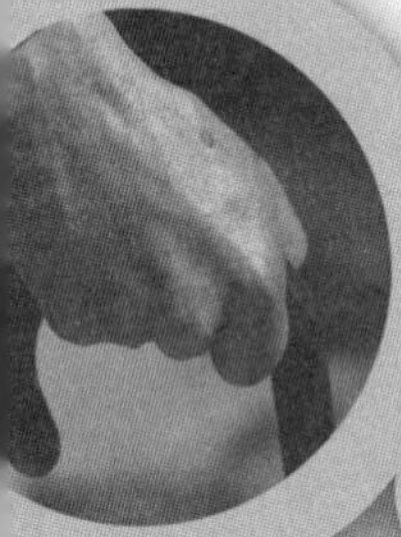

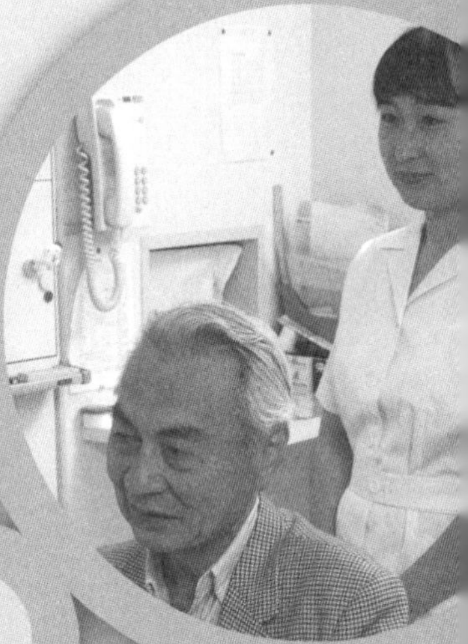

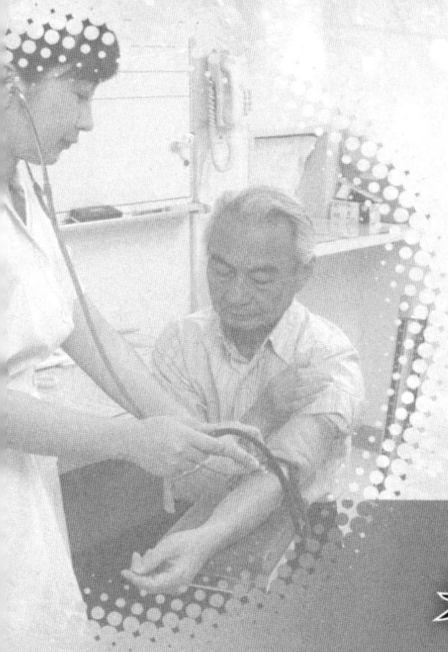

第十四章

老人社會工作願景

踏入二十一世紀，人口老化是世界的趨勢，由於世界人口的老化速度急速增加，全球的老人問題受到重視，目前，每十二個人中有一個六十五歲以上的老人，但到了二〇五〇年，估計每五個人中就有一個六十五歲以上的老人。因此，聯合國在一九九二年通過的「老人宣言」中，除希望政府與非政府組織、大學校院、企業能在社會的相關活動上合作，以確保老人得以獲得適當的需求滿足，並指定一九九九年為國際老人年；並且訂定十月一日為「國際老人日」。

在這個歷史的轉折上前瞻高齡社會的來臨，傳統上對長者的觀念，社會經濟結構，以至對長者的服務也不斷地變化。究竟長者的服務有哪方面的轉變？能否提升長者的生活質素？面對逐漸高齡化的社會，各式各樣的安排是否可以對應高齡化帶來的挑戰？除端賴能集合多年來老人利服務發展的心得成果外，也就蛻變中的長者政策和理論，以及長者服務做出前瞻的推動，以期望喚起有志從事長者工作、服務使用者、護老者和其他人士對服務的反思與實踐。

在高齡人口急遽增加之時，老人福利服務益顯其迫切性與重要性，是以更應不斷鑽研相關知能，分享服務經驗，藉以提升服務品質，因應需求拓展服務項目，使政府機構、社會資源相互為用，以全方位、人性化的需求導向，提供適切的福利服務。

第一節　老人社會工作的挑戰

老人社會工作就是因應老年問題而產生的一種專業服務活動。它是指受專業訓練的社會工作者在專業的價值理念的指導下，充分運用社會工作的理論和方法，為在生活中遭受各種困難而暫時喪失社會功能的老人解決問題、擺脫困境，並同時推動更多的老人

獲得進一步發展的專業服務活動。聯合國在一九九七年公布了國際老人年的標幟，表現出「活力、多樣性、相互扶持」的特徵；「活力」是指以健康的生活型態，來增進老人心理與精神的能力，「多樣性」是指老人能從生活中取得豐富、多樣的經驗，「相互扶持」是指重視各世代間的互相關懷及交流，「活動與進展」則是聯合國推行的各項行動計劃，以促進老人參與社會、認知到長者的需求。

許多老人在退休以後都會產生一些新的需要，如受教育的需要、人際交往的需要、服務他人的需要、充實閒暇生活的需要等。老人福利服務可以透過團體工作的方法、社區活動的方法，妥爲結合志工團體，爲老人各種發展需要的滿足提供適切的服務。老人社會工作的目標是：

一、老有所養

「安養」是老人社會工作最基本的目標，它主要是指老人的基本生活方面——食、衣、住、行、用等得到滿足。借鑑西方世界的經驗，英國的終身型養老模式，是因爲英國的老人與子女共同生活的同住率很低。在英國，老人享受公費醫療，有專爲老人設置的老人醫院。在英國的醫療機構與社區結合，配合老人健康訪問員，按照醫師的建議指導定期到老人家中探視，提供治療康復等方面的建議。此外，還有家庭服務員，提供飲食服務、辦老人俱樂部等。美國則著眼於「社區型養老模式」，美國老人與子女生活在一起的很少，但聯繫很頻繁。美國的家庭屬於核心型，但入住養老院的老人僅占5%。美國設有老人保險、老人醫療保險、老人醫療救助、老人養護之家（收養患慢性病的老人、家中無人照顧的老人）、養老院、老人公寓，對老人退休後的再就業給予鼓勵和幫助。美國爲老人提供各種保險，養老方式偏重於社區照顧。日本政府於一九八六年發表「厚生白皮書」，要求建立以個人自立自助爲基礎，以家庭和社會爲依託，以國家爲後援的「保健社會」。一九九五年，日本社會保障制度審議會在「重新構建社會保障體制」的報告中，正式建議引入護理保險，保障老人特別是高齡老人的護理需要。

二、老有所醫

推動政府和社會建立和完善醫療保障體系，全面實行醫療保險，制定關於老人看病求醫的優惠政策，建構由大小醫院和社區醫療衛生機構組成的老人醫療服務網絡，幫助老人爭取醫療資源，加強對老年病人的照顧，讓每位老人能夠及時有效地獲得醫療上的服務，是老人社會工作的重要目標之一。

三、老有所樂

「育樂」是生涯發展的重要單元，是透過開展各種文化娛樂活動，讓老人參與其中，從中得到身心的愉悅。

1.老人退休後，空閒的時間大大增加，發展文化娛樂活動，合理安排老人的時間是很有必要的。
2.老人已經沒有工作任務的壓力，他們需要透過文化娛樂活動來充實生活，滿足社會交往的需要。
3.老人身體逐漸變弱，透過展開文化娛樂活動，讓老人健身、強身，促進老人身心健康。
4.老人文化是整個社會文化的重要組成部分，發揮老人的聰明智慧，鼓勵老人參與社會生活的積極性和創造力，促進我國

文化的建設和繁榮。

因此，老人服務機構的老人社會工作者利用各種資源，組織老人展開各項文化娛樂活動，讓老人安享愉悅，過得有價值、有意義，是老人社會工作目標。

四、老有所學

常言道：「活到老，學到老。」這是因爲：

1.社會在不斷地變化，老人爲了適應這種變化，需要不斷地學習。
2.學習對老人來說是一種很有利於身心健康的鍛鍊。
3.學習結果可以讓老人感受到自己的有用和成就，從而增強自信心。
4.學習可以讓老人實現一些理想，比如有的老人年輕時期因爲忙於工作和家務，沒有時間去學習自己喜歡的知識和能力，退休後有大量的時間，就可以去學習自己喜歡的項目。

因此，學習對老人而言是很重要，做爲老人社會工作者應該重視老人的學習。

五、老有所為

老有所爲是指老人繼續爲社會工作。隨著「銀髮浪潮」的洶湧而至，老人的晚年生活保障、生活品質以及相伴而產生的老人服務，就愈來愈成爲當今社會運轉過程中一個重要的環節。在美國麥克阿瑟基金會資助的高齡化研究項目調查中顯示，當許多成功老化的老人被問及老年生活幸福的秘訣時，他們都重複一句話「繼續做下去」。老人社會工作的重要性不僅體現在補救性和預防性的功能上，而且也愈來愈表現在諸如發掘老人的潛能、協助老人體現晚年人生價值、宣導老人互助等發展性的功能。

六、老有所尊

老人社會工作的內容無非有兩大方面，一是消極性，老人困難的幫助；二是積極性，老人發展需要的服務。前者主要包括經濟生活困難、日常生活照顧困難、機體健康方面的困難、家庭夫妻關係或代際關係處理困難等，各種困難的幫助和協助解決，經濟發展帶來的社會保障、醫療條件、衛生條件、營養狀況和生活水準的提高。爰此，社會工作者幫助老人尋找資源、爭取權益，也可以透過個案輔導的方法，改善老人的認知、行爲，更可以經由家庭治療和家庭服務，來改善老人的問題。

第二節　高齡社會的政策對應

台灣地區由於醫療衛生、科學技術的快速進步，促使國民平均餘命延長，也增進人口老化的速度。由統計資料發現：二〇〇八年度人口老化指數（六十五歲以上人口數除以零至十四歲以下人口數乘以一百）爲61.51%，老年人口依賴比（六十五歲以上人口數除以十五至六十四歲人口數乘以一百）爲14.36%，分別較一九九三年增加33.27%及3.88%，平均每七位工作年齡（十五至六十四歲）人口要扶養一位老年人口。高齡化社會的快速變遷，所引發新的需求與問題，向爲政府及民間關注的焦點，因而也須有相

對的規劃及因應對策與措施，乃至法規的修訂，俾使政策、立法、服務合一，有效落實老人福祉。在高齡化社會裡，如何讓老人維持尊嚴和自主的生活是一項挑戰，也是整個社會包括老人本身、家庭、民間部門和政府共同的責任。

為因應高齡化社會，社會福利服務強調的是以經濟安全、健康維護、生活照顧三大規劃面向為政策主軸。此外，為周全對老人的身心照顧，因此就老人保護、心理及社會適應、教育及休閒等分別推動相關措施。在上述各項老人福利措施中，因應老人人口的照顧與居住安養需求，高齡福利服務更須積極規劃，推動我國長期照顧體系、建立社區照顧關懷據點、提升老人福利機構安養護服務品質，以及推展行動式老人文康休閒巡迴服務，讓老人均能獲得在地且妥適的照顧服務。

一、經濟安全

(一)中低收入老人生活津貼

為保障中低收入老人的基本生活水準，對年滿六十五歲以上，生活困苦無依或子女無力扶養的老人，未接受政府收容安置者，直接提供經濟援助，自一九九三年七月一日起發給中低收入老人生活津貼，其家庭總收入按全家人口平均分配，在最低生活費用標準一．五倍以下者，每人每月發給生活津貼六千元，介於一．五倍以上二．五倍以下者，每人每月發給生活津貼三千元。

(二)中低收入老人特別照顧津貼

為配合老人福利法修正公布，訂定「中低收入老人特別照顧

津貼發給辦法」，針對領有中低收入老人生活津貼且未接受機構收容安置、居家服務、未雇用看護、未領有政府提供之日間照顧服務補助或其他照顧服務補助者，其失能程度經日常生活活動功能量表評估爲重度以上，且實際由家人照顧，補助家庭照顧者中低收入老人特別照顧津貼每月五千元，以彌補因照顧家中老人而喪失的經濟來源。

(三)敬老福利生活津貼

爲落實加強照顧老人生活的政策方向，協助維持老人的經濟安全，政府於二〇〇二年五月二十二日公布實施「敬老福利生活津貼暫行條例」，並於二〇〇三年修法擴大發放對象。二〇〇八年領取敬老福利生活津貼人數總計約八十八萬人，全年度核發金額合計二百五十九億元；本項津貼已自二〇〇八年十月一日配合國民年金保險開辦，併入老年基本保證年金賡續推動，對照顧老人經濟生活及增進老人福祉，更有助益。

二、健康維護

(一)老人預防保健服務

依據老人福利法規定：「直轄市、縣（市）主管機關應定期舉辦老人健康檢查及保健服務，並依健康檢查結果及老人意願，提供追蹤服務。前項保健服務、追蹤服務、健康檢查項目及方式之準則，由中央主管機關會同中央衛生主管機關定之。」於二〇〇七年七月三十一日公布「老人健康檢查保健服務及追蹤服務準則」，詳細規定老人健康檢查保健服務項目及辦理方式。

(二)中低收入老人裝置假牙補助

依衛生署國民健康局調查推估，六十五歲以上全口無牙老人比率高達21.5%，惟假牙係屬健保不給付項目，為保障老年人口腔健康，減輕老人經濟負擔，維護其生活品質與尊嚴，行政院於二〇〇八年十二月三十一日核定「中低收入老人補助裝置假牙實施計劃」，自二〇〇九年度起，針對經醫師評估缺牙須裝置活動假牙之列冊低收入戶、領有中低收入老人生活津貼，或經各級政府全額補助收容安置老人，依其裝置假牙類別，提供每人一萬五千元至四萬元之補助。

(三)中低收入老人重病住院看護補助

為使機構內老人因重病住院期間，能獲得妥善照顧並減輕其經濟負擔，辦理中低收入老人重病住院看護費補助，每人每日最高補助看護費一千八百元，每年最高補助二十一萬六千元。

三、生活照顧

因應我國人口快速老化導致的照顧服務需求，政府於二〇〇七年七月三日公布「我國長期照顧十年計劃」，以日常生活需他人協助之下列四類失能者為主要服務對象：(1)六十五歲以上老人；(2)五十五歲以上山地原住民；(3)五十歲以上身心障礙者，以及(4)僅工具性日常生活活動功能（IADL）失能且獨居之老人。有關服務對象之失能程度分為輕、中、重度三級，以補助服務使用為原則，並依失能者家庭經濟狀況提供不同比率補助：家庭總收入未達社會救助法規定最低生活費用一．五倍者全額補助，家庭總收入符

合社會救助法規定最低生活費用一·五倍至二·五倍者補助90%，一般戶補助60%；超過政府補助額度者，則由民眾全額自行負擔。服務內容係整合現行居家服務、日間照顧、老人營養餐飲服務、輔具購買租借及居家無障礙環境改善服務，以及長期照顧機構服務等項目，連結衛政系統之居家護理、社區及居家復健、喘息服務，並創新提供家庭托顧、交通接送服務等新型服務項目，有需求的民眾可向各縣市長期照顧管理中心的單一窗口申請，經評估符合資格者，即可獲得居家、社區，或機構式等多元而連續的服務。

(一)居家及社區式照顧

1.**居家服務**：為滿足老人居家安養需求，減輕家庭照顧負擔，自二〇〇二年六月一日起將居家服務補助對象擴大到一般戶，二〇〇四年七月一日起更增列「極重度失能者」補助標準。本項服務措施自二〇〇八年度起，已納入我國長期照顧十年計劃「照顧服務」範疇辦理，依服務對象的失能程度核給不同補助額度，輕度失能者每月最高補助二十五小時、中度失能者每月最高補助五十小時、重度失能者每月最高補助九十小時。並於二〇〇三年公告照顧服務員訓練實施計劃，以有效提升照顧服務品質，開辦照顧服務員職類技術士技能檢定，以建立照顧服務員認證制度。

2.**日間照顧**：日間照顧服務主要提供輕、中度失能、失智老人，定期或不定期往返日間照顧中心，維持並促進其生活自立，消除社會孤立感，延緩功能退化，促進身心健康，政府結合民間資源提供個案照顧管理、生活照顧服務、復健運動及健康促進活動、諮詢服務及家屬服務等。

3.**營養餐飲**：高齡化社會中，國民平均餘命不斷延長，生活自

理能力隨年齡增長或健康影響而退損，故須提供營養餐食以減少老人炊食之危險及購物之不便。補助低收入戶及中低收入失能老人每人每餐五十元，由服務提供單位送餐到家，一方面解決老人炊食問題，一方面讓老人與社會接觸，獲得情緒支持。

4.**輔具購買租借與居家無障礙環境改善**：爲利失能者使享有尊嚴、安全、獨立自主生活，補助失能老人購買、租借輔具，及改善居家無障礙環境。

5.**創新服務項目**：爲提供有需求民衆多元且周延之照顧服務，規劃推動「家庭托顧」及「交通接送」等創新服務項目：

(1)家庭托顧：家庭托顧係指照顧服務員於住所內，提供失能老人身體照顧、日常生活照顧與安全性照顧服務，及依失能老人的意願與能力協助參與社區活動。

(2)交通接送：補助重度失能者使用交通接送服務，以滿足失能老人就醫與使用長期照顧服務的交通需求，提高各項醫療與服務措施的可近性與運用。

(二)機構式照顧

依據行政院主計處二〇〇八年人口及住宅普查結果顯示，目前至少有二十萬餘名老人需要長期照護，其中有一部分老人因日常生活活動能力的喪失，以至無法自理生活。雖然絕大多數老人希望與自己的家人同住，但仍有部分老人必須依賴老人福利機構的照顧。機構式照顧隨著社會發展趨勢而更形重要，此一服務模式整合家庭、民間機構、團體及政府的力量，爲老人提供完善的安養、長期照顧等福利服務措施，以補充家庭照顧功能的不足，增進老人福祉。因此，如何增進機構照顧服務功能，提升專業品質，讓民衆安心將自己的長輩送到機構托顧，使受照顧的長者受到有尊嚴的對待等，均爲重要課題。

1.補助民間參與老人福利機構之經營：二〇〇八年全國計有一千零四十三家老人福利機構，其中安養機構四十二家，長期照顧機構一千零一家，可提供床位數爲五萬三千一百八十四床，其中屬安養床有七千二百二十四床、養護床有四萬一千九百九十床、長期照護床有三千九百七十床。目前進住人數三萬八千三百人，進住率約爲72%。爲因應高齡化社會老人長期照顧需求殷切，政府每年均編列補助經費，鼓勵民間單位積極興設老人養護、長期照護機構，或輔導安養機構轉型擴大辦理老人長期照顧服務，以滿足國內老人長期照顧的需求，另亦補助機構充實設施設備、服務費及教育訓練等相關經費，強化照顧功能，提升服務品質。

2.辦理機構評鑑促進機構業務健全發展：老人福利法規定主管機關對機構應予輔導、監督、檢查、評鑑及獎勵，以加強老人福利機構之監督及輔導，保障老人權益，促進老人福利機構業務發展，提升服務品質。

3.每年辦理老人福利機構聯繫會報：爲加強政府與機構間之溝通聯繫，促進專業人員經驗交流與提升專業素質。

4.加強未立案機構輔導：貫徹政策之執行，保障老人就養安全與權益，以維護社會公平正義原則。

5.補助民間機構團體辦理各項訓練研習及休閒、育樂活動。

6.辦理公共安全白皮書實施計劃。

7.爲加強對消費者保護工作，持續有效保障進住老人福利機構之老人及家屬權益，訂定「養護（長期照護）定型化契約範本」。

(三)建立社區照顧關懷據點

為促進社區老人身心健康，落實在地老化及社區營造精神，行政院二○○五年五月十八日核定通過「建立社區照顧關懷據點實施計劃」，結合有意願的社會團體參與設置社區照顧關懷據點，由當地民眾擔任志工，提供關懷訪視、電話問安諮詢及轉介服務、餐飲服務、辦理健康促進活動等，以延緩長者老化速度，發揮社區自助互助照顧功能，並建立連續性之照顧體系。截至二○○八年底止，各縣市共計設置一千五百五十五個據點。

(四)失智症老人多元服務方案

因應失智人口急速增加，為提升照顧品質，並開發更多元與切合需求之服務模式，於二○○七年分別制定「老人福利機構失智症老人照顧專區試辦計劃」，及「失智症老人團體家屋試辦計劃」，結合民間單位或老人福利機構規劃辦理，並結合民間單位辦理相關專業訓練課程、實務觀摩、座談及研討會等，提升工作人員專業知能。

四、老人保護（含獨居老人關懷照顧）

老人福利法對於老人保護更增訂相關人員執行職務時的通報責任，定期召開老人保護聯繫會報，以強化老人保護網絡。此外，主要採行措施如下：

1. 設置相關資訊及資源「單一窗口」：各直轄市及縣（市）政府均設置「單一窗口」，主動掌握相關資訊及資源，以落實

老人保護、安養照顧服務。

2.**強化獨居老人之關懷服務**：對獨居老人除提供生活照顧服務、緊急救援連線外，也結合民間資源提供所需關懷服務。

3.**提供緊急救援服務**：獨居老人安全網之建立，主要透過醫療系統（生命救援連線）、消防局或警察局（警民連線或安全警鈴），或由民間團體承辦等三種方式辦理老人緊急救援工作。

4.**成立「失蹤老人協尋中心」**：藉由行政部門與民間單位合作的模式，成立「失蹤老人協尋中心」，透過教育宣導、配戴預防走失手鍊、協尋通報、後續比對、追蹤服務及社會福利諮詢等整體措施，並結合警政、社政、醫療衛生單位、傳播媒體的力量，有效協助家屬尋找不慎走失的老人。

五、心理及社會適應

爲增進老人生活適應，保障老人權益，補助績優民間團體於北、中、南三區設置老人諮詢服務中心，開辦0800-228585「老朋友專線」，透過社會上對老人心理、醫療護理、衛生保健、環境適應、人際關係、福利與救助等方面具有豐富學識經驗或專長的人士參與，對老人、老人家庭或老人團體提供諮詢服務，協助解決或指導處理老人各方面的問題。

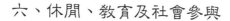

六、休閒、教育及社會參與

(一)長青學苑

爲增進老人退休後生活安排與適應，鼓勵其積極參與社會、充實精神生活，及提升自我實現與自我價值，補助民間團體辦理長青學苑，課程內容兼具益智性、教育性、欣賞性、運動性等動靜態性質，豐富而多元。

(二)老人福利服務（文康活動）中心

爲充實老人精神生活、提倡正當休閒聯誼、推動老人福利服務工作，鼓勵鄉鎮市區公所興設老人文康活動中心，以做爲辦理各項老人活動暨提供福利服務之場所。另爲配合老人福利服務需求，老人文康活動中心也成爲福利服務提供的重要據點，諸如辦理日間照顧、長青學苑、營養餐飲、居家服務支援中心等。

(三)行動式老人文康休閒巡迴服務

爲取代定點補助興建老人文康活動中心功能，展現政府爲民服務的行動力，擴大服務輸送管道，讓偏遠地區因資訊不足、交通不便之長輩明瞭政府提供的福利服務，將相關資訊遞送至有需求之家庭。

(四)休閒育樂活動

1.推廣屆齡退休研習活動：對於即將退休者提供研習活動，以增強民衆規劃銀髮生涯的能力，及對於相關法令、福利的瞭解，協助心理、生理及社會的適應。

2.參與社會服務活動：鼓勵老人參與社團或社會服務活動，以獲得服務社區和社會的機會，增進與社會互動關係及精神生活。

3.各類優待措施：爲鼓勵老人多方參與戶外活動，對於老人搭乘國內公、民營水、陸、空大衆運輸工具、進入康樂場所及參觀文教設施等，提供半價優待。

4.辦理各項老人福利活動：包含老人人力銀行、各項研（討）習會、觀摩會及敬老活動等項目，滿足老人休閒、康樂、文藝、技藝、進修及聯誼等需求，以增添老人生活情趣，提升銀髮族身心靈的快樂，達到健身、防老的雙重效能。

因應我國邁向高齡社會與家庭結構轉變產生的老人福利相關需求，係以全人照顧、在地老化、多元連續服務，做爲老人照顧服務之規劃原則，以達到促進長者尊嚴、獨立自主的老年生活的政策目標。

第三節　建立老有所尊的社會

《禮記．禮運．大同篇》所載：「大道之行也，天下爲公，選賢與能，講信修睦，故人不獨親其親，不獨子其子，使老有所終，壯有所用，幼有所長，鰥寡孤獨廢疾者皆有所養；男有分，女有歸，貨 惡其棄於地也不必藏於己，力惡其不出於身也不必爲己，是故謀閉而不興，盜竊亂賊而不作，故外戶而不閉，是謂大同。」是我國社會所追求的最高理想境界。實際上，政府在與社會工作者互動的過程中，既有付出也有獲益。一方面，政府能夠將社

會工作做為一項事業給予關注，三百多年前，英國社會首次出現「濟貧法」，就是將社會工作的重要性通過法律手段加以宣示和實現；另一方面，政府也能通過大量的社會工作者，降低行政成本，加強社會自我修復能力。但僅就數量而言，我國專業社會工作者與世界先進國家仍有差距。專業社會工作者占總人口的比例，美國為2‰，日本為5‰，加拿大為2.2‰，而我國的社會工作者總量嚴重不足，我國傳統中都有極強的社會工作文化，無論是「老吾老，以及人之老，幼吾幼，以及人之幼」，還是「為天地立心，為生民立命」，背後都是一種推己及人的社工精神。先賢和哲人們也都在不同的歷史時期，將社工精神做為社會文明進步的推動力。更重要的是，在社會轉型期中，不同的社會問題出現，不能全部依靠政府經由行政手段強制解決，因而來自社會本身的自發力量顯得更加重要。人性、人道、平等、正義等永恆法則是社會工作的基本精神，專業化的能力和角色，則是社會工作良性發展的保證。時至今日，我國社會已然具備足夠的良知和能力，來完成自助互助及其維繫。專業化的社會工作者則是考驗這種救助及其維繫的持久動力。

一、聯合國老人綱領

聯合國大會根據於一九九二年通過的「老人宣言」指定一九九九年為國際老人年。此一宣言的目的在於敦促國際社會要加速透過各界與國家的合作，擴及於發展社區、媒體、企業部門與年輕世代，大家共同努力創造一個不分年齡、人人共享的社會。聯合國的各項計劃是一貫地促進老人儘可能參與社會與認知他們的需求與所關心的事。聯合國大會在一九九一年通過的「聯合國老人綱領」提出了五個要點：

1.**獨立**：老人應有途徑能獲得食物、水、住屋、衣服、健康照顧、家庭及社區的支持、自助、工作的機會、適當的教育及訓練、居住在安全與適合的環境。

2.**參與**：老人應能持續融合在社會中，參與相關福利的政策制定，並且與其他成員分享知識與技能。

3.**照顧**：老人應能獲得符合社會文化價值、來自家庭及社區的照顧與保護。以獲得健康上的照顧，維持身體、心理及情緒的水準，並預防疾病的發生。在任何居住、照顧與治療的處所，應能享有人權和基本自由，包含了對老人尊嚴、信仰、需求、隱私及決定其照顧與生活品質權利的重視。

4.**成長**：老人應有途徑獲得教育、文化、宗教、娛樂的社會資源，並且能適當地追求充分發展的可能。

5.**尊嚴**：老人應不拘年齡、性別、種族、失能與否等狀況，都能被公平的看待；能在尊嚴和安全感中生活，自由發展身心。

二、老人福利的目標

我國人口老化速度遠高於歐美先進國家，加上小家庭結構與工商社會等外在環境的轉變，是以老人福利服務相關需求益形殷切，並讓老人照顧的相關問題備受各界重視。爲解決人口老化所衍生的議題及提升老人福利服務，落實老人福利法，並積極推動各項照顧政策，以達聯合國老人綱領所揭示獨立、參與、照顧、成長、尊嚴的目標。

(一)積極建構長期照顧服務體系

為齊備各項長期照顧服務資源，讓民眾有多元選擇的機會，積極輔導、協助結合民間單位，持續發展、整合、連結失能者所需居家及社區式服務資源。增進民眾使用長期照顧服務的意願，維護失能者照顧服務品質，減輕家庭照顧負荷。

(二)落實辦理「人口政策白皮書」

為因應少子女化、高齡化及移民等當前問題及未來人口結構趨勢，行政院於二〇〇八年三月十日核定我國人口政策白皮書，擬定具體因應對策，期望藉由前瞻性的人口政策，提升我國生育率，促使人口合理成長，讓老人得以頤養天年，並讓台灣成為移民者圓夢的理想家園。其中有關高齡化部分，提出包括「支持家庭照顧老人、完善老人健康與社會照顧體系、提升老人經濟安全保障、促進中高齡就業與人力資源運用、推動高齡者社會住宅、完善高齡者交通運輸環境、促進高齡者休閒參與、建構完整高齡教育系統」等八大因應對策，俾有效因應高齡社會來臨。

(三)研擬友善老人福利服務方案

為更積極、有效並前瞻性地因應我國人口高齡化趨勢，全面關懷友善老人服務方案，期以積極預防、主動友善的原則，規劃推動全方位的服務措施；透過加強弱勢老人照顧、推展老人預防保健、保障老人公民權利，及倡導世代融合社會等策略，建構有利於老人健康、安全與活躍之友善社會，讓老人享有活力、尊嚴、快樂與自主的生活。

(四)提升老人福利機構服務品質

因應高齡化社會之來臨，針對老人長期照顧之需求，積極鼓勵民間興辦或採公設民營方式辦理老人收容業務，推行人性化管理，給予安養、長期照顧之老人親情溫暖，使其有一安全可靠之安居場所。並且透過輔導各公私立老人安養機構兼辦或轉型辦理老人長期照顧業務，協助充實或改善設施設備，俾使因年邁自然老化形成癱瘓殘疾、生活自理能力缺損之老人，得以在機構就地安養、就地老化。

鑑於目前老人福利機構服務品質參差不齊，家屬常有不知如何選擇適宜機構的困擾，應確保老人就養安全。另外賡續辦理各類專業人員訓練課程，以提升機構之經營管理企業化，促進永續經營，進而提供外展服務，加強與社區間互動情誼，增進民眾的認識、支持而參與，甚或以機構的資源提供社區居民享用，達到資源共享互惠的目標。

第四節　專業社會工作的使命

社會工作最基本的價值理念有兩方面：從社會使命看，強調「扶弱濟貧」，以解決社會問題、滿足社會需求為己任，維護社會穩定，促進社會公平正義。從專業使命看，強調「助人自助」，所謂「助人」是在個人、家庭、群體、社區出現困難時，社會工作者向其提供專業的服務和支援；所謂「自助」是經由社會工作的專業服務，來整合社會資源，發掘潛能，推動困難人群走向「自救、自立、自助和自強」。

到養老院裡陪著垂垂老者談心，到醫院裡為重症病人送去臨

終關懷，社會工作者的身影，如今愈來愈多地走進我們的生活中。無論在任何時間、任何地點，社會工作者這個職業都足以擔得起「專業與奉獻」的精神。這個群體憑藉專業知識與奉獻精神，使更多的人免於匱乏、恐懼、孤獨或者失語。然而，在世界上許多國家，社工須通過合法註冊，領取專業證照才能服務，他們的職責是爲社會的每個公民爭取應有的權利，保證社會中各個不同階層能夠得償所願。可以說，社會工作已經成爲一門現代社會管理的學科。專業化的社會工作者，正在成爲社會向現代化邁進的重要內在動力。事實也的確如此，社會工作者的角色意義不是個體性的。簡單將社會工作者歸納爲有奉獻精神，或者依靠業餘時間來做奉獻，也不足以概括其社會價值，也常常會出現一些盲目性或者沒有針對性的社會工作。專業化的社會工作者，首先要具備最強大的濟世精神，瞭解民生疾苦；同時更有明確的角色定位和行動目的，建立有效的分工模式。

一、專業社工的使命

健康成熟的社會，必然是公共領域發達的社會，公共領域能形成和維護更加良好的社會關係，調節社會差距和矛盾，化解不安定因素。專業化的社會工作者之所以重要，就因爲他們是公共領域的主要維繫人群。在生產力發展的不同階段，人們追求的目標也有所不同。在全球工業化之後，社會分工更加細密，不同領域的差異化日趨增大。人們更加關注從差異化中獲取利益，而常常忽略了整體社會的均衡和穩定。這個時候，專業化社會工作就是行政手段之外的社會調節機制。爰此，參與專業社會工作宜有以下心態：

(一)核心的是價值理念

與其他社會科學學科不同，社會工作是一個以價值爲本的專業，價值是社會工作專業的靈魂。社會工作價值是指社會工作對社會工作者在專業實踐活動中，所表現出來的價值傾向的要求和規定。做爲一個專業的社會工作者，應具備平等、尊重、民主、接納、誠信、助人、自助、自決等專業價值理念。

(二)強調的是知識體系

社會工作者除應具備社會工作專業知識外，還應具備心理學、社會學、政治學、管理學、教育學、法學等多學科綜合知識，應熟悉與社會工作業務相關的法律、法規、政策知識。

(三)著重的是實務能力

社會工作者應熟練運用個案社會工作、團體社會工作、社區社會工作、社會工作行政等社會工作方法，協助服務對象解決問題，克服困難，挖掘潛能，恢復和發展社會功能。

社會工作者在從事社會服務過程中，應能夠與各類服務對象建立專業關係，對服務對象的問題做出預估，制定服務計劃和服務協議，能夠獨立接案、結案和提供跟進服務，能夠對提供的專業服務質量和效果進行評估，能夠制定科學合理的工作方案和發展規劃，整合、運用相關社會服務資源，拓展服務領域，影響社會政策。

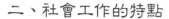

二、社會工作的特點

社會工作是體現幫助有困難的個人及群體的活動，與一般助人活動相比，它有許多特點。主要表現在以下幾個方面：

(一)專業助人活動

社會工作是一種專業助人活動。社會上有多種多樣的助人活動，扶老攜幼、濟貧助弱、救人於水火、助人成好事，都屬於助人活動。社會工作不是一般的助人活動，而是專業的、以困難群體爲主要對象的、職業性的助人活動。社會工作以幫助社會上極度困難和比較困難的群體爲主，決定了這種助人活動的艱巨性，而國家和社會對這種活動的較高要求使其走向職業化。顯然，社會工作與一般的做好事、志願服務有所不同。在性質上，它不是以營利爲目的，而是以服務於有困難群體的、以利他爲目的的職業活動。

(二)昇華人文關懷

專業價值是社會工作的靈魂。所謂專業價值是指社會工作者在從事社會服務時所遵循的理念、價值和倫理。在現代社會，社會工作是解決社會問題的重要方法，它以解決社會問題、增進人民福利爲自己的責任，以追求社會公正和社會進步爲自己的理想。社會工作強調平等之愛，要幫助所有有困難、有需要的人。社會工作以幫助人爲快樂，以幫助人做爲自己的職責，在它的所有活動中充滿了對人的尊重、對社會生活的熱愛。它有崇高的理念，同時又腳踏實地、忘我地進行工作。這些都是做爲一種專門職業的社會工作所必需的。

(三)強調專業方法

專業方法是社會工作的重要特點。社會工作是社會工作者用專業方法以幫助他人的活動。所謂專業方法是指本職業獨特的、在許多情況下要經過專業教育和培訓才能掌握的方法。幫助人也需要方法和技巧，否則會心有餘而力不足，甚至會造成好人辦壞事。社會工作者所從事的服務，常常是複雜的助人服務，要解決複雜的問題，這就需要有專門的、訓練有素的方法和技巧。經過長期的實踐和積累，社會工作形成了個案工作、團體工作、社區工作等一系列獨特的工作方法。這是一些經過人們反覆實踐、行之有效、科學的方法和技術，它透過教育和培訓傳遞給新入這專業的人們，並運用實踐不斷得到發展。

(四)著重實踐力行

實踐是一種實務作爲，它是人們參與改變任何事物的活動，社會工作具有十分明顯的實踐特徵。社會工作從本質上來說是實踐的，社會工作要經由對科學方法的運用，與服務對象一起幫助案主改變自己的困境，增進其社會功能。簡單地說，社會工作要具體地去做，即在科學的理論指導下採取行動，這是其不同於其他理論性社會科學學科的重要之點。社會工作實踐性不但要求社會工作者有很強的實踐能力，有根據情況的變化不斷改變工作方法與技巧的能力，而且要有理論聯繫實際的能力。藉由複雜的實踐活動，社會工作者才能夠達到有效助人的目的。

(五)落實自助人助

社會工作是社會工作者幫助有困難、有需要的人克服困難的

過程。這一過程並不是社會工作者單向地給予服務對象某種服務的過程，而是雙方合作、共同面對困難、分析問題成因、尋找解決問題的方法，進而解決困難的過程。社會工作是對人的工作，是社會工作者與服務對象互動的過程，從某種意義上來說，它也是社會工作者與服務對象「一起工作」的過程。社會工作者在許多複雜問題上與服務對象形成良好關係、相互配合，對解決問題十分重要。沒有社會工作者與服務對象之間的良好配合與合作，就很難有效地實現「助人自助」的目標。

(六)講求團隊協同

社會工作者介入的大都是比較複雜的問題，在解決這些問題的過程中，常常既需要社會工作者之間的分工，也需要他們之間的合作，很多時候，社會工作者也要與其他方面的專業人員合作，共同去解決服務對象所遇到的比較複雜的問題。這裡並不是指在所有工作中這些社會工作者都同時在場，而是說他們形成了良好的合作關係和體系，形成了一個工作團隊。多方協同、共同努力解決問題是社會工作的一個特點。比如，要幫助失業人員再就業，社會工作者就要與本機構（組織）中的同事、社區工作者、勞動部門的工作人員等多方面的人一起工作，解決問題。團隊協同解決問題是社會工作的一個重要特點。

結　語

爲健全老人福利法制、規劃完善的老人福利措施、建構完整老人福利服務輸送體系，以及解決人口老化所衍生的問題，在「加強老人安養服務方案」上規劃出「加強老人生活照顧」、「維護老人身心健康」、「保障老人經濟安全」、「促進老人社會參與」等四項目標；並以「居家服務與家庭支持」、「老人保護網絡體系」、「無障礙生活環境與住宅」、「保健與醫療照顧服務」、「機構式服務」、「津貼與保險」、「社區照顧及社會參與」、「專業人力及訓練」、「教育及宣導」等九項爲實施項目，以因應社會發展趨勢及老人實際需求，落實政府照顧老人的目標，俾利提供安全便利的生活環境、滿足身心的需要、提升周延且完善的服務品質，是長期以來致力於老人社會福利政策的主要方向與目標。除宣導現行老人福利服務政策，引導社會大衆對銀髮長者的敬老、愛老、護老、崇老的關懷外，亦期能喚起社會各界建立「關懷今日的老人，就是關懷明日的自己」的胸懷。在健康、尊嚴、安全、快樂新世紀老人福利基礎下，期望全國的老人得到應有的妥善照顧及尊重，安心愉悅的度過老年生活。

問題與討論

一、請說明我國老人社會工作的挑戰。

二、請說明在高齡社會的政策對應之道的內涵。

三、請說明在我國如何建立老有所尊的社會。

四、請說明如何自專業社會工作的使命建立銀髮族的安身立命之道。

五、請說明我國在「加強老人安養服務方案」上所進行的內涵。

參考書目

一、中文書目

內政部（2002）。《台閩地區老人狀況調查報告》。台北：內政部。

王順民（2001）。〈宗教關懷與社區服務的比較性論述：傳統鄉村型與現代都市型的對照〉，《社區發展季刊》，第93期，頁42-58。

王增勇（2000）。〈加拿大長期照護的發展經驗〉，《社區發展季刊》，第92期，頁270-288。

甘炳光（1994）。《社區工作：理論與實踐》。香港：中文大學。

行政院（2007）。《我國長期照顧十年計劃》。台北：行政院。

行政院經建會（2007）。《中華民國100年至140年人口推估》。台北：行政院。

宋麗玉（2002）。《社會工作理論——處遇模式與案例分析》。台北：洪葉。

江亮演（2000）。〈老人福利工作〉，《立法院院聞》，第28卷，第5期，頁59-75。

林萬億（1992）。《當代社會工作》。台北：五南。

林勝義（1999）。《社會工作概論》。台北：五南。

李茂興譯（1996）。《諮商與心理治療理論與實務》。台北：揚智。

李增祿（1997）。《社會工作概論》。台北：巨流。

李宗派（2004）。〈老化理論與老人保健〉，《身心障礙研究》，第2卷，第2377期，頁23-35。

范鈺楨（2003）。《老人生活滿意度之研究》。中央大學統計研究所碩士論文。

徐　震（2004）。《社會工作思想與倫理》。台北：松慧。

徐立忠（1983）。《高齡化社會與老人福利》。台北：台灣商務印書館。

徐學陶（1987）。《高齡學論集》。台北：中華民國高齡學學會。

吳錦才（1995）。《就業與輔導》。台北：洙泗。

曾華源（2003）。《社會工作理論——處遇模式與案例分析》。台北：洪葉。

曾美惠（1997）。《接受社區照顧的老人社會調適之研究》。台灣大學社會學研究所碩士論文。

姚卓英（1978）。《醫務社會工作》。台北：正中。

楊培珊（2000）。《台北市獨居長者照顧模式之研究》。台北市政府社會局委託專題研究報告。

劉慧俐（1998）。〈高雄市獨居老人居家服務現況與展望〉，《社區發展季刊》，第83期，頁26-33。

陳燕禎（1998）。〈老人社區照顧——關懷獨居老人具體做法〉，《社區發展季刊》，第83期，頁244-254。

陳惠姿（2001）。〈個案管理在社區老人長期照護之應用〉，《護理雜誌》，第3卷，第48期，頁25-32。

黃維憲（1999）。〈社區精神倫理建設與社區總體營造的比較省思〉，《社區發展季刊》，第87期，頁170-183。

黃彥宜（1991）。〈台灣社會工作發展〉，《思與言》，第3卷，第29期，頁119-152。

陳肇男（2001）。〈快意銀髮族——台灣老人的生活調查報告〉，《張老師月刊》，頁66-68。

陳武雄（2001）。〈志願服務理念與實務〉，《中華民國志願服務協會》，第284期，頁154-160。

裴元領（2000），國立編譯館編。〈系統理論〉，《教育大辭書》（四）（頁83-85）。台北：文景。

萬育維（2001）。《社會工作概論》。台北：洪葉。

簡春安（1997）。〈社會工作專業發展之回顧與展望〉，《社會工作學刊》，第4期，頁1-25。

陶蕃瀛（1991）。〈論專業的社會條件：兼談台灣社會工作之專業化〉，《當代社會工作學刊》，創刊號，頁1-16。

張天開（1980）。《各國勞資關係制度》。台北：中國文化大學出版部。

鄭秉文（2008）。《社會保障經濟學》。北京：法律。

謝秀芬（2004）。《家庭社會工作——理論與實務》。台北：雙葉。

蕭新煌（2000）。《非營利部門組織與運作》。台北：巨流。
詹火生（1987）。《社會政策要論》。台北：巨流。
葉至誠（2008）。《社會福利概論》。台北：揚智。
龍冠海（1997）。《社會學》。台北：三民。

二、英文書目

Bain, G. S. (1970). *The Growth of White-Collar Unionism*. Oxford: Clarendon Press.

Solomon, B. (1976). *Black Empowerment: Social Work in Oppressed Community*. New York: Columbia University Press.

Daniel, B. (1973). *The Coming of Post-Industrial Society*. New York: Basic Books.

Dubois, Brenda and Karla K. Miley (1998). *Social Work: An Empowering Profession*. Needham Heights, MA: Allyn and Bacon.

Russell, B. (1933). *The Prospects of Industrial Civilization*. Oxford: Clarendon Press.

Froland, C. (1981). *Helping Networks and Human Services*. Beverly Hills: Sage.

Milson, F. (1987). *An Introduction to Community Work*. New York: Palgrave Macmillan.

Gabbard, Glen O. (2007). *Psychodynamic Psychiatry in Clinical Practice*. New York: Pantheon Books.

Hamilton, G. (1937). *Basic Concept of Social Casework*. New York: The Macmillian Company.

Perlman, H. (1957). *Social Casework: A Problem-Solving Process*. New York: Pantheon Books.

Havighurst, R. J. (1972). *Developmental Tasks and Education*. New York: Davud Mckay Co., Inc.

Hill, Micheal & Bramley (1986). *Analysing Social Policy*. Oxford: Basil Blackwell.

Johnson, Louise C. and Charles L. Schwartz (1988). *Social Welfare: A Response to Human Need*. Newton, MA: Allyn and Bacon.

Kamerman, S. K. and A. J. Kahn (1978). *Family Policy: Government and Families in Fourteen Countries*. New York: Columbia University Press.

Laffrey, S. C. (1986). Development of a health conception scale. *Research in Nursing & Health*, 9: 107-113.

Miller, Peter and T. Nikolas Rose (1990). Governing economic life. *Economy and Society*, 19(1): 1-31.

Moreland, R. and Lovett (1997). Lifelonglearning and community development. *International Journal of Lifelong Education*, 16(3): 201-216.

Murdock, G. (1914). *Social Structure*. New York: The Macmillian Company.

Parton, Nigel (1996). Social theory, social change and social work: An introduction. In Nigel Parton (ed.) (1996). *Social Theory, Social Change and Social Work* (pp.4-18). London: Routledge.

Piven, Frances F. and Richard A. (1971). *Regulating the Poor: The Functions of Public Welfare*. New York: Pantheon Books.

Payne, M. S. (2005). *Modern Social Work Theory*. New York: Palgrave Macmillan.

Skidmore, R. A. and M. G. Thackeray (1997). *Introduction to Social Work*. Boston: Allyn and Bacon.

Krugman, Paul (2008). *The Conscience of a Liberal*. New York: Palgrave Macmillan.

Popple, K. (1995). *Analysing Community Work-Its Theory & Practice*. Buckingham: OUP.

Richmond, Mary Ellen and Fred Hall (1974). *A Study of Nine Hundred and Eighty-Five Widows*. New York: Arno Press.

Robbins, S., P. Chatterjee, and E. R. Canda (1999). Ideology, scientific theory, and social work practice. *Families in Society*, Jul / Aug.

Rothman, J. and J. E. Tropman (1987). Models of community organization and macro practice perspectives: Their mixing and phasing. In F. M. Cox, J. L. Erlich, J. Rothman, and J. E. Tropman (eds.). *Strategies of Community Organization: Macro Practice* (pp.3-26). Itasca, Illinois: F. E. Peacock Publishers, Inc.

Skidmore, R. A. (1990). *Social Work Administration-Dynamic Management*

and Human Relationships (2nd Ed.). New Jersey, Englewood: Prentice Hall.

Southern, V. E. (1995). *Participatory Learning in Community Development: A Case Study in Adult Education.* Northern Illinois University. Degree: Phd.

Thompson, N. (2000). *Theory and Practice in Human Services*. Philadelphia, Penn.: Open University Press.

Trattner, Walter I. (1984). *From Poor Law to Welfare State* (3rd Ed.). New York: The Free Press.

Turner, F. J. (1986). *Social Work Treatment-Interlocking Theoretical Approaches* (3rd Ed.). New York: The Free Press.

Wilensky, Harold L. (1967). Careers, counseling, and the curriculum. *Journal of Human Resources,* 2(1): 19-40.

國家圖書館出版品預行編目資料

老人福利服務＝Welfare services for the elderly/
葉至誠著. --初版. -- 臺北縣深坑鄉：威仕曼
文化, 2010.05
面； 公分. --（老人服務叢書）
參考書目：面
ISBN 978-986-85746-1-8 (平裝)

1.老人福利 2.社會工作

548.15 99002719

老人服務叢書

老人福利服務

作　　者／葉至誠
出 版 者／威仕曼文化事業股份有限公司
發 行 人／葉忠賢
總 編 輯／閻富萍
執行編輯／宋宏錢
地　　址／台北縣深坑鄉北深路三段 260 號 8 樓
電　　話／(02)8662-6826　8662-6810
傳　　真／(02)2664-7633
網　　址／http://www.ycrc.com.tw
E-mail ／service@ycrc.com.tw
印　　刷／鼎易印刷事業股份有限公司
ISBN ／978-986-85746-1-8
初版一刷／2010 年 5 月
定　　價／新台幣 400 元